消費贏家

消費者保護法入門

（修訂二版）

黃明陽 ■ 著

臺灣商務印書館

修訂二版序
熟讀本書聰明消費，
人人都可成為消費贏家！

　　《消費者保護法入門》一書，於2006年3月出版後，即受到各界人士熱烈的採用，證明本書的內容確能符合消費者的需求，除了讓作者感到非常窩心外，作者當然更要提昇本書的內容能夠更為周延及實用，以期回饋愛護本書的消費者。本書曾於2008年9月配合消費者保護法的修改而有修訂版，此次則係再配合2012年行政院消費者保護法修正草案、2011年6月29日公布的金融消費者保護法、2012年1月1日行政院消費者保護委員會裁併改制為行政院消費者保護處、以及政府組織再造結果、兩岸密切交流及新興消費問題等，所為的修訂二版。

　　本版作者力求在不變更原有架構的原則下，除配合政府組織再造及最新資料酌予更新修正外，修正內容主要係針對新的議題增列下列十個案例：

　　一、基本理念部分：針對金融消費者保護法規定問題，除將其基本規定於總論各個案例適當之處予以必要的補充說明及比較外，並增列「以投資理財為目的購買連動債所衍生的金融消費糾紛，雖不能適用消費者保護法，但可以適用金融消費者保護法來保障權益」案例。

　　二、產品責任部分：針對食品含塑化劑的產品責任問題，增列「消費者因食品含塑化劑所造成的損害不易證明，甚難依產品責任規定請求損害賠償」案例。

三、定型化契約部分：針對手機爭議，增列「電信業者違反誠信公平原則的『手機收費條款』，無效」、針對線上遊戲問題，增列「主管機關公告線上遊戲契約強制規範，建立線上遊戲處理機制」、針對定型化契約應記載及不得記載事項效力問題，增列「公告契約之應記載事項，較個別磋商條款更有利於消費者時，仍應以公告之內容為準」及「禮券上不得有違反主管機關公告不得記載的事項，否則其記載無效」四個案例。

四、特種買賣部分：針對網站標錯價的網路交易問題，配合經濟部公告「零售業等網路交易定型化契約應記載及不得記載事項」規定，增列「主管機關公告網路交易契約強制規範，建立網路交易新秩序」案例。

五、消費資訊部分：針對薦證廣告代言人的責任問題，增列「薦證廣告如有不實，其廣告代言人（名人或素人、部落客）應負連帶賠償責任」案例。另外，針對大陸仿冒品泛濫問題，除簡介大陸消費者權益保護法內容外，並增列「國人前往大陸旅遊買到仿冒品，亦得向大陸業者請求懲罰性賠償金」案例。

六、其他部分：針對金融消費者保護法所規定的評議問題，增列「對於金融消費評議中心所為在一定金額下的評議決定，金融服務業必須接受」案例。

最後，作者要強調的是：在日常生活的消費行為當中，作者期待並深信只要熟讀本書：「人人都可成為消費贏家」！

黃明陽　謹識

民國102年07月01日序於台北

推薦序(一)
這是一本寫給一般消費者使用的消費寶典！

我國在民國八十三年一月十一日公布施行消費者保護法，即正式昭告台灣地區二千三百萬的消費者，消費者保護法的時代來臨了！

本人從事消費者保護運動多年，有鑒於坊間消費者保護法相關書籍不多，且絕大部分多屬學術上的論述，較少實用性之說明，一般人（尤其不是學法的人）較難理解其內容，對一般消費者可能助益不大。本書係由作者基於多年工作經驗，蒐集與消費者保護有關案例，儘量以較為白話的文字，予以解析及作必要理論說明，力求淺顯易懂及實用，讓一般消費者除了比較容易瞭解消費者保護法的重要內容之外，並進而建立正確消費理念，可以說是為一般非法律人員的消費者所寫的書籍，正是一本適合一般消費者實用的消費寶典。

事實上，真正最有能力保護消費者的權益，還是消費者自己。消費者他日能於消費生活之中，做出明智的判斷，有正確的認知和合宜的行為，保障自己的權益，促進公眾福祉；並因而享有圓滿的生活，必當感謝今日有幸閱讀此書。

財團法人消費者文教基金會創會董事長

柴松林

推薦序(二)
作者是我國消保機制的最佳見證者！

　　消費者保護法是一種新的法律領域，對政府機關而言，也是一種新的工作挑戰，更是一項國家進步的指標，所以需要特別重視！本書因為作者在消費者保護法這個領域內具有下列特質，所以值得特別加以推薦！

一、作者是我國政府機關研究消費者保護法的第一位公務員

　　在民國83年1月11日消費者保護法公布施行後，作者即因具有深厚的法學基礎及豐富的工作經歷背景，由行政院特別指派擔任行政院消費者保護委員會的籌備工作，作者隨即精心研究消費者保護法，可以說是第一位進入消保領域的公務員；作者並進而參與研訂消費者保護法施行細則、相關法規及負責疑義解釋事宜，也是目前從事消保法制最資深的人員。

二、作者是我國消費者保護官的帶頭領航員

　　作者在規劃消費者保護官制度時，特別就其定位、員額、任用、權限及運作等予以研議，奠定消費者保護官在消費者保護行政體系中，具有舉足輕重的地位；作者並進而參與訓練、輔導消費者保護官事宜，及帶領所有的消費者保護官實際執行職務，使得所有的消費者保護官成為真正消費者權益的守護者。可以說沒有作者的帶頭領航，就沒有今日消費者保護官功能的發揮。

三、作者是我國消費者保護機制的最佳見證者

　　作者於83年7月1日行政院消費者保護委員會正式成立，即擔任法制組組長，繼續負責相關法制之研訂、解釋、教育宣導及消費者保護官之建制工作；86年8月起調升為副秘書長，擔任消保會發言人，並負責輔導全國消費者保護官發揮功能。凡是與消費者保護有關的問題，作者都了然於胸，而且也實際參與了我國消費者保護機制建立的全部過程，可以說是我國消費者保護機制的最佳見證者。

　　最後，為了確保一般消費者的權益，作者願意將其超過10年來的消費者保護經驗，彙成「消費者保護法入門」一書，提供大眾分享，對於提昇我國消費生活品質具有正面的意義，站在全國最高的消費者保護機關立場，感佩其用心，特為序推薦之。

行政院消費者保護委員會秘書長
（民國97年8月1日轉任監察委員）

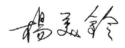

初版序
人人學消保，權益就有保！

　　我國消費者保護法於民國83年1月11日公布施行，全文共七章64條，內容涵蓋求安全的權利、選擇的權利、明瞭事實真相的權利、意見受尊重的權利、受害求償的權利等消費者五大基本權利，可以說是世界最先進的立法。消費者保護法的立法目的，主要在保障消費者在使用上的「消費安全」與在契約上的「消費公平」兩種消費權益。由於人人均為消費者，所以每一位消費者均須學習消費者保護法，才能有效保障其應有權益；因為業業均受規範，所以每一位企業經營者亦須學習消費者保護法，才能有效避免責任的發生。

　　不過，消費問題的架構，雖然包括政府、業者及消費者三個主體，但是真正的主角還是消費者。如果每一位消費者都具有正確的消費觀念，政府及業者的努力，必然可以達到事半功倍的效果；如果消費者沒有正確的消費觀念，即使政府及業者再怎麼努力，恐怕效果也不大。作者從事消費者保護行政工作多年，深切覺得我們需要一本人人看得懂，並且具有實用性的消費者保護法的書籍，提供給一般的消費者（非法律人員）使用，才能建立起正確的消費觀念，因此乃有本書的誕生。

　　本書採案例說明方式撰寫，係先用生活中常見的消費案例來吸引消費者閱讀的興趣，總共蒐集一百個案例，並主要參考消費者保護法的第二章有關私法部分的架構，分為基本理念、產品責任、定型化契約、特種買賣、消費資訊、其他（公法部分）等六大項加以說明（如附表），希望透過案例解析，讓一

般的讀者可以瞭解如何處理該具體案例；然後再引申相關的理論予以補充說明；消費者看完本書，就可以建立最基本的消費者保護法的全盤概念。至於解析說明的部分，作者亦儘量以較為白話的文字，並附加必要的圖表輔助，力求淺顯易懂及實用，希望讓一般的消費者也能輕鬆看懂。因此，本書最適合於一般非法律人員使用。

消費者保護法	主 要 內 容	本書編排方式
第 一 章「總則」	規定消費者保護法的立法目的、定位、適用範圍、名詞定義及主管機關	壹、基本理念
第二章「消費者權益」	第一節「健康與安全保障」——旨在保障使用關係上的消費安全	貳、產品責任
	第二節「定型化契約」——旨在保障契約關係上的消費公平	參、定型化契約
	第三節「特種買賣」——郵購買賣、訪問買賣、現物要約、分期付款買賣	肆、特種買賣
	第四節「消費資訊之規範」——廣告、標示說明、保證、包裝	伍、消費資訊
第三章「消費者保護團體」	賦予消費者保護團體整合、教育消費者的權利義務	陸、其他
第四章「行政監督」	規定主管機關行政監督的方式，並成立行政院消保會發揮統合監督的功能	
第五章「消費爭議之處理」	第一節「申訴與調解」	
	第二節「消費訴訟」	
第 六 章「罰則」	對違反的企業經營者處以行政罰	
第 七 章「附則」	規定施行細則的訂定及施行日	壹、基本理念

本書每個案例主要係由案例解析、補充說明、參考條文等三大部分組成，消費者在使用時，可以有下列三種選擇方式：

一、只看案例解析：消費者如果沒有時間，可以選擇只看案例，就像看故事一樣，沒有任何負擔，也不會過於無聊，將來碰到類似案例，也可以自行處理。

二、兼看補充說明：消費者看完案例以後，如果希望獲得進一步的內容時，可以繼續閱讀補充說明，如此就可以建立一套全盤的消費者保護法律基本觀念。

三、希望深入研究：消費者如果看完補充說明以後，如果覺得仍有不足時，可以就本書所提供的參考條文予以深入研究，並參考相關的書籍，即可成為專家。

最後，作者深信：人人學消保，權益就有保！

黃明陽　謹識

民國94年11月05日序於台北

目　錄

進企業的永續發展／415

壹、基本理念

《 重 點 提 要 》

一、法律各有其適用的法律關係：

　　㈠民法：一般人與一般人間的「民事關係」。

　　㈡公平交易法：業者與業者間的「競爭關係」。

　　㈢國家賠償法：政府與民眾間的「公權力關係」。

　　㈣消保法：消費者與業者間的「消費關係」。

二、消費法律關係的架構：

　　㈠主體：消費者與企業經營者。

　　㈡客體：商品（有形產品）與服務（無形產品）。

　　㈢行為：消費者的消費行為與業者的營業行為。

三、消費法律關係的類型：

　　㈠契約消費關係：確保買賣契約上的「消費公平」。

　　㈡使用消費關係：確保使用產品上的「消費安全」。

四、消費者保護法的適用原則：

　　──凡是消費關係，原則上均可適用消保法。

　　㈠消費者：消保法為民法的特別法，遇到消費問題應
　　　　優先適用消保法。

　　㈡主管機關：行業管理法與消保法為競合法，遇到消
　　　　費問題應優先適用主管的行業管理法。

五、金融消費者保護法適用於下列金融消費關係：

　　㈠傳統金融消費關係：主要係以消費為目的，雖可以
　　　　適用消保法，但以優先適用金融消費者保護法為宜。

　　㈡投資金融消費關係：主要係以投資為目的，故不能
　　　　適用消保法，但可以適用金融消費者保護法。

第一章

消費關係

一、消費關係，是一種特別的法律關係。

> **【案例】遊學意外案**
>
> 民國89年7月28日台灣有一對吳姓姐妹前往加拿大自助遊學，住在友人家中，結果不幸遭歹徒逞凶，造成1死1重傷慘劇；同年，有一男學生甲利用暑假參加國內A美語補習班美加遊學團，結果卻在美國加州一所大學游泳池不幸溺死等遊學意外事件。

基本解析——有消費關係，即可適用消費者保護法。

1. **法律關係解析**：本案主要涉及安全問題，但不一定成立消費關係。

    (1)自助遊學的法律關係：應依自助行為需要所為的消費行為，與各個企業經營者所提供的營業行為，各別成立消費關係。

    (2)遊學團的法律關係：主要屬於使用上的消費關係。

      ①企業經營者：A 美語補習班（提供遊學服務的製造業者）、美國加州的大學（提供遊學服務的製造業者）。

      ②消費者：遊學團所有學生成員（以遊學消費為目的之服務使用人）。

    (3)消費關係的客體：遊學服務（服務，屬於一種無形產品）。

2.**法律問題解析**：本案的關鍵在於消費者保護法，適用於什麼樣的法律關係。

(1)消費的法律關係：簡稱消費關係。依照消費者保護法規定，係指消費者與企業經營者間就商品或服務所發生的法律關係。其架構內容主要包括：

①主體：消費者及企業經營者，缺一不可。

②客體：商品（有形的產品）及服務（無形的產品）。

③行為：消費者的消費行為及企業經營者的營業行為。

(2)自助遊學：本案的受害與企業經營者的營業行為無關，故無應負責任的業者。

①完全自助方式：自助遊學所需相關事宜，全部由自己親自辦理，其間當然也有業者參與，例如航空公司或當地交通公司等，但因與該遊學意外事件無關，其受害所發生的問題，當然要由加害人（歹徒）或自己負責。

②部分自助方式：自助遊學所需相關事宜，部分委託旅行社代訂機票機位、代為安排行程、航空公司負責運送等業者雖有參與，但因與該遊學意外事件無關，故其受害所發生的問題，仍應由加害人（歹徒）或自己負責。

(3)遊學團：本案與下列企業經營者的營業行為有關，故可成立使用上的消費關係。

①本案應負責任的企業經營者：本案 A 美語補習班因辦理遊學團，應比照旅行社辦理觀光旅遊，須就旅遊全程負責，而應對該遊學團負全程的責任；美國加州的大學為本案遊學的學校，因遊學屬於營業行為，故亦為本案的企業經營者，且在該校的校園游泳池溺斃，該遊學的學校亦有責任。上述二個業者對受害的消費者學生甲，均應負消費者保護法上的連帶損害賠償責任。另為確保消費者受害求償權益，主管機關教育部已公告「海外旅遊

學習（遊學）定型化契約應記載及不得記載事項」，規定自93年9月6日起強制海外遊學業者須為參加遊學活動學員投保責任保險。

②不必負責任的企業經營者：雖然本案遊學團相關業者均為企業經營者，惟與此次意外事件無關的業者（例如航空公司等）無需負責。

結論：本案應視有無消費關係，而決定應適用的法律。必須是消費關係，例如本案的遊學團，才有消費者保護法的適用。

補充說明——消費關係。

1. 消費關係：只有消費關係，才能適用消費者保護法的規定，而依照消費內容的不同，尚可以分類為不同的消費關係。消費關係的架構，主要係由①消費關係的主體、②消費關係的客體、③消費關係的行為等三個要素所構成（如附表）。

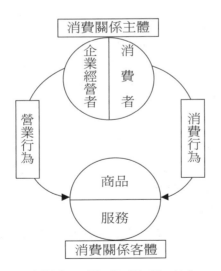

（附表：消 費 關 係 表）

如果缺少其中任何一個要素，就不是消費的法律關係，而是屬於其他種類的法律關係，因此，消費關係是一種特別的法律關係。除此之外，金融消費關係尚有金融消費者保護法的適用（詳見壹、十四題）。

2. **不同的法律關係，適用不同的法律（如附表）**：原則上只要有一個法律行為，即可發生一個法律關係，而此種法律關係通常存在於二個人之間。例如買屋人與售屋人間的房屋買賣關係；父親買手機送兒子的贈與關係；男人與女人結婚的婚姻關係；員工與老闆間的僱傭關係等等，均屬一定的法律關係。

不同的法律關係，應適用的法律簡表		
法律關係的名稱	法律關係的主體	主要適用的法律
一般法律關係	一般人與一般人	民法
競爭法律關係	業者與業者	公平交易法
行政管理關係	政府與業者	行業管理法
公權力關係	政府與民眾	國家賠償法
消費法律關係	業者與消費者	消費者保護法
金融消費關係	金融業者與消費者	金融消費者保護法

參考條文——與本案有關的相關法條。

1. **消費者保護法**：第2條第1款至第3款（消費者、企業經營者、消費關係的定義）。

2. **消費者保護法施行細則**：第2條（營業的意義）。

3. **金融消費者保護法**。

4. **海外旅遊學習（遊學）定型化契約範本暨應記載及不得記載事項**。

二、凡有消費關係，即有消費者保護法規定的適用。

> **【案例】超商三明治中毒案**
> A超商與B麵包店間訂有三明治供貨契約，由B麵包店負責製造三明治供A超商販售。王先生有天早上，前往A超商購買四份三明治，作為自己、太太、兒子及女兒一家四口人的早餐，不料因三明治有問題，導致全家人吃完後全部上吐下瀉。

基本解析──只有最終消費行為的人，才是消費者。

1. **法律關係解析**：本案主要涉及消費安全問題，故屬於使用上的消費關係。

    (1)企業經營者：A超商（販賣三明治的經銷業者）、B麵包店（製造三明治的製造業者）。

    (2)消費者：王先生、王太太、王先生的兒子及女兒（商品使用人）。

    (3)消費關係的客體：三明治（商品）。

2. **法律問題解析**：本案的關鍵在於不同的消費關係，即有不同的權利。

    (1)本案的消費者：下列購買使用的人員，不一定是消費者。

    ①王先生：購買三明治（買賣契約的消費關係）及食用三明治（使用產品的消費關係），為具有雙重消費關係的消費者。

    ②王先生的太太、兒子、女兒：食用三明治（使用產品的消費關係），為具有使用消費關係的消費者，均為具有獨立消費關係的消費者。

③Ａ超商：Ａ超商向Ｂ麵包店購買三明治的目的，並不是作為自己使用（最終消費），而是拿來作為銷售使用（營業目的），此種買賣行為係屬於其營業行為的必要過程，而應視為營業行為，故Ａ超商不是消費者。

(2)本案的企業經營者：下列二個業者，對受害消費者應負連帶損害賠償責任。

①Ａ超商：Ａ超商係以經營販售別人所製造完成的商品為業，屬於從事經銷商品的企業經營者（經銷商）。

②Ｂ麵包店：Ｂ麵包店係以製造三明治等麵包製品為業，屬於從事製造商品的企業經營者（製造商）。

(3)本案成立消費關係：Ａ超商及Ｂ麵包店均屬本案應負責任的企業經營者，對使用其商品而受害的消費者，應依消費者保護法規定負連帶損害賠償責任。另為確保消費者受害求償權益，主管機關衛生署已依食品衛生管理法第21條規定，強制食品製造業者（本案為Ｂ麵包店）應投保食品責任保險。

結論：本案屬於使用上的消費關係，王先生一家四口屬於使用關係受害的消費者，均可以依照消費者保護法有關規定，向Ａ超商及Ｂ麵包店請求連帶損害賠償責任。

補充說明——最終消費。

1. **消費的意義**：一般人均將經濟學上的消費定義，直接套用到消費者保護法上的消費定義，事實上這是一個錯誤的觀念，因為消費者保護法主要的目的在保障弱勢消費者權益，對於一般買賣關係的買賣雙方而言，由於「買方」並不全都是弱勢的族群，對於非弱勢的「買方」，例如一些專技人員或是大財團購買其營業所需用品時，並無特別保障的必要，故消費者保護法對於消費的範圍，即以「最終消費」（即不再作為生產或銷售行為使用）目的加以必要的限制。但金融消費

者保護法特別規定，凡是與金融服務業從事交易的金融消費者，不問其目的為何，均在該法適用之列，並不以從事最終消費行為的消費者為限（詳見壹、十四題）。

2. **最終消費的判定標準**：主要有下列二點。

(1)凡是生活上的行為，均為消費行為：「消費」一詞，由於消費者保護法並未明文定義，尚難依法加以界定說明，惟依學者專家意見認為，消費者保護法上所稱的「消費」，並非純粹經濟學理論上的一種概念，而是事實上的一種消費行為，簡單的說，就是生活上的行為。因為一般人在生活上所為的行為，都是以最終消費為目的。

(2)非生活上的行為，即非消費行為：世界各國對於消費行為，多以「個人、家庭、家計的用途」為限，韓國消費者保護法施行令更於第2條明定以最後使用或利用提供的商品或服務的行為為限，例如職業上的行為、個人或家庭在身分上的行為、公法上的行為，以及其他與生活無關的行為，因非以生活上「最終消費」為目的的行為，故均非消費行為，均無消費者保護法的適用。

參考條文——與本案有關的相關法條。

1. **消費者保護法**：第2條第1款至第3款（消費者、企業經營者、消費關係的定義）、第7條至第10條之1（產品責任）。

2. **消費者保護法施行細則**：第4條（商品的定義）。

3. **食品衛生管理法**：第21條（強制投保產品責任保險）。

4. **金融消費者保護法**。

三、消費者不花錢的使用產品行為，亦屬於消費行為。

> **【案例】使用捷運地下通道受傷案**
>
> 趙姓家庭主婦住在台北市Ａ捷運車站出口附近，捷運車站對街出口即為菜市場，為避免平面道路十字路口之危險與麻煩，趙女每天利用Ａ捷運車站地下道出入對街買菜。某日，由於Ａ捷運車站對街出口突然發生路面不平，捷運公司又疏於注意，沒有放置警告標示，致使趙女跌倒受傷。嗣後趙女即依消費者保護法規定向捷運公司請求損害賠償。

基本解析——使用的消費行為，不一定需要付費。

1. **法律關係解析**：本案主要涉及消費安全問題，故屬於使用上的消費關係。

    (1)企業經營者：捷運公司及Ａ捷運車站（提供捷運服務的製造業者）。

    (2)消費者：趙姓家庭主婦（服務使用人）。

    (3)消費關係的客體：捷運設施（服務）。

2. **法律問題解析**：本案的關鍵在於消費行為，是否限為有償的付費行為？

    (1)本案的消費者：依照消費者保護法規定，只要係以消費為目的而為交易、使用商品或接受服務的人，均為消費者。

    ①交易商品的消費者：所謂「交易」，一般均以「買賣」稱之，並均成立契約關係，屬於一種必須花錢付費的消費行為。

    ②使用商品的消費者：所謂「商品」，係指具體有形的產品而言；至於「使用」，則只要有使用商品的事實，即

可，不以自己花錢買來的商品為限。

③接受服務的消費者：所謂「服務」，係指無形的產品而言；由於服務無法以「使用」方式為之，故以「接受」代替，事實上「接受」應屬廣義的「使用」範圍。此種使用消費關係，亦只要有接受服務提供的事實即可，不以自己花錢買來的服務為限。本案趙女基於日常生活需要，而使用捷運公司所提供的設施，即使並非以搭乘捷運為目的，亦屬於一種接受服務類型的最終消費行為，故為本案的消費者。

(2)本案的企業經營者：依照消費者保護法規定，只要係以設計、生產、製造、輸入、經銷商品或提供服務為營業的人，均為企業經營者，包括：

①商品業者：例如製造麵包的麵包店及販賣三明治的超商等，都是以「商品」（有形的產品）作為營業的企業經營者，屬之。

②服務業者：例如保險公司提供的保險服務、航空公司提供的運送服務等，都是以「服務」（無形的產品）作為營業的企業經營者，屬之。本案台北捷運公司所提供的捷運設施，屬於無形的產品，故屬於此種業者。

(3)本案成立消費關係：本案依照消費者保護法規定，由於捷運公司的捷運設施有瑕疵，因而造成使用的消費者受害，屬於使用上的消費關係，捷運公司即應負損害賠償責任。另為確保消費者受害求償權益，主管機關交通部已依大眾捷運法第47條規定，強制大眾捷運系統業者應投保責任保險。

結論：本案為使用上的消費關係，趙女為使用關係的消費者，因使用（消費）捷運公司所提供的服務設施而受害，故可依消費者保護法規定向企業經營者捷運公司請求損害賠償。

——消費者與消費類型。

1. **消費的類型**：主要有契約消費與使用消費兩種。

(1)契約消費類型：凡是以取得商品的所有權或服務的使用權為目的，所為的消費行為（契約行為），均屬之。其取得的方式，主要有下列二種。

①付費的取得產品行為：此種行為以買賣為主要類型。此種付費的有對價契約，例如買賣產品的買賣契約、委託出售房屋的仲介契約、找工人裝潢的承攬契約、搭乘交通工具的運送契約等，均屬之。

②免費的取得產品行為：此種行為以贈與為主要類型。此種免費的無對價契約，例如台北101百貨公司為慶祝開幕所舉辦的來店禮活動、某美容公司舉辦前50名免費試用或試作美容的促銷活動、某大醫院辦理的義診活動等，不管是贈與契約或是無償的無名契約，均屬之。免費取得的產品，雖較無契約上的消費公平責任，但仍不能免除其產品上的消費安全責任。

(2)使用消費類型：凡是以使用商品或接受服務為目的，所為的消費行為（使用行為），均屬之。使用消費的方式，應依商品或服務的性質而有所不同，但應依通常合理的方式為之，消費者不得為不當的使用，否則因而受害時，不得對企業經營者請求損害賠償。

2. **消費者的類型**：消費者尚可依消費關係，區分為下列二種類型。

(1)「契約關係」的消費者：係指以消費為目的而與企業經營者簽訂契約的人。例如向中藥店購買中藥材或中藥品成立買賣契約（口頭契約）的人、或是向建商購買預售屋成立買賣契約（書面契約）的人，只要是在該契約上（口頭或書面）簽約的人，即為「契約關係」的消費者。

(2)「使用關係」的消費者：係指實際使用產品的人，故不以簽訂契約的當事人為限，凡是實際使用商品或接受服務者，均屬之。例如實際使用中藥店販售中藥材或中藥品的人、或是在中醫藥醫療院所接受醫療服務的人、或是在預售屋交屋後實際居住屋內的人，雖然他不一定是在契約上簽約的人，但因他是實際在使用商品或接受服務的人，均屬於「使用關係」的消費者。

<u>參考條文</u>——與本案有關的相關法條。

1. 消費者保護法：第2條第1款至第3款（消費者、企業經營者、消費關係的定義）、第7條至第10條之1（產品責任）。
2. 消費者保護法施行細則：第4條（商品的定義）。
3. 大眾捷運法：第47條（強制投保責任保險）。

四、凡有「營業」的行為，均為消費者保護法上的企業經營者。

【案例】寺廟提供點光明燈、安太歲等糾紛案

黃先生為祈求前途光明，特別前往台北市 A 寺廟點光明燈，結果因為該寺廟由於點燈者眾，特別規定了一些廟方可以片面取消點燈者權利等的不合理條款，事先又未說明清楚，讓黃先生感到非常不受重視而引發糾紛。

<u>基本解析</u>——有營業行為，就是企業經營者。

1. 法律關係解析：本案主要涉及消費公平問題，故屬於契約上的消費關係。
   (1)企業經營者：A 寺廟（提供宗教服務的製造業者）。
   (2)消費者：黃先生（宗教服務接受人）。

(3)消費關係的客體：光明燈服務（服務）。寺廟所提供的點光明燈產品，所點的光明燈僅為一種形式，主要在使點光明燈的消費者能夠獲得心靈上的慰藉，屬於一種無形的產品，依消費者保護法規定應納入服務的範圍。

2. **法律問題解析**：本案的關鍵在於宗教服務，是否屬於營業行為。

(1)本案的消費者：消費者在日常生活上所為的下列行為，均屬最後消費行為。

①物質上的消費行為：主要係以有形的產品（商品）作為消費客體，例如肚子餓了，就要買東西吃；天氣冷了，就要買禦寒衣物穿；結婚了，就要買房子來住；為了上班方便，就要買汽車來開等，均屬之。

②精神上的消費行為：主要係以無形的產品（服務）作為消費客體，例如身體不舒服，就要看醫生；錢賺多了，就要到銀行開戶存款；想開眼界，就要出國去旅遊；心情煩悶，就到 KTV 去唱歌；成績不好，就要去參加補習等，均屬之。本案黃先生前往寺廟點光明燈，屬於一種日常生活中精神上的消費行為，並且係屬以消費為目的的最終消費行為，故為消費者。

(2)本案的企業經營者：寺廟提供點光明燈的營業行為，雖說不以營利為目的，然仍屬一種營業行為，依照消費者保護法規定，提供此種營業行為者，亦屬消費者保護法上的企業經營者。此外，如有廟宇（少林寺等）狠敲遊客竹槓或香客大樓提供禪房給香客入住的行為，亦屬營業行為，因而所衍生的糾紛，均有消費者保護法的適用。

(3)本案成立消費關係：本案 A 寺廟為企業經營者，點光明燈的黃先生為消費者，在所成立契約上的消費關係，因為契約條款發生糾紛，主要涉及消費公平問題，有消費者保護

法規定的適用。

結論：本案屬於契約上的消費關係，因而發生爭議時，黃先生可以依消費者保護法有關規定，向Ａ寺廟主張其應有的消費者權益。

補充說明——企業經營者與營業類型。

1. **營業的意義**：凡是職業（包括本業及副業）上的必要行為，不問其營業的目的為何，均屬於營業的範圍。

   (1)以營利為目的的營業行為：一般人均以為營業行為，必須要以營利（賺錢）為目的，例如統一企業公司、圓山大飯店、ＳＯＧＯ百貨公司、中華航空公司等，才是消費者保護法上的企業經營者，事實上這是錯誤的觀念，因為另外尚有所謂不以營利為目的的營業行為存在。例如中華民國消費者文教基金會、長庚紀念醫院等財團法人；或是慈濟、龍山寺、行天宮等宗教團體，如有營業行為時，依其公益法人本質，即非以營利為目的，屬之。

   (2)不以營利為目的的營業行為：消費者保護法施行細則規定，將營業擴充解釋為「不以營利為目的者為限」，故任何的個人、團體或法人，只要有營業行為，不管他是不是以賺錢為目的，均屬消費者保護法上的企業經營者。例如學校、補習班、寺廟、消費者保護團體等雖非屬一般營利性的法人或團體，惟只要有營業行為，就該行為而言，亦是消費者保護法上的企業經營者。

2. **營業的類型**：以產銷流程區分如下表。

產品的產銷流程表			
設計＞＞＞	生產製造＞＞＞	進口＞＞＞	銷售＞＞＞
設 計 業 者	生產製造業者	進 口 業 者	銷 售 業 者
例如服裝設計師、程式設計師、建 築 師等，以提供創意、點子或以從 事 研 究、規劃、設計為業者	例如利用自然力生產農業產品的生產業者，或利用機械、科技製造工業產品的製造業者	例如進口車代理 商、經 銷商，或國外食品進口商等，以進口國外生產或製造的產品為業者	例如百貨公司、超商、小賣店等，以銷售由其他業者所生產、製造或進口的產品為業者

3. **企業經營者**：係指從事營業的人。

　(1)企業經營者的組織不限：依照消費者保護法規定，凡是以設計、生產、製造、輸入、經銷商品或提供服務為營業的人，均屬之。換句話說，不論其營業的組織為何（個人、團體或法人）、規模大小，凡為「營業」的人，均為企業經營者。

　(2)員工不是企業經營者：企業經營者，係指該企業的主體，一般均以負責人為其代表人，不包括其所屬內部的受僱人或員工等經營團隊成員在內。因此，受僱的醫師，非消費者保護法所稱的企業經營者，如果消費者受害擬依據消費者保護法規定爭取權益時，就應以該醫院作為求償的對象。

　參考條文──與本案有關的相關法條。

1. **消費者保護法**：第2條第1款至第3款（消費者、企業經營者、消費關係的定義）、第7條至第10條之1（產品責任）。

2. **消費者保護法施行細則**：第2條（營業的意義）、第4條（商品的定義）。

五、未經合法立案的業者，亦為企業經營者。

【案例】未合法立案之 KTV 糾紛案
座落於台北市漢口街 2 段 51 號 3 樓及 4 樓的「快樂頌 KTV」，係一個未向台北市政府取得立案許可，即自行營業的 KTV。於民國 84 年 4 月 17 日凌晨遭人以汽油彈縱火發生火災，結果造成 11 人死亡、12 人受傷的不幸事件。

基本解析——只要是實際從事營業的人，均為企業經營者。

1. **法律關係解析**：本案主要涉及消費安全問題，故屬於使用上的消費關係。

    (1)企業經營者：快樂頌 KTV（提供 KTV 服務的製造業者）。

    (2)消費者：死傷的消費者（服務使用人）。

    (3)消費關係的客體：KTV 服務（服務）。KTV 所提供的歌唱設施及服務，主要在使唱歌的人得以宣洩其壓力或苦悶，屬於一種無形的產品，依消費者保護法規定應納入服務的範圍。

2. **法律問題解析**：本案的關鍵在於企業經營者，是否以合法立案的業者為限。

    (1)本案的消費者：前去 KTV 唱歌的人，屬於日常生活中精神上的消費行為，並且係屬以消費為目的的最終消費行為，故屬於消費者。不過，本案必須是實際上受有損害的消費者，才有權依照消費者保護法規定請求損害賠償。

    (2)本案的企業經營者：依照消費者保護法規定，凡是從事營業的人，均屬企業經營者，但在行政法上配合管理需要，尚可分為下列兩種。

    ①取得合法立案的企業經營者：凡是取得合法立案的企業

經營者，原則上均符合行政法令所定的一定要件，例如必須通過公共安全檢查及格、具有一定營業資產、具有一定的專業能力，對於前去消費的消費者，其消費權益可以提供較大的保障。

②未取得合法立案的企業經營者：係指應取得合法立案而未取得，卻仍對外營業的人，此即一般所謂的地下業者。該地下業者，亦屬事實上的企業經營者，依照消費者保護法規定，雖仍應負企業經營者的責任，惟對於前去消費的消費者，可能消費安全較無保障，發生損害亦可能較無賠償能力，故消費者要去此等場所消費之前，務必三思。

(3)本案成立消費關係：快樂頌 KTV 為企業經營者，所有前去唱歌的人均為消費者，成立使用上的消費關係，有消費者保護法規定的適用。

結論：快樂頌 KTV 即使未取得合法立案，亦為企業經營者，本案屬於使用上的消費關係，受害的消費者可以依消費者保護法規定，向快樂頌 KTV 請求損害賠償。

補充說明──行業管理與營業行為。

1.企業經營者的認定標準：消費關係的主體，包括消費者及企業經營者在內，缺一不可，前已述及。至於所謂消費者或企業經營者，應以雙方當事人在個別事件所扮演的實際角色，作為認定標準。事實上扮演消費角色的人，即為消費者；扮演營業角色的人，即為企業經營者，並不以該企業經營者有無取得政府合法立案而有所不同。因為有無合法立案僅為行政機關管理的措施，對於企業經營者的營業角色並無實質影響。進而言之，即使是不合法的產業業者，例如經營日租套房、地下仲介公司、地下錢莊、地下保險公司、地下賭場、地下加油站、地下妓女戶、代寫論文、代辦黃牛等業者，亦

屬於消費者保護法所規範的企業經營者。但金融消費者保護法限以合法立案的金融服務業者作為規範對象（詳見壹、十四題）。

2. **每種法律均有其特定的立法目的**：行業管理與營業行為，由於基本的法律關係不同，故應分別適用不同的法律。

(1)消費關係屬於私權關係：不論有否取得行政主管機關合法立案，只要有從事營業的企業經營者，包括路邊攤的攤主、訪問買賣的推銷員、違章建築的卡拉 OK 業者，均為企業經營者，均應受消費者保護法的規範。

(2)行業管理關係屬於公權關係：政府要求業者依法取得合法立案的目的，主要在作為管理業者的必要措施。事實上，行政主管機關對於未經合法立案的業者，在法律上應採取行政管制措施，才能有效保障消費者權益，並避免劣幣驅逐良幣的情形發生。

①行政上應予取締：未經合法立案的業者，既然違反行業管理的行政法律，主管機關即有取締的義務，故在公法上主管機關對於流動攤販等違法的業者，依法即應嚴予取締，以避免消費者權益受到侵害。

②私法上仍受規範：消費行為屬於私法上的行為，與行政管理可以分開處理，不可混為一談。既然該未合法立案的業者事實上已經存在，並且確實在從事營業行為，屬於消費者保護法上的企業經營者，應無疑義。所以消費者與流動攤販等違法業者交易所衍生的消費問題，在私法上仍應受到消費者保護法的規範與保障，當然也可以向法院提起消費訴訟。

参考條文——與本案有關的相關法條。

1. **消費者保護法**：第2條第1款至第3款（消費者、企業經營者、消費關係的定義）、第7條至第10條之1（產品責任）。

2. 消費者保護法施行細則：第2條（營業的意義）、第4條（商品的定義）。

3. 金融消費者保護法。

六、政府機關，亦有可能為消費者保護法上的企業經營者。

> **【案例】阿里山森林鐵路翻車案**
> 民國92年3月1日下午由行政院農業委員會林務局經營的阿里山森林遊樂區，發生森林鐵路小火車出軌翻覆，結果造成17人死亡、170餘人輕重傷事故的不幸事件。

基本解析——政府機關亦有可能為企業經營者。

1. **法律關係解析**：本案主要涉及消費安全，故屬於使用上的消費關係。

　(1)企業經營者：行政院農委會林務局（提供高山鐵路運送服務的製造者）。政府機關在未執行公權力而有營業行為時，亦屬企業經營者。

　(2)消費者：因使用產品（搭乘小火車）而受到死傷的消費者（服務使用人）。

　(3)消費關係的客體：高山鐵路運送服務（服務）。火車運送屬於一種無形的產品，故消費者保護法將其納入服務的範圍。

2. **法律問題解析**：本案的關鍵在於政府機關，有無可能成為企業經營者。

　(1)本案的消費者：所有的乘客，都是消費者。到阿里山的旅客，搭乘森林小火車屬於日常生活中「行」的需要，並且是最終消費的行為，故為消費者。不過，本案必須因為使

用消費而受害的消費者，才有權依照消費者保護法規定請求損害賠償。

(2)本案的企業經營者：行政院農委會林務局為本案的企業經營者。

　①林務局在執行公權力時，不是企業經營者：因為公權力的執行，非屬營業行為。林務局在主管森林業務防止濫墾濫牧情形，係依行政法令規定執行公權力，即非企業經營者。如有因其公權力行為而受有損害，可以依照國家賠償法規定請求賠償。

　②林務局有營業行為時，仍為企業經營者：林務局在經營阿里山森林鐵路運輸時，因為並非屬於公權力的執行，而是屬於一種由政府機關經營的營業行為，實質上與由民間經營的客貨運輸並無不同，故亦屬消費者保護法上的企業經營者。如有因其營業行為而受有損害，可以依照消費者保護法規定請求賠償。

(3)本案具有雙重法律關係：本案由於林務局具有國家機關及企業經營者雙重角色，除了成立使用上的消費關係以外，亦可成立國家賠償關係，二種法律關係發生競合情形，受害者可以擇一請求損害賠償。

結論：本案受害的乘客可以選擇下列任何一種法律，向林務局請求損害賠償。

(1)認定屬於消費關係，可以依消費者保護法請求賠償。

(2)將林務局認定為國家機關，可以依國家賠償法請求賠償。

補充說明——政府機關的定位及屬性。

1. **政府機關的屬性**：可以歸納為下列三種類型。

　(1)純粹國（公）營事業機構：例如台灣鐵路管理局、台灣電力公司、台灣省自來水公司、台北捷運公司、國光客運公司、台灣銀行、動產質借處（公營當舖）、中國石油公

司、中國鋼鐵公司、台大醫院、榮民之家、公立幼兒園、國軍英雄館、教師會館、勞工會館等，此等事業機構純粹在從事營業行為，並未執行公權力，故均屬消費者保護法上的企業經營者。

(2)純粹行政機關：例如行政院及其所屬內政部等相關部會、直轄市及縣市政府等，係為執行行政公權力而成立的機關，該等機關在執行公權力的業務時，如國民有依法納稅、服兵役、受國民義務教育等義務，政府機關執行與此等義務有關之公權力行為，均非營業行為，故均非企業經營者。

(3)不純粹行政機關：例如國宅處、衛生所、學校、國家公園、博物館、美術館、殯儀館等，屬於兼具行政公權力權限及營業行為的行政機關。當其從事營業行為時，如國宅處賣國宅、衛生所賣保險套、學校辦遊學團等，均屬於營業行為，均為企業經營者。

2. **判斷標準**：政府機關應依下列標準予以個案判斷。

(1)公權力關係：政府機關的行為，屬於公權力的執行時，此時政府機關並非企業經營者；人民如果因政府公權力的執行而受害，可以依照國家賠償法請求賠償。公權力執行須有明確法令依據，例如法院依法拍賣房屋或警察依法開交通違規罰單等，原則上該行為屬於非民間業者所得為的行為，換句話說，凡是民間業者可為的行為，如有政府機關為之，即非公權行執行的行為，而應屬營業行為，此即為與民爭利的行為。至於公權力執行時依法令所收取的的費用，例如學校的學費、高速公路的通行費等，通稱為「規費」，依規費法規定均應納入年度預算編列，與一般營業行為所收取的費用不同。

(2)消費關係：政府機關的行為，如非屬於公權力的執行，而

是屬於營業行為時，此時政府機關為企業經營者；消費者如果因其營業行為而受害，可以依消費者保護法請求賠償。例如國防部每年針對高中以上在學學生所主辦的各類「暑期戰鬥營」（係由各軍種舉辦甚多梯次），以及中正預校針對國中在學學生開辦的「科學體驗營」等，均為消費關係。

參考條文——與本案有關的相關法條。

1. **消費者保護法**：第2條第1款至第3款（消費者、企業經營者、消費關係的定義）、第7條至第10條之1（產品責任）。

2. **消費者保護法施行細則**：第2條（營業的意義）、第4條（商品的定義）。

3. **國家賠償法**。

4. **規費法**。

七、偶一為之的販售行為，並非營業行為。

【案例】委託仲介買賣房屋案

江先生在台北某科技公司擔任工程師，已婚並在台北市購屋居住。公司為拓展業務在大陸投資設立工廠，並調動江先生前往大陸工作。江先生無奈，只好舉家遷往大陸以便就近工作，並委託A房屋仲介公司幫忙銷售，結果由林小姐購得自行居住。

基本解析——沒有營業行為，就不是企業經營者。

1. **法律關係解析**：本案主要涉及消費公平問題，故屬於契約上的消費關係。

   (1)企業經營者：A 房屋仲介公司（提供房屋仲介服務的製造

業者）。

(2)消費者：主要有下列二個消費者（服務買受人）。

　①江先生：向 A 房屋仲介公司購買售屋服務的消費者。

　②林小姐：向 A 房屋仲介公司購買購屋服務的消費者。

(3)消費關係的客體：房屋買賣仲介服務（服務）。

2.**法律問題解析**：本案的關鍵在於出賣人是否一定是企業經營者。

　(1)江先生與 A 房屋仲介公司間的法律關係：成立契約上的消費關係。

　　①江先生是消費者：江先生是賣房子的人，但因江先生並不是以賣房子為營業之人，故江先生不是經營售屋的企業經營者；江先生係向 A 房屋仲介公司購買售屋的仲介服務，所以江先生是 A 房屋仲介公司的消費者。

　　②A 房屋仲介公司是企業經營者：A 房屋仲介公司是以仲介買賣房屋為營業的人，故為本案的企業經營者。

　(2)林小姐與 A 房屋仲介公司間的法律關係：成立契約上的消費關係。

　　①林小姐是消費者：林小姐向 A 房屋仲介公司購買購屋仲介服務，用來自行居住，屬於以消費為目的的最終消費行為，所以林小姐是消費者。

　　②A 房屋仲介公司是企業經營者：A 房屋仲介公司是以仲介買賣房屋為營業的人，故為本案的企業經營者。

　(3)房屋出賣人江先生與房屋買受人林小姐間的法律關係：為一般法律關係，僅能適用民法買賣規定，不可以適用消費者保護法。

　　①江先生不是企業經營者：江先生雖然是賣房屋的人，但因江先生並不是以賣房屋為營業的人，故江先生不是賣房屋的企業經營者。

②林小姐是消費者：林小姐購買房屋，是用來自行居住，屬於以消費為目的的最終消費行為，所以林小姐是消費者。但因出賣人江先生並不是企業經營者，故非消費關係，如果房屋買賣發生糾紛時，並無消費者保護法的適用。

結論：本案具有三種法律關係，應依實際法律關係性質，去適用其最適當的法律，以保障應有的權利。

補充說明——營業行為的條件。

1. **營業的要件**：營業行為，應以其職業上直接且必要的行為為限，必須具有專業性（與其職業直接有關專業範圍內的行為）、經常性（經常不斷重複此種行為）、職業性（以此為業或作為其副業）、必要性（須為營業上的必要行為）。下列行為因未具備上述要件，故在解釋上均非屬「營業」行為，即使有販售行為，亦非屬消費者保護法上的「企業經營者」。

(1)非專業必要性的行為：例如從台北搭機出差到台東視察、或是與客戶一起吃飯洽談公事等，該搭機或吃飯的行為，與其營業並無直接且必要的關係存在，不具有專業必要性的特質，而係屬一般生活上的消費行為，故從事該等行為的人為「消費者」，企業經營者則為「航空公司」或「餐廳」。

(2)非經常必要性的行為：例如已有新手機而將自己不用的舊手機出賣的行為，因為不是基於永續經營的意思，經常不斷所為的營業行為，而是突發性偶一為之的販賣行為，即非屬營業行為，該出賣人即非企業經營者。

(3)非職業必要性的行為：例如宗教團體經常為照顧貧困人士所舉辦的救濟活動或發生天災後的賑災活動，對於其所發放的救濟品，因非其職業（本業及副業）上的必要行為，

故該宗教團體因此所舉辦的活動，不是「營業」行為，從而亦非「企業經營者」。另外，政府機關公權力的執行並非營業行為，已見前述。惟如果是政府機關從事與公權力執行無關的行為，例如舉辦跨年煙火活動、中秋晚會等，屬於一種給付行政的性質，純粹係因應節慶需要所舉辦的慶祝活動，非屬營業行為，惟負責該活動的承包商仍為企業經營者。如果是舉辦美食展、旅展、花卉博覽會等，因與給付行政無關，本質上屬於一種促銷活動或營業行為性質，則應認屬營業行為，而有消費者保護法的適用。

2. **偶一為之的販售行為**：並非營業行為。

(1)特性：偶一為之的販售行為，因符合①非專業必要性的行為（販售的人並無專業）、②非經常必要性的行為（販售的人僅偶一為之）、③非職業必要性的行為（與販售人的職業無關）等特性，故非屬營業行為。

(2)本質：偶一為之的販售行為，屬於日常生活上的必要行為。因為一個人在日常生活當中，除非像魯賓遜漂流荒島離群索居般，過著自給自足與世無爭的日子，否則即需透過一定的買賣或交易的消費行為，生活才得以繼續。因此，偶一為之的販售行為，可以說是一種非以營業或以消費為目的的行為。

參考條文——與本案有關的相關法條。

1. **消費者保護法**：第2條第1款至第3款（消費者、企業經營者、消費關係的定義）。

2. **消費者保護法施行細則**：第2條（營業的意義）、第4條（商品的定義）。

3. **不動產委託銷售契約書範本暨應記載及不得記載事項。**

八、人人都是消費者。

【案例】澎湖空難案

民國 91 年 5 月 25 日一架中華航空 CI611 航班客機，在台北飛往香港的途中，經過澎湖目斗嶼正北方十公里海域時墜毀，結果造成機上 225 名乘客全部罹難的不幸事件。

基本解析 —— 凡是職業以外的行為，均屬消費行為。

1. **法律關係解析**：本案主要涉及消費安全問題，故屬於使用上的消費關係。

　(1)企業經營者：中華航空公司（提供飛航服務的製造業者）。

　(2)消費者：所有罹難的乘客均為消費者（服務使用人）。

　(3)消費關係的客體：航空運送服務（服務）。

2. **法律問題解析**：本案的關鍵在於如何判斷誰是真正的消費者。

　(1)本案的消費者：本案飛機上的人員，不全是消費者。

　　①飛機上的乘客，均為消費者：雖然飛機上乘客來自不同行業，但有一共同特徵，那就是無人以搭乘此架飛機為職業，即使是旅行社的導遊亦非以搭機為其職業，換句話說，所有乘客搭機，均屬日常生活中「行」的需要，以此為消費目的所為之最終消費行為，故均為消費者。

　　②飛機上的服務人員，均非消費者：飛機上的服務人員，包括機師、空中小姐、空中少爺等，雖然年齡不同、性別不同、工作分派不同，但亦有一共同特徵，那就是以搭飛機為其職業，搭此飛機非以消費而係以營業為目的，故非屬消費者，只能依航空公司內規處理，不得依

消費者保護法請求賠償。

(2)本案的企業經營者：為失事的中華航空公司。依照民用航空法規定，只要發生飛機失事的空難，不問任何理由，失事的航空公司均需負損害賠償責任。

(3)本案成立消費關係：本案主要係因消費者接受航空公司的運送服務所發生的問題，故屬於使用上的消費關係。

結論：本案成立使用上的消費關係，罹難乘客的家屬可以依照消費者保護法有關規定，向中華航空公司請求損害賠償。

補充說明——消費關係主體的判斷標準。

1. **企業經營者與消費者為相對名詞**：由於「企業經營者」與「消費者」係屬兩個相對名詞，對於一個具有雙重角色的「人」，就必須在一個具體事件中，從雙方實際所扮演的角色，來決定誰是該事件的企業經營者或消費者。

2. **人人均具有消費者角色**：消費者可能是一個家庭主婦或是基層的勞工、學生、公務員、老師、農夫等，也可能是位居高職的總統、部長、校長、董事長等，因為一個人在日常生活當中，無論其職業為何，通常具有至少二種角色（生產及消費角色），當其從事消費者角色時，即為消費者，故人人均可為消費者。即使是像鴻海集團老闆郭台銘般成功的企業經營者，也不是時時刻刻都是企業經營者，因為在他日常生活當中，也會像一般人一樣需要消費，也是消費者。另外，消費者委任職業介紹所為其介紹工作，屬於消費關係；消費者委任業者為其介紹國外工作（如國外打工旅遊），當然也是消費關係。

3. **消費者角色的判斷標準**：至於是否真的是「消費者」，仍應依其在具體個案上所實際扮演的角色作為判斷標準。換句話說，在自己本（副）業以內所為的行為，例如鴻海集團負責人郭台銘在鴻海等本業上所為的專業且必要之行為，因與營

業有關，所以不是消費行為；但是在本（副）業以外所為的行為，例如郭台銘在日常生活的行為，如到餐廳用餐、搭高鐵出差、搭飛機旅行、舉辦尾牙或員工自強活動等，就是消費行為，這時候他就是消費者。

參考條文——與本案有關的相關法條。

1. 消費者保護法：第2條第1款至第3款（消費者、企業經營者、消費關係的定義）、第7條至第10條之1（產品責任）。
2. 消費者保護法施行細則：第2條（營業的意義）。
3. 民用航空法。

九、非屬營業的必要範圍，而為日常生活上的行為者，為消費行為。

【案例】房仲與客戶會餐洽公案

趙先生是A知名房屋仲介公司台北市東區的房屋仲介人員，對於房屋仲介業務向來非常主動積極，經常利用與客戶會餐時間洽談房屋仲介事宜。某日，約好一位林小姐在B餐廳用餐，並順便推銷東區的房子，誰知當日食材有問題，導致包括趙先生及林小姐在內多人食物中毒的不幸事件。

基本解析——凡是日常生活上的行為，均為消費行為。

1. 法律關係解析：本案主要具有契約及使用上的消費關係。
   (1)企業經營者：主要有下列二種業者（服務提供人）。
      ①A房屋仲介公司及其仲介人員趙先生（提供房屋仲介服務的製造者）。
      ②B餐廳（提供餐飲服務的製造者）。
   (2)消費者：主要有下列二種消費者（服務接受人）。

①房屋仲介的消費者：林小姐。

②餐廳的消費者：趙先生及林小姐。

(3)消費關係的客體：房屋仲介服務及餐飲服務（服務）。

2.**法律問題解析**：本案的關鍵在於生活上的行為，與營業行為如何明確區隔。

(1)本案的消費者：包括下列二種。

　①純粹消費者：林小姐透過房屋仲介公司要買房子，因此其與仲介人員間的任何洽商，原則上應屬以消費為目的所為的最終消費行為；另外，林小姐在 B 餐廳與仲介人員的會餐，亦屬一般日常生活中的最終消費行為，所以林小姐是一個純粹的消費者。

　②非純粹消費者：趙先生是一位房屋仲介人員，在向林小姐推銷房屋仲介買賣業務時，趙先生是企業經營者，不是消費者。不過，對於趙先生利用在 B 餐廳會餐時間推銷業務的行為，事實上可將其分開為用餐行為與推銷行為二種，其中用餐行為屬於日常生活中的最終消費行為，此時的趙先生亦屬消費者，惟因趙先生利用作為洽商機會，故稱他為非純粹消費者。

(2)本案的企業經營者：包括下列二種。

　①B 餐廳業者：係以提供用餐產品為營業的人，故對於前來用餐的消費者，不論其是否別有其他目的，均應依照消費者保護法規定，負餐廳企業經營者應負的責任。

　②A 房屋仲介業者：係以提供房屋仲介服務為營業的人，僅在推銷房屋仲介服務的範圍內，應依照消費者保護法規定，負房屋仲介企業經營者應負的責任。

(3)本案成立二種消費關係：就用餐而言，屬於一種使用上的消費關係；就房屋仲介而言，則屬於一種契約上的消費關係，均有消費者保護法的適用。

結論：本案依營業項目不同而成立二種消費關係，就用餐的消費關係而言，趙先生及王小姐均為消費者；就房屋仲介的消費關係而言，王小姐為消費者。本案因係發生食物中毒，趙先生及林小姐二位消費者，均可以依照消費者保護法有關規定，向 B 餐廳業者請求損害賠償。

補充說明──消費與營業的比較。

1. **消費的範圍**：凡是一個人在日常生活當中，無論是食衣住行育樂或是生老病死，所有物質上的消費行為或是精神上的消費行為，只要是基於消費為目的（最終消費，但金融消費者保護法規定的金融消費行為則不以此為限，詳見壹、十四題），均為消費的範圍。因為人人都需要生活，所以人人都具有消費者的角色，為期明確劃分消費者與企業經營者，必須以雙方當事人在具體個別事件中，所扮演的角色作為判斷標準。

2. **消費與營業互相排斥**：消費與營業，屬於相對的名詞，凡是以消費為目的的行為，即不會拿來提供作為營業使用；反之，凡是以營業為目的的行為，即不會拿來提供作為消費使用，二者在本質上雖是相互排斥的，但在購買等契約行為的外型上卻是難以分辨，主要是因為消費或營業的目的，均屬於內在的主觀意思；只有在產品使用行為的外型上始較易分辨，係因外在的使用行為（自用即屬消費目的、營業用即屬營業目的）原則上須與其內在的主觀意思一致之故。

3. **營業的範圍**：為避免營業與消費相互混淆，營業的範圍應以其職業上直接且必要行為為限（詳見壹、七題的補充說明）；且只要其主要目的在供營業使用，解釋上即應涵蓋其全部的使用行為，即使其中有部分係提供自用，例如餐飲業者使用其自行製造的餐飲產品，或是計程車司機在假日用其計程車帶家人出遊等行為，亦將被認定仍屬營業範圍，而非

消費使用。主要係因該等業者在其所從事的行業上，對於與該行業有關的產品，至少比一般的消費者更具有一定程度的專業，非屬弱勢的消費者之故。

参考條文——與本案有關的相關法條。

1. **消費者保護法**：第2條第1款至第3款（消費者、企業經營者、消費關係的定義）。
2. **消費者保護法施行細則**：第2條（營業的意義）。
3. **金融消費者保護法**：第4條（金融消費者的定義）。
4. 不動產委託銷售契約書範本暨應記載及不得記載事項。

十、業業均受消費者保護法的規範。

【案例】東森得易購糾紛案

東森得易購公司利用電視購物頻道台，製造「視覺效果」及令人心動的廣告，以郵購方式銷售手錶及國外旅遊行程，有消費者黃先生因受到該等郵購廣告的影響，而向其購買相關產品，結果發生糾紛。

基本解析——所有的行業，均受消費者保護法的規範。

1. **法律關係解析**：本案主要涉及消費公平問題，故為契約上的消費關係。
   (1)企業經營者：東森得易購公司（販賣產品的經銷業者）。
   (2)消費者：黃先生（產品買受人）。
   (3)消費關係的客體：手錶（商品）及國外旅遊行程（服務）。
   (4)特別買賣方式：郵購買賣（詳見肆、第二章）。
2. **法律問題解析**：本案的關鍵在於消費關係的客體，能否涵蓋所有的行業。

(1)本案消費關係的主體：包括消費者及企業經營者在內。

　①本案的消費者：黃先生因係以消費為目的，而購買手錶及國外旅遊行程的最終消費行為，故為消費者。

　②本案的企業經營者：東森得易購公司因係以經營（手錶及國外旅遊行程等產品）郵購買賣為營業者，故為企業經營者。

(2)本案消費關係的客體：包括商品及服務在內。消費者保護法對於客體係採取二分法的分類，只要是有形的產品，就是商品；無形的產品，就是服務。目前社會上各行各業所經營販售的產品，並無法突破此種分類，因此，既然所經營販售的產品，均屬於消費者保護法規定的客體，故所有的行業均應受消費者保護法的規範。本案的客體包括：

　①商品：手錶係屬有形的產品，故應納入商品的範圍。

　②服務：國外旅遊行程係屬無形的產品，故應納入服務的範圍。

(3)本案成立消費關係：本案主要是因企業經營者的郵購廣告可能誇大而影響消費者的判斷，以致買賣發生糾紛，故主要為契約上的消費關係。

結論：本案屬於契約上的消費關係，黃先生可以依照消費者保護法有關規定，爭取其應有的權益。

補充說明——消費關係的客體。

1. **業業均受消費者保護法的規範**：目前社會上所有行業種類雖然眾多，惟就其所販售的產品而言，應均不超出商品或服務的範圍。換句話說，由於所有行業所販售的產品，均屬消費者保護法規定的客體，除非另有特別法律明文排除不適用消費者保護法的規定，否則應該是所有的行業，均受消費者保護法的規範。

2. **消費關係的客體**：包括下列商品及服務。

(1)商品（goods，products）：例如食品、衣服、房屋、汽車、書籍、文具、運動器材、藥品等行業所提供的商品（動產或不動產），係以具有一定外形的產品作為交易的客體，不論是最終產品（如麵包）、半成品（如麵團）、原料（如麵粉）或零組件（如輪胎、車燈等汽車零組件），均包括在內。另外，有些國家排除農、林、漁、牧未經加工之產品，我國則因該等產品與消費者生活息息相關，為確保消費者權益，故對從事農、林、漁、牧之企業經營者所提供之該等產品，仍有消費者保護法之適用。

(2)服務（service）：例如瘦身美容、洗衣、旅館、交通、補習、旅遊、坐月子、安養、醫療、殯葬、保險、金融等服務業所提供的服務，係以不具有一定外形的產品作為交易的客體，均屬之。另外，新興的數位化產品，如電腦軟體、電子書、電腦遊戲、數位 CD、數位電影、數位圖片等等，亦屬無形的產品，多以線上遞送產品的方式交付，在契約中往往包含該產品著作權之授與使用。換句話說，現行社會上所謂的「服務業」，其所販賣的產品，即為「服務」。我國現行消費者保護法故意不明定服務的範圍，以保持其適用上的彈性。此在消費者保護法適用初期，筆者尚可贊同，惟終非長久之計，應於施行後一段期間加以檢討定義，以資統一適用為宜。

參考條文──與本案有關的相關法條。

1. **消費者保護法**：第2條第1款至第3款（消費者、企業經營者、消費關係的定義）、第18條至第19條之1（郵購買賣）。

2. **消費者保護法施行細則**：第2條（營業的意義）、第4條（商品的定義）。

十一、買賣關係，不一定是消費關係。

> 【案例】王先生透過網路購買蟠龍花瓶案
>
> 王先生在 e bay 網站看到一只標價百萬的蟠龍花瓶，甚為中意，以為是真品，於是向出賣人Ａ先生購買並送請專家鑑定，結果發現該只花瓶係屬複製品，市價僅值數千元，因而引發糾紛。

基本解析——網路交易，不一定是消費關係。

1. **法律關係解析**：本案必須具有下列要件，才能成立消費關係，且因主要涉及消費公平問題，故屬於契約上的消費關係。

    (1)企業經營者（商品出賣人）：Ａ先生必須是以經營古董店為業的人，才是本案的企業經營者。

    (2)消費者（商品買受人）：王先生必須不是以經營古董店為業的人，才是本案最終消費的消費者。

    (3)消費關係的客體：古董（商品）。

    (4)特別買賣方式：網路交易屬於郵購買賣（詳見肆、第二章）。

2. **法律問題解析**：本案的關鍵在於買賣關係，是不是一定是消費關係。

    (1)本案的買受人：王先生其購買行為的目的可能有下列二種。

    ①以消費為目的：如果王先生購買蟠龍花瓶，主要係供客廳擺飾使用，依其使用產品的外在行為觀之，可認係屬於一種以消費為目的之最終消費行為，則本案買受人王先生為消費者。

②以營業為目的：如果王先生本身即在經營古董買賣生意，此次購買蟠龍花瓶作為增加其古董營業的內容，主要係供古董店出售使用，依其使用產品的外在行為觀之，可認係並非以消費為目的之最終消費行為，則本案買受人王先生並非消費者。

(2)本案的出賣人：A先生出賣行為的目的可能有下列二種。

①以營業為目的：如果A先生本身即在經營古董買賣生意，此次出賣蟠龍花瓶即係屬於其營業範圍內的行為，則本案出賣人A先生為企業經營者。

②以非營業為目的：如果A先生本身並非經營古董買賣生意，此次出賣蟠龍花瓶並非屬於其營業範圍內的行為（例如黃任中先生因須繳稅而出售其家藏古董），則本案出賣人A先生並非企業經營者。

(3)本案不一定成立消費關係：本案的買賣行為，只有在出賣人是企業經營者及買受人是消費者的前提下，才屬於消費關係，才可以適用消費者保護法。

結論：本案須視法律關係的本質，去決定其適用的法律。消費關係具有一定的法定要件，即必須買賣雙方當事人當中，一方為企業經營者，另一方為消費者才可以成立。因此，買賣關係（含網路交易），不一定是消費關係。

補充說明——買賣法律關係的屬性。

1. 消費關係：一般人均誤認買賣就是消費，買的人就是消費者，賣的人就是企業經營者；事實上消費固然以買賣方式為大宗，但是買賣不一定就是消費，因為依照消費者保護法規定，買賣必須符合下列目的性的主體要件，才可以成立消費關係。

(1)買的人，必須是消費者（Consumer，簡稱C）：即必須符合「以消費為目的」的最終消費的人，才是消費者。但金

融消費者保護法所稱之金融消費者（詳見壹、十四題），則不受此限制，原則上只要是接受金融服務業（包括銀行業、保險業、證券業等）提供金融商品或服務的人，不問其目的（包括投資、營業、理財、消費等）為何，均受其保障，併此敘明。

(2)賣的人，必須是企業經營者（Businessman，簡稱B）：即必須符合「以營業為目的」的從事營業的人，才是企業經營者。

2. **買賣關係**：依買賣雙方主體的目的，可歸納為下列三種類型。

(1)買的人不一定是消費者：買的人如果買的目的不是用來消費，而是用來作為生產、製造或銷售等營業行為的準備時，例如麵包店老闆買進麵粉製作麵包、超商買進麵包出售等，因非屬最終的消費，均非消費者。顯見消費者保護法旨在保障從事生活上一般消費的消費者，與金融消費者保護法所要保障金融消費者（包括投資營業行為在內）的範圍不同。

(2)賣的人不一定是企業經營者：賣的人如果不是從事營業的企業經營者，自然賣的人無需負消費者保護法上的企業經營者責任。

(3)必須賣的人是企業經營者（B）、買的人是消費者（C），才適用消費者保護法：只有企業經營者賣給消費者（B2C），此時的買賣關係才是消費關係，才有消費者保護法的適用。例如買材料或零組件自行組裝（DIY）後，將完成的產品拿來自用或送給他人使用的人，係屬「最終的消費」；如果是經常買材料或零組件自行組裝（DIY）後，將產品出售的人，則非屬「最終的消費」。

3. **買賣關係與消費關係的比較**：如附表。

買賣關係與消費關係比較表		
買賣關係主體	是否為消費關係	是否適用消保法
業者賣給業者 （B2B）	否	否
業者賣給消費者 （B2C）	是	是
消費者賣給業者 （C2B）	否	否
消費者賣給消費者 （C2C）	否	否

參考條文——與本案有關的相關法條。

1. 消費者保護法：第2條第1款至第3款（消費者、企業經營者、消費關係的定義）、第18條至第19條之1（郵購買賣）。

2. 消費者保護法施行細則：第2條（營業的意義）、第4條（商品的定義）。

3. 金融消費者保護法：第1條（立法目的）、第4條（金融消費者的定義）。

4. 零售業等網路交易定型化契約應記載及不得記載事項公告。

第二章

消費者保護法的適用原則

十二、發生消費問題，原則上應優先適用消費者保護法。

> **【案例】台中市衛爾康西餐廳火災案**
> 民國84年2月15日晚上，座落在台中市中港路一段52、54號的衛爾康西餐廳生意興隆，不料餐廳服務生在煮咖啡時，因為不小心使得瓦斯外洩而引發火災，內部人員避難逃生不及，結果造成64人死亡、11人受傷的重大意外事件。

基本解析——消費問題，消費者保護法提供最大保障。

1. **法律關係解析**：本案主要涉及消費安全問題，故屬於使用上的消費關係。
   - (1)企業經營者（服務提供人）：衛爾康西餐廳（提供餐飲服務的製造業者）。
   - (2)消費者（服務使用人）：所有前去用餐而受害的消費者。
   - (3)消費關係的客體：餐飲服務（服務）。

2. **法律問題解析**：本案的關鍵在於發生消費問題，何種法律提供最大保障。
   - (1)本案如果視為一般買賣關係：可以依民法規定處理。
     - ①出賣人：餐廳老板及其服務人員，應依民法規定負連帶損害賠償責任。
     - ②買受人：受害的用餐客人，可以依民法規定請求損害賠

償。

(2)本案如果視為消費關係：可以依消費者保護法規定處理。

　　①企業經營者：衛爾康餐廳的老板，應依消費者保護法規定負損害賠償責任。

　　②消費者：受害的用餐客人，可以依消費者保護法規定請求損害賠償。

(3)本案如果視為公權力義務關係：可以依國家賠償法規定處理。

　　①公權力主體：依據台中市政府查核衛爾康西餐廳消防公共安全檢查結果有缺失，卻未能依法予以落實處理，導致發生重大公安事件，認定有缺失，應依國家賠償法規定負國家賠償責任。

　　②民眾：受害的用餐客人，可以依國家賠償法規定請求國家賠償。

(4)本案可以成立多重法律關係：不同的法律關係，可以適用不同的法律；本案受害的用餐客人可以選擇依民法或依消費者保護法規定，向衛爾康餐廳業者請求損害賠償；亦可以選擇依國家賠償法規定，向台中市政府請求國家賠償。

結論：本案屬於法律競合規定，雖然受害者可以適用多種不同的法律，但是基於消費者保護法的立法目的，就是在保障消費者權益，因此，發生消費問題時，原則上自以適用消費者保護法最為有利；只有在企業經營者沒有賠償能力或有特別專業考量時，才要考慮適用其他法律。

補充說明——消費者保護法的定位及其適用順序。

1.**法律的適用順序**：消費者保護法為一般民事、民事訴訟及行政法律的特別法，與民法、民事訴訟法、行政程序法等，具有下列特別法與普通法的適用順序關係：

(1)特別法優於普通法原則：消費者保護法有規定的部分，應

優先適用，此時消費者保護法即取代民法、民事訴訟法或行政程序法等普通法的適用。

(2)普通法補充特別法原則：消費者保護法未規定的部分，為免形成法律漏洞，仍有民法、民事訴訟法或行政程序法等普通法相關規定的補充適用。

2. **法律競合時的選擇**：消費者保護法為其他保護消費者法律的基本法，因此發生消費問題時，即會有不同的法律產生競合，在適用上必須加以選擇取捨。其取捨原則如下：

(1)法律競合原則：一個事件，如果從不同的角度切入，可能會有不同的法律關係存在，而可以分別適用各該不同的法律，此即所謂法律競合現象。

①消費者角度：發生法律競合時，這些法律仍均為有效的法律，均可適用，不過依一事不再理原則，原則上一次只能使用一種法律，如該法律已發揮作用，即不可再援引其他法律再為請求。以消費者角度而言，應選擇對消費者自己最有利之法律適用原則，即所謂「賠償優先適用消費者保護法原則」辦理，最為有利。另外，金融消費者保護法係就金融專業的角度來特別保護金融消費者權益的法律，如係金融消費爭議，且與消費者保護法發生競合時，筆者建議優先適用金融消費者保護法處理為宜。

②主管機關角度：各主管機關在辦理消費者保護業務時，除依其主管的專業法規辦理外，亦可依消費者保護法相關規定，為有效的處理，不得再以「無法可管」而任意推諉，以維護消費者權益。

(2)先專業法律後基本法律原則：由於消費者保護法僅屬基本性的原則規定，並未針對某種行業特性予以詳細周延的具體規定，故主管機關在處理相關消費問題時，應採用下列

「管理優先適用專業法原則」：

①原則：為求事件處理的迅速實效，主管機關原則上應先行適用該行業的專業法令，在該專業法令規定不足時，始援引消費者保護法相關規定予以解釋適用。如認所主管的相關法規及消費者保護法仍不足據以處理時，應即積極檢討研訂相關法規，不應以法規不足為由，致消費者的權益遭受損害。

②研修：如該專業法令規定不符合消費者保護法保護消費者權益的基本精神或原則時，行政院（消保處）即應要求各該主管機關研修相關規定，俾與消費者保護法規定一致。

參考條文──與本案有關的相關法條。

1. 消費者保護法：第1條第1項（立法目的）、第1條第2項（法律適用順序）。
2. 國家賠償法。
3. 民法、民事訴訟法、行政程序法。
4. 金融消費者保護法。

十三、消費者保護法原則上不適用於民國83年1月11日以前所發生的消費事件。

【案例】新莊「博士的家」因921大地震倒塌案

民國88年9月21日台灣地區發生高達7.3級規模的大地震，造成全台地區嚴重損害，其中座落在台北縣新莊市（現為新北市新莊區）民安路十二層大樓的「博士的家」，即因此大地震而倒塌，結果造成32人死亡、121人受傷的不幸事件。

基本解析——法律不溯及既往原則，為所有法律在適用上的基本原則。

1. **法律關係解析**：本案主要涉及消費安全問題，故屬於使用上的消費關係。

   (1)企業經營者（商品產銷業者）：所有與「博士的家」有關的設計、生產、製造、經銷的業者。

   (2)消費者（商品使用人）：所有使用「博士的家」受害的消費者。

   (3)消費關係的客體：房屋（商品）。本案的交易標的為房屋，雖然是不動產，但是消費者保護法仍將此等商品納入規範。

2. **法律問題解析**：本案的關鍵在於消費關係，如何適用法律不溯及既往原則。

   (1)本案的消費者：主要有下列二種。

   ①契約關係的消費者：購買新莊博士的家，在房屋買賣契約書上簽名的人，才是本案具有契約消費關係的消費者。經查本案預售屋為民國83年1月13日以前簽約購買，因係在消費者保護法公布施行生效以前，故有關契約消費的問題，依照法律不溯及既往的原則，解釋上應無消費者保護法規定的適用。

   ②使用關係的消費者：雖非在房屋買賣契約上簽名的人，但是卻是長期使用（例如家人）或短期使用（例如賓客或傭人）該房子的人，均屬使用關係的消費者。經查本案預售屋須俟建築完工取得使用執照後始能交給買受人使用，在簽約時尚無法使用，必須在交屋後才有權使用，因其使用的消費關係是在消費者保護法公布施行以後才發生，故有關使用消費的問題，解釋上應有消費者保護法規定的適用。

(2)本案的企業經營者：本案的企業經營者包括下列業者在內，對使用關係受害的消費者均應負連帶損害賠償責任。

①建築師：係以設計房屋為營業的業者。

②營造商：係以建築製造房屋為營業的業者。

③房屋經銷商：係以經銷房屋為營業的業者。

(3)本案成立消費關係：包括下列二種。

①契約消費關係：因為契約發生在消費者保護法公布施行以前（以簽約日為準），所以無消費者保護法的適用。

②使用消費關係：因為使用發生在消費者保護法公布施行以後（以有權使用日為準），所以可以適用消費者保護法。

結論：本案必須主張屬於使用上的消費關係，因為有權使用日是在消費者保護法公布施行以後，因此使用關係受害的消費者，可以依消費者保護法有關規定，向相關業者請求連帶損害賠償。

補充說明──消費者保護法適用法律不溯及既往原則的探討。

1.**法律適用時，應遵守法律不溯及既往原則**：其目的在於維持法律關係之安定，不致因嗣後法律的變更而受影響，民國83年1月11日訂頒的消費者保護法如此，民國100年6月29日訂頒的金融消費者保護法亦不例外。

(1)原則：法律問題應適用當時已存在仍然有效的法律，不得適用嗣後才發布的法律作為處理依據。實際上，所謂「法律不溯及既往原則」，依中央法規標準法規定，應以該法律生效日作為判斷標準。

(2)例外：除非法律明文規定有溯及既往的效力，否則法律效力不溯及既往，為一般法律的適用基本原則，並已為大家所接受。

2.**消費者保護法的適用生效日期**：消費者保護法業經總統於83

年1月11日公布，依法應自83年1月13日起生效。有關消費者保護法之適用與法律不溯及既往原則之關係（如附表），尚可依消費關係類型說明如下：

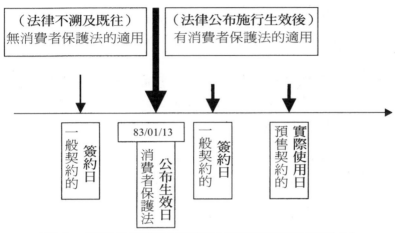

（附表：消費者保護法適用與法律不溯及既往原則表）

3. 消費者保護法的沿革及生效：如附表。

消費者保護法（最新條文詳見〔附錄一〕）			
沿革	公布日期	生效日期	備註
制定	民國83年1月11日公布施行	民國83年1月13日起生效	原則上應遵守法律不溯及既往原則
第一次修訂	民國92年1月22日公布修正部分條文	民國92年1月24日起生效	僅指修正條文部分
第二次修訂	民國93年2月5日公布增訂第22條之1	民國93年2月7日起生效	僅指增訂第22條之1

參考條文——與本案有關的相關法條。

1. 消費者保護法：第64條（施行日）。
2. 消費者保護法施行細則：第42條（施行前已流通進入市場的產品不適用）。
3. 中央法規標準法：第12條至第15條（法規的施行）。
4. 金融消費者保護法：第33條（施行日）。
5. 預售屋買賣契約書範本暨應記載及不得記載事項。

十四、以投資理財為目的購買連動債所衍生的金融消費糾紛，雖不能適用消費者保護法，但可以適用金融消費者保護法來保障權益

【案例】銀行須賠客戶連動債損失案

A銀行向一對林姓夫婦推銷雷曼連動債券，林姓夫婦最後慘賠九百七十六萬餘元，於是向銀行及理專求償；高等法院以銀行理專沒盡到說明風險的責任，而銀行代銷連動債依法應承擔所有風險，判決銀行應賠償林姓夫婦的損失。

基本解析──消費者保護法與金融消費者保護法所規範的消費關係並不相同。

1. **法律關係解析**：本案必須具有下列要件，才能成立消費者保護法的消費關係，且因主要涉及消費公平問題，故屬於契約上的消費關係，否則即無消費者保護法之適用。另外，金融消費者保護法則可適用於所有金融產品的交易關係，並不受消費者保護法消費關係要件之限制，併此敘明。

   (1)企業經營者（金融產品出賣人）：A銀行及其理專係以提供傳統型或是投資型金融產品為業的金融服務業者，均為本案的企業經營者。

   (2)消費者（金融產品買受人）：林姓夫婦如係購買傳統型金

融產品，即為消費者保護法所稱的消費者；惟如係購買投資型金融產品，因投資非屬最終消費的行為，故非消費者保護法所稱的消費者；但為金融消費者保護法所稱的消費者。

(3)消費關係的客體：連動債（投資型金融產品），因係以投資為其主要目的，故非屬消費者保護法所規定最終消費的金融產品；但為金融消費者保護法所規範的金融產品。

2.**法律問題解析**：本案的關鍵在於金融產品的交易關係，雖均為金融消費者保護法所稱金融消費關係，但不一定是消費者保護法的消費關係。因為金融產品可依時代的不同，概分為「傳統型金融產品」與「投資型金融產品」兩種類型：

(1)傳統型金融產品，似以消費為其主要目的：有關「傳統型」的金融產品，因與消費者日常生活行為密切相關，亟需加以必要保障，其種類如存款（活期、定期、綜合、支票存款及個人網路銀行等）、放款（一般、個人購屋、購車或其他消費性貸款等）、信用卡、信託（保管箱出租等）、外匯（匯出匯款、外幣存款等）及以保險為主要目的的各種保險商品等，消費者從事此類型的金融商品交易所衍生的爭議，原則上均得適用消費者保護法的相關規定。

(2)投資型金融產品，似以投資為其主要目的：有關「投資型」的金融產品（「投資型保險商品」除外），因非屬消費者日常生活行為所必需，而係與營利或營業行為的概念較為接近，本有一定風險存在，如民眾向銀行申購結構型債券（如連動債）或投資證券、基金等金融產品，其法律關係實質上為特定金錢指定信託關係，為個人理財需要而為的投資行為（營利），尚非屬最終消費，並無消費者保護法的適用。

(3)本案連動債糾紛不能適用消費者保護法：本案的買賣行為，因林姓夫婦所購買的連動債為投資型的金融產品，非屬最終消費行為，故無消費者保護法規定的適用；但所有的金融交易關係，均可適用金融消費者保護法。

結論：本案須視金融產品的本質，去決定其適用的法律。消費者保護法的消費關係具有一定的法定要件，即必須買賣雙方當事人當中，一方須為企業經營者，另一方須為最終消費的消費者才可以成立。因此，金融產品的交易關係，雖不一定是消費者保護法的消費關係，但均可適用金融消費者保護法。

補充說明——金融消費者保護法。

1. **金融消費者保護法簡介**：金融消費者保護法係經總統於100年6月29日公布，行政院決定於100年12月30日施行，全文共分「總則」、「金融消費者之保護」、「金融消費爭議處理」、「附則」等四章，計三十三條，其立法目的為「強化有關金融消費者保護之規範」及「建立專責金融消費爭議處理機制」。至於金融消費者保護法所稱金融服務業，依該法第3條規定，包括銀行業、證券業、期貨業、保險業、電子票證業及其他經主管機關（金融監督管理委員會）公告的金融服務業等六大行業類型。

2. **金融消費者保護法的適用範圍**：金融消費者保護法與消費者保護法所規範的金融消費關係並不相同，主要的區別在於該交易行為是否屬於「最終消費」的消費行為而定。由於消費者保護法的消費，限為最終消費；而金融產品的交易，不一定為最終消費；故金融產品是否屬於消費，宜就個案認定。個案認定的結果，如係最終消費的金融交易行為（傳統型的金融行為，例如存放款等），即屬狹義金融消費關係，除金融消費者保護法外，尚有消費者保護法規定的適用；如非屬

最終消費的金融交易行為（投資型的金融行為，例如連動債等），則屬廣義金融消費關係，僅有金融消費者保護法規定的適用。

3. **金融消費者保護法的定位**：金融消費者保護法的法律定位，除為民法的特別法外，係與銀行法、保險法、證券期貨法等金融相關專法、消費者保護法及公平交易法等處於競合法性質，發生法律競合時，應採行專業法先行適用原則，並由各主管機關間妥為分工合作方式辦理。

參考條文——與本案有關的相關法條。

1. **消費者保護法**：第2條第1款至第3款（消費者、企業經營者、消費關係的定義）。

2. **金融消費者保護法**：第一章總則（第1條至第6條）、第二章金融消費者之保護（第7條至第12條）。

3. **銀行法、保險法、證券期貨法、公平交易法。**

貳、產品責任

《 重 點 提 要 》

一、責任的類型：

　　㈠刑法：故意處罰責任。

　　㈡民法：過失賠償責任。

　　㈢消保法：製造者無過失責任。

二、產品責任類型：

　　㈠製造者責任：無過失責任（不是結果責任）。

　　㈡經銷者（非製造者）責任：推定過失責任（中間責任）。

　　㈢輸入者（非製造者）責任：無過失責任。

三、製造者應負產品無過失責任的瑕疵類型：

　　㈠設計瑕疵：須負無過失責任。

　　㈡製造瑕疵：須負無過失責任。

　　㈢指示瑕疵：須負無過失責任。

　　㈣發展瑕疵：無須負無過失責任。

四、損害賠償責任：可請求實際損失及懲罰性賠償金。

　　㈠故意的瑕疵：三倍以下的懲罰性賠償金。

　　㈡過失的瑕疵：一倍以下的懲罰性賠償金。

　　㈢無過失的瑕疵：無懲罰性賠償金。

五、其他與產品有關的責任：

　　㈠連帶責任：與產品有關的所有業者，對受害的消費者，應負連帶損害賠償責任。

　　㈡回收責任：對有瑕疵的產品，應負回收責任。

　　㈢產品責任保險：確保消費安全受害求償的權益。

第一章

產品責任的意義及範圍

一、產品如有問題，業者即應負起產品責任。

> **【案例】吃蚌殼咬到珍珠案**
> 陳老先生為慶祝80大壽，特別在 A 海產店舉行壽宴，邀請親朋好友一齊暖壽。席間非常熱鬧，菜餚亦甚為豐富，可以說是賓主盡歡，不過在一道蚌殼大餐時，陳老先生卻不慎咬到一顆珍珠，結果掉了兩顆門牙。

基本解析——業者應就其提供的產品，依法負產品責任。

1. **法律關係解析**：本案主要涉及消費安全問題，故屬於使用上的消費關係。

   (1)本案的企業經營者：A 海產店（提供餐飲服務的製造者）。

   (2)本案的消費者：陳老先生（接受餐飲服務受害的消費者）。

   (3)本案的客體：包括海產料理（商品）及餐廳服務（服務）兩種。

2. **法律問題解析**：本案的關鍵在於業者應負產品責任的標準何在。

   (1)產品責任的原則：一般大多採用下列「消費者合理預見法則」，作為決定業者應否負產品責任的判斷標準。

   ①消費者可以合理預見者，應由消費者自行負責：例如一

般人都知道魚都有魚刺，此為可以合理預見的事情，因此在吃魚時，消費者一定要小心注意。如果消費者用餐吃魚時，由於自己不小心而被魚刺刺傷，業者並無需對此負產品責任。

②消費者無法合理預見者，始應由業者負責：例如蚌殼內原則上不應有異物存在，如果裡面藏有珍珠或石頭，應屬一般人無法合理預見的事情，消費者對此無從事先小心預防。因此，消費者在用餐吃蚌殼時，如果因該異物而受害，業者即應對此負產品責任。

(2)本案成立消費關係：本案主要涉及消費安全，故成立使用上的消費關係。

①本案的消費者：因為產品責任受保護的權利主體，為使用產品的人，實務上認為以消費為目的之商品承租人、受讓人、使用者均應認係消費者保護法所稱之消費者。雖然參加壽宴的全體賓客均為消費者，惟只有受害的消費者，才是本案的權利主體，所以陳老先生才是本案的消費者。

②本案的企業經營者：因為產品責任應負義務的責任主體，為提供該產品的企業經營者，所以 A 海產店是本案的企業經營者。

(3)本案業者應負產品責任：本案在蚌殼中有珍珠，屬於消費者無法合理預見的事情，故 A 海產店須對受害的消費者陳老先生，負損害賠償的產品責任。

結論：本案陳老先生因為使用產品（接受餐飲服務）而受害，可以依照消費者保護法有關產品責任的規定，向 A 海產店請求損害賠償。

補充說明——產品責任。

1.**產品責任的意義**：所謂「產品責任」，係指在該產品整個產

銷過程中，所有參與該產品產銷過程的業者，必須依法定義務用心經營，如有違反其法定經營義務者，對於因使用該產品而受害的人，依法所應負擔的責任。簡言之，就是業者對於因其產品造成的損害，所應負的賠償責任。在所有與產品產銷過程有關的企業經營者當中，尚可依其對產品之危險控制能力程度作為標準，分為製造者責任與非製造者責任（主要為經銷者責任）兩種。

2. **產品責任的本質**：我國與產品有關的民事責任，主要在「民法」及「消費者保護法」予以規定，本質上均屬於侵權行為責任，並以侵權行為作為理論基礎。因係「侵權行為」所造成之損害，與契約無關，故不以具有契約關係存在為必要，只要有使用產品等關係存在即可。

(1)民法第191條之1規定：雖然可適用於非消費關係的商品責任，但僅規範商品（有形產品）之製造人（生產、製造、加工業者及輸入業者）及準製造人（在商品上附加標章或其他文字、符號，足以表彰係其自己所生產、製造、加工者），但不包括服務（無形產品）提供者及產品經銷者的產品責任在內。

(2)消費者保護法規定：僅能適用於消費類型的產品責任，並分別就製造者、經銷者及輸入者等三種業者的產品責任類型予以規定（詳見後述）。在消費關係上的產品責任問題，由於消費者保護法為民法的特別法，故只要消費者保護法有規定的部分，即應優先於民法規定而適用；至於消費者保護法未規定的部分（如準製造人），仍有民法相關規定的補充適用，惟為期周延，建議將來消費者保護法應予修正納入規定。爰將產品民事責任列表說明如后。

產品責任表

	類型	責任內容	法律依據	法律適用上說明
產品民事責任	契約責任	不完全給付、物的瑕疵擔保責任	民法第349條至第366條	因為消費者保護法未規定，故有民法規定的補充適用
		定型化契約	消費者保護法第2章第2節	因為消費者保護法為特別法，應優先於民法規定適用
	侵權責任	一般侵權責任	民法第184條及第191條之1	因為消費者保護法有特別規定，民法規定屬於普通法性質
		企業經營者責任（特別侵權責任）	消費者保護法第2章第1節	因為消費者保護法為特別法，應優先於民法規定適用

3.**宴席的契約責任**：可參考行政院衛生署公布的訂席、外燴（辦桌）服務定型化契約範本規定辦理。

參考條文──與本案有關的相關法條。

1.**民法**：第184條（侵權行為）、第191條之1（商品製造人的侵權行為責任）、第349條至第366條（瑕疵擔保責任）。

2.**消費者保護法**：第7條（製造者產品責任）、第8條（經銷者產品責任）、第9條（輸入者產品責任）、第11條至第17條（定型化契約）。

3.**消費者保護法施行細則**：第4條（商品定義）。

4.**訂席、外燴（辦桌）服務定型化契約範本。**

二、消費者保護法的無過失產品責任，不是結果責任。

【案例】手機插入肛門受傷案
民國90年2月14日報載有一對男女朋友為求「助性」，由林男將Ａ牌手機塞入陳女肛門，結果手機跑進直腸裡取不出來，因而受傷到醫院掛急診，由醫師灌腸後才將手機取出。

基本解析——無過失的產品責任，不是結果責任。

1. **法律關係解析**：本案主要涉及消費安全問題，故屬於使用上的消費關係。

   (1)本案的企業經營者：Ａ牌手機公司（手機的製造者）。

   (2)本案的消費者：陳女（因手機受害的女伴，林男並未受到手機的傷害，故非本案的消費者）。

   (3)本案的客體：手機（商品）。

2. **法律問題解析**：本案的關鍵在於產品責任，是不是無條件的結果責任。

   (1)結果責任：所謂結果責任，係指僅以損害的結果作為判斷責任的標準，而不問該產品有無瑕疵，也不問其原因或過程有無問題，即使是發生不可抗力或外力介入等天災事變情形下，亦應負責；換句話說，結果責任就是要求企業經營者就其所提供的產品，要負擔無條件百分之百的安全，對企業經營者並不公平，因為：

   ①任何產品都不安全：因為所有的產品都有其潛在性的危險存在，例如一般人都認為礦泉水應屬最安全的產品，但是仍有因喝水而嗆死人的情形發生，由此可見任何產品都不安全。

②安全保障應有其限度：產品的潛在性危險，通常在消費者為不當使用時，出現機率最高，例如開車有發生車禍的潛在性危險，如果是喝酒開車或飆車，當然更容易發生車禍事件，類似此種的不當使用，因不在產品預期使用目的範圍內，無從加以保護，應由使用者自負其責。

(2)消費者保護法的無過失責任，不是結果責任：必須產品有瑕疵，且消費者因該瑕疵而受到損害，業者才須負產品責任，屬於一種有條件的無過失責任，與無條件的無過失責任（結果責任）不同，當然不包括消費者不當使用或其他非因產品瑕疵所致損害情形在內。

(3)本案業者不負產品責任：本案雖然可以成立消費關係，而且消費者也因使用手機商品而受到損害，惟因消費者係屬不當使用，已經超出消費者保護法所規定產品責任應負責的範圍。

結論：手機產品主要係提供消費者通訊使用，並非供人塞入肛門助性使用，故本案 A 牌手機公司對於林男及陳女二人因此種不當使用而受害的消費者，依照消費者保護法規定，可以不必負損害賠償的產品責任。

補充說明——無過失的產品責任。

1.產品責任的沿革：可以消費者保護法公布施行日期為分水嶺。

(1)民國83年1月11日以前：我國關於產品責任在消費者保護法尚未制定公布前，並無特別規定，原則上應適用民法侵權行為的一般規定，該規定係採過失責任主義。

(2)民國83年1月11日以後：消費者保護法業已公布施行（依中央法規標準法規定自83年1月13日生效），有關產品製造人的責任，即可依照消費者保護法第7條規定處理，該規定係採無過失責任主義。至於民法（債篇）雖於民國88年4月21日修正增列第191條之1（商品製造人的侵權行為

責任）規定（屬於舉證責任轉置的過失責任，並非無過失責任），惟基於特別法優於普通法原則，如為消費關係，仍應優先適用消費者保護法的規定。

2.消費者保護法的產品責任：主要為製造者的無過失責任。

(1)無過失責任：現代產品責任的成立，已從「過失到瑕疵」，即以產品具有瑕疵為責任成立要件（瑕疵發生的原因有故意、過失或無過失等三種原因），而不再過問製造人有無故意或過失，即使是無過失亦須負責，這就是所謂的無過失責任。有關無過失責任的類型，約可歸納為三種，爰列表說明如后。

無過失責任類型表				
責任要件	類型	要件	法據	
無過失責任	行為即使並未違反注意義務（即出於無過失時），亦應負責	危險責任	除故意過失責任外，並對危險（缺陷、瑕疵）負責（無過失責任，須以產品有瑕疵為要件）	消保法第7條及第9條
		事變責任	除故意過失責任外，並對第三人行為負責（無過失責任，不以產品有瑕疵為要件）	民法第433條、第606條及第607條、第634條、第654條
		不可抗力責任	除故意過失責任外，並對不可抗力負責（無過失責任，不以產品有瑕疵為要件）	民用航空法第89條、民法第525條及第526條

(2)消費者保護法的無過失責任：必須業者所提供的產品，要有「瑕疵」存在，作為追究商品責任或服務責任所不可或缺的前提要件；如果產品沒有瑕疵，業者即無需負責，屬於上表第一類型的危險責任，而非第二類型的事變責任或第

三類型的結果責任（不問產品有無瑕疵，只要有損害的結果，業者即須負責）。

3. **瑕疵**：所謂產品有瑕疵，係指該產品依消費者使用標準，未具有通常可以合理期待的安全性而言；至於是否符合當時科技或專業水準，則僅屬於企業經營者可否免責的事由而已，無需由消費者主張。至有無瑕疵的判斷標準如下：

(1)無瑕疵：企業經營者應就其所提供的產品，消費者只要按照正常方法予以合理使用，企業經營者即應確保該產品，對使用的消費者並無任何安全或衛生上的危險，對該使用的消費者不致發生任何損害。簡言之，因該產品具有通常可以合理期待的安全性，故為無瑕疵。

(2)有瑕疵：企業經營者所提供的產品，即使消費者按照正常方法予以合理使用，該產品仍然會對使用的消費者造成損害。簡言之，該產品不具有通常可以合理期待的安全性，故為有瑕疵。此時，該產品的企業經營者對受害的消費者，即使是無過失（故意或過失更要負責）也要負損害賠償責任。至於瑕疵的類型，主要有①設計的瑕疵、②製造的瑕疵、③指示的瑕疵、④發展的瑕疵（此種瑕疵不負無過失責任，詳見後述）等四種。

参考條文──與本案有關的相關法條。

1. **消費者保護法**：第7條（製造者責任）、第7條之1（製造者產品無瑕疵的舉證責任）。

2. **消費者保護法施行細則**：第5條（產品無瑕疵的認定標準）。

3. **民法**：第184條（侵權行為）、第191條之1（商品製造人的侵權行為責任）。

4. **行動通信網路業務服務契約範本**。

三、凡是業者所提供的場所、服務、商品等，均屬於產品責任的範圍。

【案例】游泳池戲水溺死案

民國94年8月9日新竹縣溫姓7歲女童由祖母帶往 A 游泳池業者的泳池戲水，該泳池並未設置救生員，由於泳池正在調節水量，而且出水口沒欄網，溫童被強勁的水流吸進放水孔內，經人發現拉出後送醫急救不治死亡。

基本解析——因產品瑕疵造成的損害，業者應負產品責任。

1. **法律關係解析**：本案主要涉及消費安全問題，故屬於使用上的消費關係。

   (1)本案的企業經營者：A 游泳池業者（提供游泳服務的製造者）。

   (2)本案的消費者：溫姓女童（受害的消費者，由其法定代理人代為法律行為）。

   (3)本案的客體：游泳服務（服務）。

2. **法律問題解析**：本案的關鍵在於業者應負的產品責任，包括那些範圍。

   (1)產品責任的範圍：凡是業者所提供的場所、服務、商品等，均屬於產品責任的範圍。換句話說，企業經營者於提供服務時，對於購買商品的空間與附屬設施等，仍應確保其安全性。

   (2)本案的產品責任範圍：游泳池業者設置游泳池供人游泳，並非單純提供游泳池的硬體設施而已，尚包含提供與游泳有關的服務，故不論是硬體的設施，或游泳池相關管理及救生員等安全措施的配置，均已涉及消費者的健康與安

全，發生消費安全問題時，當然有消費者保護法有關產品責任規定的適用。

(3)本案業者應負產品責任：本案Ａ游泳池業者，因游泳池的設施有瑕疵（出水口無欄網），服務亦有瑕疵（無救生員在旁提供救生服務），導致戲水的溫姓女童溺死，故應對此事件依法應負產品責任。

結論：本案Ａ游泳池業者應負產品責任，受害的消費者可以依照消費者保護法規定請求損害賠償及懲罰性賠償金。

補充說明——產品責任的範圍。

企業經營者所應負的產品責任，主要包括下列三大範圍：

1. **場所的責任**：企業經營者應確保其營業場所無瑕疵。營業場所雖然不是交易的客體，但是與交易客體存有密不可分的關係，故消費者因營業場所瑕疵所造成的損害，亦應納入產品責任應負責的範圍。事實上，因營業場所造成的消費意外事件屢見不鮮，尤其是消防公共安全問題，經常造成重大傷亡，例如台中市衛爾康西餐廳火災事件、台北市快樂頌KTV縱火事件、新竹市夜歸人 PUB 縱火事件、桃園縣佳育兒童心算班縱火事件，以及2011年發生的台中市阿拉夜店火災事件等等，在在均令人觸目驚心，所以我們對於消費場所的安全，更需加以重視。

2. **服務的責任**：企業經營者如有提供服務者，就應確保該業者所有的服務人員，及所提供的所有服務內容無瑕疵。

(1)服務的人員無瑕疵：企業經營者應依法令規定，提供具有專業證照的服務人員來提供服務，如本身未具有合法專業證照（如未有醫師資格開業行醫的密醫、未有律師資格的司法黃牛等），或是僱用未取得合法專業證照資格（如營養師、醫師、藥師、護士、救生員、公車駕駛、律師、會計師、建築師、理財人員、保險經紀人、房地產仲介人

員、媬姆、水電工等）的人來執行專業職務者，均可視為
服務人員有瑕疵，對因而受害的消費者應負無過失損害賠
償的產品責任。

(2)服務的內容無瑕疵：企業經營者並應確保其所提供服務的
內容無瑕疵，例如88年的921大地震，台北市錢櫃KTV連
鎖店在地震時，發生多起要求消費者排隊買單後才能離開
的糾紛，完全不顧消費者緊急逃生的安全權益；或是補習
班提供完全自殺手冊或網路自殺手冊等，可能誤導消費者
自殺等等，該等服務的內容可以認定並不具有通常可以合
理期待的安全性，消費者如因而發生損害，業者應負無過
失損害賠償的產品責任。

3. **商品的責任**：企業經營者如有販售商品者，應確保其所販賣
的商品無瑕疵。依消費者保護法第7條規定，企業經營者應
確保其所提供的商品，具有通常可以合理期待的安全性。例
如所販賣的食品發生食物中毒、衣服會引起皮膚過敏、房屋
是海砂屋、汽車的剎車失靈、紙黏土含五氯酚、玩具會咬人
等等有瑕疵的商品，因此所造成使用消費者的損害，業者應
負無過失損害賠償的產品責任。

参考條文——與本案有關的相關法條。

1. **消費者保護法**：第7條（製造者責任）、第7條之1（製造者
產品無瑕疵的舉證責任）。

2. **消費者保護法施行細則**：第5條（產品無瑕疵的認定標
準）。

3. **民法**：第184條（侵權行為）、第191條之1（商品製造人的
侵權行為責任）。

第二章

製造者的產品責任

四、設計者對其設計的瑕疵產品，應負無過失的產品責任。

> **【案例】汽車油箱設計不當案**
>
> 國內Ａ汽車公司為減少汽車消費者須經常加油的困擾，特別研發設計出一款新型汽車，該汽車特別將油箱加大至後座行李箱的底部，容量為通常汽車油箱的兩倍，並以此為賣點促銷，吳先生向其購買該款汽車作為日常代步之用。某日吳先生將該車借與同事王先生使用，結果因該油箱設計不當，導致該車被他車撞及後座時，因而發生爆炸造成王先生受傷。

基本解析——設計者應就其設計的產品負責。

1. **法律關係解析**：本案主要涉及消費安全問題，故屬於使用上的消費關係。

(1)本案的企業經營者：Ａ汽車公司（設計及製造汽車商品的製造者）。

　①設計者：Ａ汽車公司（汽車商品的設計者）。

　②製造者：Ａ汽車公司（汽車商品的製造者）。

(2)本案的消費者：王先生（使用汽車受害的消費者）。

　①契約關係的消費者：汽車買受人吳先生，雖曾以正常方式使用產品但未受到損害，故不是本案的消費者。

②使用關係的消費者：汽車使用人王先生，因依正常方式
使用產品而受到損害，故為本案的消費者。

(3)本案的客體：汽車（商品）。

2. **法律問題解析**：本案的關鍵在於什麼是設計瑕疵的產品責
任。

(1)設計瑕疵：凡是設計不良的產品，即為設計瑕疵的產品。
例如建築師、土木技師、服裝設計師、程式設計師、廣告
設計師、旅行社等，屬於純粹從事設計的企業經營者，有
關設計上的瑕疵，自應由設計者負起最後的責任。本案該
汽車的油箱設計有瑕疵，故為設計瑕疵的商品。

(2)設計瑕疵的無過失責任：設計上的瑕疵，如果不是出於設
計者的故意或過失所致，即屬於無過失的範圍，但是依照
消費者保護法規定，仍應對受害的消費者負損害賠償責
任。本案既然該汽車設計有瑕疵，設計業者對受害的消費
者王先生，即應負消費者保護法上的產品責任。

(3)本案業者應負產品責任：本案Ａ汽車公司在新型汽車的油
箱設計時，雖然是無過失，但設計製造出來的產品有瑕
疵，依法仍應負無過失的產品責任。又因該汽車的設計者
與製造者同為 Ａ 汽車公司，因產品責任係以製造者為中
心，故由該業者負製造者責任即可。

結論：本案汽車因係屬設計瑕疵的產品，應由Ａ汽車公司對以
正常方式使用該汽車而受害的消費者王先生，負起消費者保
護法上無過失損害賠償的產品責任。

補充說明──設計瑕疵的產品責任。

1. **設計者的產品責任**：應確保其設計的產品具有安全性。產品
設計業者，在設計產品時，應以該產品「在設計上所預定的
使用範圍」內，作為設計上的安全範圍，而所設計出來的產
品，必須符合當時科技或專業水準可以合理期待的安全性。

換句話說，凡是對該產品可預見範圍內的使用（含誤用）情形，均應確保其在使用上的安全。

(1)設計瑕疵已逐漸成為現代產品瑕疵的主要原因：由於企業及工程師趕不上激烈的技術革新，以「日本製」電氣產品為例，有瑕疵的產品當中，80％在於設計上的錯誤，例如設計圖錯誤、驅動產品的程式寫錯等等，甚少是製造過程的錯誤所致。設計一旦有瑕疵，則所有依該瑕疵設計所製造出來的產品均有瑕疵，因此設計瑕疵最為企業經營者所懼怕。

(2)製造者對設計瑕疵產品應負連帶責任：製造者雖係完全遵照設計者的設計來製造產品，原則上對該設計的瑕疵沒有任何的故意或過失，但是如果沒有製造者的製造，產品無法製造完成上市販售，因此製造者即使無過失，就該產品對消費者所造成的損害，亦應與設計者負連帶責任。

2. **設計者對設計有瑕疵的產品，應負無過失的損害賠償責任：**

(1)設計瑕疵（design defect）：即研發設計出來的商品或服務有瑕疵，除產品的外型以外，尚包括其規格、性能、及品質在內，均屬於研發設計的範圍。所謂產品的設計有瑕疵，乃指設計者對產品設計未盡合理注意義務，致產品有瑕疵；或未採取適當的安全措施，而使購買使用的消費者的生命、財產處於不當危險狀態，目前並已成為世界先進國家產品瑕疵的主因。

(2)設計者應負無過失責任：不問設計瑕疵的原因或類型為何，設計者對有設計瑕疵的設計產品，均應負消費者保護法上無過失的產品責任。

①設計瑕疵的原因：設計者在設計時，除了因故意或過失所造成的設計瑕疵以外，尚包括設計者並無所謂的故意或過失（即無過失）情形，僅是在設計時未能注意及該

產品的潛在危險性，因而所形成的設計瑕疵在內。

②設計瑕疵的類型：設計的瑕疵，包括設計不良或設計錯誤兩種情形，並以設計不良為主要瑕疵原因。例如為了怕產品設計不良，造成消費者噎到受害情形，飛機上餐點都要去骨，貢丸也要剖半供應；至於美國佛州舉行吃蟲賽，結果發生4分鐘吞百蟲奪冠的32歲男暴斃事件，則屬設計錯誤案例。在此要特別說明的是，該項產品如係依消費者具體指示所為的設計而製造，則不生設計瑕疵問題。

③設計瑕疵的認定：設計瑕疵本質上係屬一種抽象的瑕疵，如汽車暴衝或一口蒟蒻果凍等所造成的損害，甚難予以具體舉證，一般均採用具有公信力機關的檢測結果或大數法則（即引用此等產品已經造成多少意外事件作為佐證）予以認定。

參考條文——與本案有關的相關法條。

1. **消費者保護法**：第7條（製造者責任）、第7條之1（製造者產品無瑕疵的舉證責任）。

2. **消費者保護法施行細則**：第5條（產品無瑕疵的認定標準）。

3. **民法**：第184條（侵權行為）、第191條之1（商品製造人的侵權行為責任）。

4. **汽車買賣契約書範本暨應記載及不得記載事項。**

五、製造者對其製造的瑕疵產品（脫線產品），應負無過失的產品責任。

> **【案例】瑕疵安全帽案**
> 林男與陳女是一對情侶，林男在考取機車駕照後，就向Ａ機車公司購買機車代步，並時常騎著機車載著陳女出去郊遊約會。某日晚上林男又與陳女相約一齊去看電影，雙方均戴著Ｂ知名安全帽公司所製造的情侶安全帽，林男騎車時並未超速，惟因當晚下雨路面過於濕滑，一不小心滑倒，二人的安全帽在地上輕輕一碰後，林男受到安全帽的保護毫髮無傷，乙女則因安全帽碎裂造成頭部受傷。

基本解析──製造者應就其生產製造的產品負責。

1. **法律關係解析**：本案主要涉及消費安全問題，故屬於使用上的消費關係。

   (1)本案的企業經營者：Ｂ安全帽公司（安全帽的製造者，本案並非機車有瑕疵，故Ａ機車製造商並非本案的企業經營者）。

   (2)本案的消費者：陳女（雖然林男及陳女均為以正常方式使用安全帽的消費者，但僅有陳女因安全帽受到損害，故本案的消費者為陳女）。

   (3)本案的客體：機車安全帽（商品）。

2. **法律問題解析**：本案的關鍵在於什麼是製造瑕疵的產品責任。

   (1)脫線產品：所謂脫線產品，係指同一種類的產品，如果其中有某一或某些產品，未具有在同一生產製造過程中的其他產品所具備的安全性者，視為該產品為具有缺陷的產品，屬於一種事實推定。本案林男及陳女二人使用的安全

帽，因為雖然是依照同樣生產線的程序製造，但卻製造出正常的產品（如林男的安全帽，可以有效發揮應有的防護功能）及有瑕疵的產品（如陳女的安全帽，無法發揮一般應有的防護功能），其中陳女的安全帽即屬於製造瑕疵的產品，一般稱為「脫線產品」。

(2)製造瑕疵的無過失責任：製造的瑕疵，如果不是出於製造者的故意或過失所致，即屬於無過失的範圍，但是依照消費者保護法規定，仍應對受害的消費者負損害賠償責任。本案既然該機車安全帽製造有瑕疵，製造者對受害的消費者陳女，即應負消費者保護法上的產品責任。

(3)本案業者應負產品責任：本案 B 安全帽製造商在製造安全帽時，雖然是無過失，但製造出來的產品有瑕疵，依法仍應負無過失的產品責任。

結論：本案因該安全帽係屬製造瑕疵的產品，應由 B 安全帽公司對使用安全帽而受害的消費者陳女，負起消費者保護法上無過失損害賠償的產品責任。

補充說明——製造瑕疵的產品責任。

1. **製造者的產品責任**：製造者須確保其所製造的產品具有安全性。製造者應確保其所製造的產品，具有一定的品質，並且符合當時科技或專業水準可以合理期待的安全性，作為製造上的安全範圍。尚可依有否經過人為加工作為標準，分為下列兩類：

(1)生產者：係指從事生產行為（本質上亦屬一種製造行為）的業者，例如經營農場、果園、菜園等，依物的自然生產方式（未經人為加工），純粹從事農業產品生產的企業經營者，屬之。

(2)製造者：係指從事前述生產行為以外製造行為的業者，例如經營工廠、計程車行、醫院等，非依物的自然生產方式（有

經人為加工），從事工業產品製造或提供服務的企業經營者，屬之。

2. 製造者對製造有瑕疵的產品，應負無過失的損害賠償責任：

(1) 製造瑕疵（manufacturing defect）：係指在生產製造過程發生問題的商品或服務（服務的提供過程即為其製造過程），主要係指脫線產品而言。該脫線產品在製造過程中，主要係因為品質管制不良、或是製程上問題所造成的個別產品有瑕疵，與設計瑕疵所造成的所有產品都有瑕疵不同。例如機車安全帽瑕疵成品、麥當勞新推出的板烤米香堡，消費者却吃到半生不熟的雞腿肉、社區內有部分建築物使用海砂製造的海砂屋，或是使用輻射鋼筋製造的輻射屋，均視為該產品為具有缺陷的商品（事實推定）。

(2) 製造者應負無過失責任：不問製造瑕疵的原因或類型為何，製造者對有製造瑕疵的產品，均應負消費者保護法上無過失的產品責任。

① 製造瑕疵的原因：製造者在製造時，除了製造者因故意或過失所造成的製造瑕疵以外，尚包括製造者並無所謂的故意或過失（即無過失）的情形，僅係在製造時因為品質管制不良等因素，因而所形成製造的瑕疵在內。但該產品不能單純僅以因為後來出現較佳的產品，就將該產品視為有瑕疵，例如新款的汽車均配備有安全氣囊及ABS，雖然可以增加汽車的安全性，但不能以此標準認定之前未有此種配備的汽車有瑕疵。

② 製造瑕疵的類型：製造瑕疵，包括產品自身的瑕疵及其包裝的瑕疵在內。至於服務的提供行為，則應視同商品的製造行為，故凡因服務的直接提供有瑕疵時，例如補習班娃娃車超載、褓姆照顧嬰兒不周、台中阿拉夜店等營業場所未予必要之人潮管制等，均視同製造的瑕疵。

③製造瑕疵的認定：製造瑕疵本質上係屬一種脫線的產品，如對於瑕疵的安全帽或含塑化劑的食品，一般均採用具有公信力機關的檢測結果或比較法則（即藉用比較結果，說明此等產品未具有正常產品應有的功能作為佐證）予以認定。

3. **產品責任係以製造為軸心**：因為其他與該產品有關的產銷行為，均僅為製造的附屬行為而已，所以如果製造者兼及設計、生產或經銷等行為時，該等其他行為均為製造行為所吸收，而應課以製造者的產品責任。

參考條文——與本案有關的相關法條。

1. **消費者保護法**：第7條（製造者責任）、第7條之1（製造者產品無瑕疵的舉證責任）、第10條之1（不得預先減免產品責任）。
2. **消費者保護法施行細則**：第5條（產品無瑕疵的認定標準）。
3. **民法**：第184條（侵權行為）、第191條之1（商品製造人的侵權行為責任）。

六、製造者對其製造但標示不全的瑕疵產品，應負無過失的產品責任。

【案例】薰香精油爆炸受傷案

民國91年10月台北有一對張姓母女使用 A 直銷公司製造販售的薰香精油，因為精油中的異丙醇成分佔90％，且該成分屬於易燃物極易發生爆炸，但業者對該產品並未加以必要的標示說明，導致使用精油的母女以點火方式為之，結果發生爆炸而受到嚴重灼傷。

基本解析——製造者應就其製造的產品，負標示說明義務的產品

責任。

1. **法律關係解析**：本案主要涉及消費安全問題，故屬於使用上的消費關係。

(1)本案的企業經營者：A 薰香精油公司（販賣薰香精油的製造者）。

(2)本案的消費者：張姓母女（受害的消費者）。因為不知薰香精油的危險特性而予以點火，屬於正常使用方式，並因而受害，故均為本案的消費者。

(3)本案的客體：薰香精油（商品）。

2. **法律問題解析**：本案的關鍵在於什麼是指示瑕疵的產品責任。

(1)指示的瑕疵：所有的產品在製造完成上市銷售以前，製造者均應依商品標示法等相關法令規定，依法為下列標示內容，並應以中文為之，否則即為指示有瑕疵，而應負產品責任。

①說明性標示：係指一般的標示及說明書，包括商品或服務的名稱，以及廠商名稱、內容、成分、數量、等級、使用方法等，其目的在增進商品的用益性。目前在市面上販售的一般產品，原則上均已符合此項要求。

②警告性標示：特別揭露與該商品或服務可能發生的相關危險資訊，包括危險的標明、危險發生時的處理方法、特別指示等，其目的在提醒消費者注意，以避免發生損害的結果，俾加強商品或服務的無害性。本案薰香精油因含「異丙醇」遇熱容易發生氣爆，即應加註不可點火使用或不得靠近火源等警語，以免使用者受害。應標示警語而未標示者，業者即應對因此受害的消費者，負指示瑕疵的產品責任。

(2)指示瑕疵的無過失責任：指示的瑕疵，如果不是出於製造

者的故意或過失所致，即屬於無過失的範圍，但是依照消
費者保護法規定，仍應對受害的消費者負損害賠償責任。
本案既然指示有瑕疵，製造業者對受害的消費者張姓母
女，即應負消費者保護法上的產品責任。

(3)本案業者應負產品責任：本案A薰香精油公司在製造薰香
精油時，雖然是無過失，但製造出來的產品有指示瑕疵，
依法仍應負無過失的產品責任。

結論：本案薰香精油依法應標示警語而未標示，係屬指示瑕疵
的產品，應由A薰香精油公司對依正常方式使用受害的張姓
母女，負起消費者保護法上無過失損害賠償的產品責任。

補充說明——指示瑕疵的產品責任。

1. **製造者的產品責任**：製造者除應確保其製造的產品具有安全
性以外，尚應同時確保該產品的相關指示具有安全性。在產
品的指示方面，製造者應確保其所製造的產品，在指示上毫
無瑕疵，並且符合當時科技或專業水準可以合理期待的安全
性，作為指示上的安全範圍。

2. **製造者對指示有瑕疵的產品，應負無過失的損害賠償責任：**

(1)指示瑕疵（failure to warn）：係指在商品的標示說明或服
務的告知說明上發生問題的商品或服務。指示的瑕疵，其
範圍包括標示說明的文字未使用中文，以及內容上應為一
般標示說明、警告標示說明及緊急危險的處理方法以外，
尚包括其相關的廣告及保證事項在內。由於很多損害案例
皆源自資訊不夠充分、故應多多加強警示及緊急危險處理
方法等標示說明，才是消費者最有效避免損害的方式。

①指示的目的：產品的標示說明，可說是該產品的身分
證，是維護消費安全與消費公平的重要手段。產品如果
未經標示說明，一方面會影響消費者是否為交易的判
斷，另一方面也會影響消費者是否能夠安全、適當地消

費。

②指示的重點：指示的瑕疵中，要以警告標示義務對產品的安全影響最大，依消費者保護法規定，凡是具有損害消費者可能的產品，即應負警告標示的義務，例如薰香精油容易發生爆炸，業者即應附具不得點火或靠近火源的警告標示說明，以有效避免損害的發生；但是如光有警告標示而未能百分之百保證消費者免於受害時，並應附具緊急處理危險的方法，如對薰香精油爆炸造成的傷害，即應附具如何處理燒燙傷的緊急處理方法，以有效避免損害的擴大。另外，人潮過多亦屬一種潛在性的危險，必要時並應對人潮加以總量管制措施，如在每年跨年煙火活動時，台北捷運公司即採取必要的人潮管制措施，即其適例。

(2)製造者應負無過失責任：不問指示瑕疵的原因或類型為何，製造者對有指示瑕疵的產品，均應負消費者保護法上無過失的產品責任。

①指示瑕疵的原因：製造者在對產品為標示時，除了製造者故意或過失所造成的指示瑕疵以外，尚包括製造者並無所謂的故意或過失（即無過失）的情形，僅係在製造時因一些其他因素，所形成指示的瑕疵在內。

②指示瑕疵的類型：如附表。

指示瑕疵類型	內容
根本無標示說明	在散裝商品上最常見之，因為沒有包裝，所以根本無標示說明。另外，在國內販售的產品，如僅有外文而無中文的標示說明，亦屬之。
不足的標示說明	包括a.標示質的不足：如欠缺標示、說明書或警告的任一種標示，及b.標示量的不足：如標示、說明或警告均已具備，僅其內容在程度上有所不足而已。

指示瑕疵類型	內容
錯誤的 標示說明	此之錯誤，應當包括故意或過失的誤導標示說明 （如電視貼音響檢驗標示）在內。

③指示瑕疵的認定：指示瑕疵本質上係屬一種標示說明的瑕疵，如遇熱容易爆炸的薰香精油卻未依法為警告標示說明，對於此等指示瑕疵的產品，一般亦採用具有公信力機關的檢測結果或比較法則（即藉用比較結果，說明此等產品未具有正常產品應有的功能作為佐證）予以認定。

3. **包裝有問題，亦屬於標示說明瑕疵範圍**：原則上所有產品在包裝上，應有相當比例作為警告標示與使用說明以及緊急處理危險的使用，以有效保障使用消費者安全。另外在包裝時，並應注意及其危險性，例如台南市新樓基督教醫院曾於一個月內發現兩起家長誤將寶特瓶裝米酒當礦泉水，用來沖泡牛奶，煮稀飯給小孩吃而引起酒疹、酒醉的案例，可見包裝影響消費安全的重要性。

參考條文────與本案有關的相關法條。

1. **消費者保護法**：第7條（製造者責任）、第7條之1（製造者產品無瑕疵的舉證責任）、第10條之1（不得預先減免產品責任）。

2. **消費者保護法施行細則**：第5條（產品無瑕疵的認定標準）。

3. **民法**：第184條（侵權行為）、第191條之1（商品製造人的侵權行為責任）。

4. **商品標示法**。

七、製造者對屬於發展瑕疵的產品，不負無過失的產品責任。

【案例】基因改造食品案

楊先生每天固定在住家附近的Ａ豆漿店用早餐，每次的早餐，大部分是饅頭夾蛋或是飯糰，外加甜豆漿或是鹹豆漿，一直到最近看到有關基因食品的新聞報導，詢問以後才知道該豆漿店賣的是以基因改造黃豆為原料所製成的豆漿。

基本解析——製造者對發展瑕疵，不負無過失的產品責任。

1. **法律關係解析**：本案主要涉及消費安全問題，故屬於使用上的消費關係。

   (1)本案的企業經營者：Ａ豆漿店（販賣豆漿的製造者）。

   (2)本案的消費者：楊先生（食用豆漿的消費者）。

   (3)本案的客體：豆漿等食品（商品）。

2. **法律問題解析**：本案的關鍵在於什麼是發展瑕疵的產品責任。

   (1)發展的瑕疵：所謂發展的瑕疵，係指以當時的科技或專業水準無法證實或去除的危險，例如手機的電磁波是否會造成使用人腦部不良影響的危險，或是基因食品會不會造成食用者的損害等，目前均尚無法獲得證實，仍僅在懷疑階段，也許將來有能力去證明的瑕疵，即為發展的瑕疵。而在現時懷疑至將來證實的這段有否瑕疵所發展的過程，即為發展瑕疵的存在期間。

   (2)發展瑕疵不負無過失責任：本案基因改造食品屬於發展瑕疵範圍。

①基因改造食品已進入我們的生活領域：每年台灣從美國進口的黃豆有一半以上是基因改造產品，其中可能有10％直接用於豆腐、豆漿等食品被消費者吃下肚，而根據消基會93年的調查，市面上有3成以上的此類產品，並未依法標明為基因改造食品。由於基因改造的食品有沒有問題，以現有的科技水準尚無法予以證實，因此世界各國都將其列為發展瑕疵的產品。

②基因改造食品尚非絕對安全：基因改造食品是否安全，迄今科技尚無法加以證實，因消費者對其安全性存有疑慮，故行政院衛生署特別規定，以基因改造黃豆或玉米為原料，且該等原料佔最終產品總重量5％以上的食品，應標示「基因改造」或「含基因改造」字樣，讓消費者作為選購上的參考。應標示而未標示，係屬於指示瑕疵的範圍。

(3)本案業者無需負產品責任：依照消費者保護法規定，只要產品符合「當時」的科技或專業水準可以合理期待的安全性，即可不負無過失的產品責任。

結論：本案 A 豆漿店以基因改造黃豆為原料所製造販售的豆漿，屬於發展瑕疵的產品，對食用該豆漿的楊先生，依消費者保護法規定可以不負無過失的產品責任。

補充說明——發展瑕疵的產品責任。

1.**發展瑕疵產品的必要性**：發展瑕疵的產品，乃是為維持或是充實我們日常生活不可或缺的產品。例如手機、基因改造食品、香菸、酒類、防腐劑、食用色素、醫療用嗎啡、藥品、疫苗等商品，即為所謂的發展瑕疵，或不可避免的危險產品，本質上即具危險性的產品。

2.**製造者對發展瑕疵的產品，原則上不負無過失的產品責任**：

(1)發展瑕疵（development risk）：係指以現有的科技或專業

水準無法證實確實有問題的商品或服務，換句話說，商品已符合當時的科技水準，或服務已符合當時的專業水準。至於所謂當時的「科技或專業水準」，解釋上應以國際上最先進、客觀上並已發表，而有認識可能性的科技或專業水準，作為判斷標準。

(2)製造者對於發展瑕疵的產品，可以不負無過失的產品責任：

①不必負責的理由：世界各國對於發展危險，之所以同意企業經營者可以不負產品責任的理由，主要為如不承認此種抗辯，勢將妨害業者的技術創新，減低其競爭力等，因此，我國消費者保護法亦承認因非技術所可克服或尚未克服的發展危險，產品只要符合當時科技或專業水準可合理期待之安全性，即非消費者保護法第7條所稱的危險，企業經營者對之可以不負無過失的損害賠償責任。例如關於電線走火引起火災事故，如果台電公司所提供的供電服務，已符合當時的科技或專業水準可以合理期待的安全性者，台電公司即可以此作為不負產品責任的抗辯事由。

②必要的配套措施：產品本體的發展瑕疵，可以不必負無過失的產品責任，已見上述；但為有效保障消費安全，該產品如果具有警示說明義務時，業者應依法為警示說明（如手機應附具電磁波的警告標示說明、**GPS** 衛星導航系統應有僅供參考的警告標示說明、基因改造食品應明確標示說明），否則仍應負產品本體以外的指示瑕疵的無過失責任。

參考條文──與本案有關的相關法條。

1.**消費者保護法**：第7條（製造者責任）、第7條之1（製造者產品無瑕疵的舉證責任）、第10條之1（不得預先減免產品

責任）。

2. 消費者保護法施行細則：第5條（產品無瑕疵的認定標準）。

3. 民法：第184條（侵權行為）、第191條之1（商品製造人的侵權行為責任）。

八、因發展瑕疵所造成的損害，主管機關應有必要的配套措施，以謀補救。

【案例】施打疫苗發生意外案

民國93年11月20日台中縣大雅鄉（現為台中市大雅區）尤姓母親，帶著4個月大的嬰兒，前往衛生所施打A疫苗公司製造的三合一疫苗，第二天早上7時發現嬰兒突然死亡，懷疑係因疫苗有問題所致。

基本解析——發展上瑕疵所造成的損害，應由政府負責。

1. **法律關係解析**：本案主要涉及消費安全問題，故屬於使用上的消費關係。

   (1) 企業經營者：A疫苗公司（疫苗的製造者）。

   (2) 消費者：尤姓母親的嬰兒（因施打疫苗而死亡的消費者，由其父母親代為法律行為）。

   (3) 消費關係的客體：疫苗（商品）。

2. **法律問題解析**：本案的關鍵在於發展瑕疵所致的損害，政府應如何補救。

   (1) 疫苗屬於發展瑕疵問題：目前所有的疫苗，均非百分之百安全的產品，每年均會傳出少數疫苗受害事件，但是絕大多數的疫苗是安全的。本案疫苗是否有問題，以現有的科技或專業水準並無法予以證實，故屬於發展瑕疵的範圍。

   (2) 本案業者無需負產品責任：因為產品責任無法規範或是解

決發展瑕疵問題。本案疫苗既然屬於發展瑕疵，則依照消費者保護法的規定，A疫苗製造公司不必負擔無過失的產品責任。惟如此一來，反而造成要由無辜受害的消費者自行負擔其損害，更為不公平。

(3)政府有義務解決任何社會問題：政府屬於人民權益保護的最後一道防線，人民在依法定途徑無法解決問題時，政府就有義務協助或負責處理。例如預防接種是國家為防治傳染病擴散的重要政策，而疫苗是一種生物製劑，因人體生理狀況的差異，在體內可能產生一些副作用，因此，衛生署對於預防接種受害建立一套救濟制度，讓接種死亡的受害家屬得以獲得補償規定如下：

①因預防接種致死者，最高給付新台幣200萬元；疑因預防接種受害致死，並經病理解剖者，給付喪葬補助費新台幣20萬元。

②無法認定其致死原因者，得於前項給付額內，酌予給付。

③認定係因其他原因致死者，不予給付。

結論：本案疫苗屬於發展瑕疵的產品，A疫苗製造者依照消費者保護法規定不負產品責任，但應由國家（衛生主管機關）負起補償損害的責任或研擬必要的補救措施，以保障無辜的受害者。

補充說明——政府應負最後的責任。

政府負有建立安全消費環境的義務與責任。為確保消費安全，保障消費者免於遭受損害，主管機關主要的工作有三：

1. **規劃建立安全的消費環境**：主管機關應持續檢討並充實相關法令，提昇規格及標準，加強檢驗及測試，建立監視及預警制度，以及健全回收制度等，俾提供消費者更為安全的消費環境。

2. **強行政監督，確保消費安全**：主管機關應善盡行政監督的責任，否則如有應作為而不作為的情形，導致消費者受害，即有構成國家賠償法第2條第2項後段的要件，而應負國家賠償責任的可能。

3. **政府必須建立機制，以彌補產品責任不足**：

(1)國家補償的必要性：發展的瑕疵，原則上不是現在企業經營者的責任，故世界各國多將發展瑕疵明文規定不適用產品責任的規定，以減輕企業經營者的責任；但是如果企業經營者不必負責，受害的消費者將因而求償無門，變成由消費者自行負擔其責任，更是不公平。因此，必須由政府機關介入加以補償，以求其平。

(2)機制建立的必要性：目前衛生主管機關在醫藥方面已建立下列制度，作為彌補措施。

①藥害救濟制度：民國89年5月31日制定公布藥害救濟法，凡是患者正當使用衛生署核准的藥品引起不良反應，導致死亡或是殘廢等，均可依藥害救濟法規定提出申請，最高可獲得新台幣200萬元的救濟給付。

②輸血染愛滋救濟制度：例如民國91年澎湖縣發生學童因輸血而感染愛滋病的病例，主要係因後天免疫缺乏症候群防治條例無法規範空窗期患者的輸血行為所致。有關輸血染愛滋問題，行政院衛生署已專案報准行政院給予輸血感染愛滋病的血友病患，每人200萬元的人道救濟。

③生育事故救濟試辦計畫：自2012年10月開辦，為期3年。只要是孕產婦或胎兒、新生兒因不可避免機率發生不良事件，將依程度，由衛生署的「醫療發展基金」提供最高新台幣200萬元的救濟金。

④研訂醫療傷害救濟制度：衛生署正研擬「醫療傷害救濟

（補償）條例」草案，規定醫療糾紛將不論過失可先請領救濟金，最高300萬元。因生產、手術、麻醉而造成的嚴重傷殘、死亡，都在適用範圍。

參考條文──與本案有關的相關法條。

1. **消費者保護法**：第7條（製造者責任）、第7條之1（製造者產品無瑕疵的舉證責任）。
2. **消費者保護法施行細則**：第5條（產品無瑕疵的認定標準）。
3. **國家賠償法**：第2條（國家賠償責任）。
4. **藥害救濟法**。

第三章

非製造者（經銷者及輸入者）的產品責任

九、經銷者對所販售的產品，應負推定過失的產品責任（中間責任）。

> **【案例】大賣場販售過期食品案**
> 民國 92 年 11 月間有民代檢舉 A 知名大賣場為拼現金，竟然將向 B 包子店購買的已經過期發霉的芋泥包子降價販售，該等包子幾乎有一半以上都長了大小不一的霉菌，消費者王先生一時不察，買來將之吃入肚子後不久，即發生食物中毒。

基本解析──經銷者應就其經銷的產品負責。

1. **法律關係解析**：本案主要涉及消費安全問題，故屬於使用上的消費關係。

   (1)本案的企業經營者：A 大賣場。

   ①B 包子店（包子的製造者）：因包子在製造完成送交 A 大賣場時並未過期（包子沒有瑕疵），B 包子店無需負責，故非本案的企業經營者。

   ②A 大賣場（包子的經銷者）：經銷者依法不得販賣已過期的食品（推定有瑕疵），否則即應對受害的消費者負責，故為本案的企業經營者。

(2)本案的消費者：王先生（食用包子受害的消費者）。

(3)本案的客體：包子（商品）。

2. **法律問題解析**：本案的關鍵在於經銷者，應負什麼樣的產品責任。

  (1)經銷者：與製造者最大的不同，在於經銷者係「經銷」他人製造的產品，而非「製造」產品，例如量購商、批發商、中盤商、貿易商、分銷商，乃至零售商等，均屬於從事經銷的企業經營者。原則上產品的製造瑕疵要由製造者負擔，本案的瑕疵如果是因包子的內餡是用過期的原料製成所致，B 包子店當然要負無過失的製造者產品責任。

  (2)經銷者的推定過失責任（中間責任）：在整個產銷過程，經銷者因為是屬於產銷過程末端的銷售階段，由於該產品業已製造完成，經銷者對該產品是否具有安全或衛生上的瑕疵，並無太大的管控能力，故依消費者保護法第8條規定，經銷者僅只要證明其為無過失即可免責。換句話說，經銷者僅負有過失的產品責任。本案A大賣場販賣過期的食品，可以推定至少有過失的情形存在，對於因此所造成的損害，依法當然要負經銷者的產品責任。

  (3)本案業者應負產品責任：本案經銷者 A 大賣場販賣「過期」的包子，可推定為有過失，依照消費者保護法規定，應對受害的消費者王先生負損害賠償的產品責任。

結論：本案A大賣場的產品責任成立，受害的消費者王先生可以依照消費者保護法產品責任規定，向A大賣場請求損害賠償。

補充說明——經銷者的推定過失責任（中間責任）。

1. **經銷者**：企業經營者責任的產生，在整個消費者保護法規範中，基礎的媒介應為經銷者。所謂經銷者，係指不是產品的製造者，而係將他人製造的產品，僅負責提供產品通路或負

責銷售予消費者的企業經營者（其責任如附表）。至於經銷，解釋上應包括代銷、直銷、出租、融資租賃、企業團體附帶提供商品之出租活絡等行為在內。下列業者均為經銷者。

(1)大盤商（經銷商）：如量販店、大賣場等。

(2)中盤商（中間商）：如百貨公司、超級市場、便利超商等。

(3)小盤商（零售商）：如小賣店、零售商、路邊攤等。

經　銷　過　程　的　責　任			
進貨過程責任＞	囤貨過程責任＞	售貨過程責任＞	法定的責任
(1)選擇合法廠商	(1)選擇合格場所	(1)安全營業場所	(1)中間責任
(2)選擇合格產品	(2)妥為保存產品	(2)銷售合格產品	(2)瑕疵擔保責任
(3)產品進貨查驗	(3)注意運送問題	(3)注意使用期限	(3)連帶賠償責任

2.**經銷者對所經銷販售的產品，僅負推定過失的產品責任（中間責任）：**

(1)經銷者責任較製造者責任為輕：消費者保護法將企業經營者的產品責任，分為無過失責任與推定過失的中間責任兩種類型。因為在整個產銷過程當中，從設計到生產製造這個產製階段，只有製造的業者對該產品是否具有安全或衛生上的瑕疵，握有較大的管控能力，經銷者對此不是無力控管就是控管能力較差，所以特別規定經銷者無需負製造者所應負較重的無過失產品責任。

(2)經銷者應負中間責任：所謂「中間責任」，係指介於無過失責任與一般過失責任間的責任，其本質上仍屬於過失責任的一種，經銷者必須要能證明自己無過失，才可以免責；如果無法證明自己無過失，就會被推定為有過失，而須負經銷者的產品責任。

(3)中間責任與其他責任的比較：中間責任的（無過失免責）舉證責任應由經銷者負擔，此種舉證責任的倒置（轉換）

規定（對受害者較為有利），與民法規定的一般過失責任，其（有過失應負責）舉證責任應由受害者提出（對加害人較為有利）的情形不同，就經銷者應負中間責任而言，當然較民法規定的一般過失責任為重；但經銷者只要能夠證明自己無過失即無需負責，故又比消費者保護法規定製造者的無過失責任為輕。

3. **經銷者的連帶責任**：消費者保護法第8條第1項規定經銷者應與製造者負連帶責任，係指從事經銷的企業經營者，必須就所提供的商品有安全或衛生上之危險，如經銷含有戴奧辛的蚊香、販售違禁藥品等，並對消費者造成損害，始須與蚊香、違禁藥品的商品製造者等負連帶損害賠償責任。

參考條文——與本案有關的相關法條。

1. **消費者保護法**：第8條第1項（經銷者的產品責任）。
2. **民法**：第184條（侵權行為）、第191條之1（商品製造人的侵權行為責任）。

十、經銷者對經其改裝、分裝或變更服務的產品，應負製造者的產品責任。

【案例】改裝瓦斯車爆炸案

消費者張先生在高雄市旗津區，搭乘由A駕駛的自營計程車前往公司上班，該計程車係A駕駛向B汽車商行購買C汽車製造公司所製造的汽車，並請B汽車商行幫忙改裝為瓦斯計程車，結果該瓦斯計程車在發動時，突然引起瓦斯氣爆，造成車內張先生及A駕駛受傷。

基本解析——原有商品一經變更，其變更部分應由改裝或分裝業者負製造者責任。

1. **法律關係解析**：本案與消費安全的產品責任有關，屬於使用上的消費關係。

   (1)本案的企業經營者：計程車 A 駕駛及 B 汽車商行。

   　①計程車 A 駕駛（提供計程車運送服務的製造者）：因使用改裝的瓦斯計程車所提供的服務，屬於有瑕疵，故為本案的企業經營者。

   　②B 汽車商行（販賣並改裝汽車的經銷者）：計程車因其改裝而造成損害，故為本案的企業經營者。

   　③C 汽車製造公司（汽車的製造者）：因該汽車業經被 B 汽車商行改裝，且發生損害係因改裝所致，不是他的責任，故非本案的企業經營者。

   (2)本案的消費者：張先生（接受計程車運送服務受害的消費者）。

   (3)本案的客體：計程車運送服務（服務）。

2. **法律問題解析**：本案的關鍵在於誰應負擔變更包裝或服務內容的產品責任。

   (1)產品責任的基礎：企業經營者應就其所提供的產品，負一定的產品責任，表示對該產品負責。此種產品責任有其一定的責任基礎，那就是產品必須符合在製造完成後，未經他人任何變更（如外力介入等）的前提要件，如果產品遭到變更，例如對於製造業者所製造完成的產品，經銷業者有再為改裝、分裝商品或變更服務內容的情形，就變更所增加的危險部分，即不應再由原製造業者負擔其責任。

   (2)變更產品的行為視為製造行為：依照消費者保護法規定，從事經銷的企業經營者，如果改裝、分裝商品或變更服務內容的情形，應視為製造的企業經營者，負製造者的無過失產品責任。簡言之，因該等改裝、分裝或變更等行為係視同製造行為，原經銷行為已為製造行為所吸收，故應分

別情形負前述產品本身及產品警示的危險責任。

(3)本案業者應負產品責任：本案B汽車商行將一般汽車改裝為瓦斯車，已經破壞汽車製造者原有的製程及責任要件，該改裝部分所增加的危險，並非原汽車製造者所能管控，故不宜由原製造者C汽車製造公司照單全收，而應由改裝的業者負其改裝的產品責任。另外，A駕駛因使用自行委託改裝的瓦斯計程車所提供的服務亦屬有瑕疵，應負連帶損害賠償責任。

結論：本案改裝瓦斯計程車的B汽車商行，及以該改裝瓦斯計程車提供服務的A駕駛，對搭乘該計程車受害的消費者張先生，應負製造者的無過失產品責任。

補充說明──視為產品製造者的產品責任。

1. **視為製造者**：主要在依實際需要擴張適用製造者責任的範圍。例如經銷者原非製造者，但是如因經銷者擅自變更商品包裝或服務內容，因該等行為已非單純的經銷，常涉及產品發生實質上的變異，應將其視為新產品的製造者，而負製造者責任。所謂「視為」，為直接由法律予以擬制規定，經銷者如有此等行為時，即應適用該規定，不得以反證（例如未增加產品危險或已盡相當的注意等）加以推翻。另外，民法第191條之1所規定的準製造者，由於消費者保護法並未明定，解釋上應不包括在內。

2. **視為產品製造者的範圍**：包括下列三種經銷者在內。

(1)改裝的經銷者：所謂改裝，係指變更、減少或增加商品原設計、生產或製造的內容或包裝。改裝的內容，非僅以商品包裝形式的變動為限，例如改換新包裝上市；尚包括商品內容的變動在內，例如將汽車改裝為跑車。不過改裝有一定的限制，其結果原則上不得變更產品原有屬性，否則即屬於加工製造行為，例如將腳踏車改裝為機動車，即應

直接認定為製造者。

(2)分裝的經銷者：所謂分裝，係指在不變更產品的本質前提下，將產品原有包裝的內容予以變更為較小單位後，再依該較小單位分別包裝銷售的行為。分裝的內容，不包括並未變動原製造者原有最小包裝內容的分別銷售行為在內，因其並未實質變更原有包裝的內容，例如將10包裝的大箱拆開，再一包一包出售的行為，即非分裝；另外，分裝的結果，原則上亦不得變更產品原有屬性，否則即屬於加工製造行為，例如在分裝時添加其他物質的行為，即應直接認定為製造者。

(3)變更服務的經銷者：服務具有無形產品的特色，故應在商品以外加以規定。經銷者如有變更、減少或增加原定服務項目內容的行為，例如販售某旅行社行程的旅遊經銷商，對該旅行社原定旅遊路線（如加減某些行程）或旅遊內容（如5星級飯店改為3星級）加以變更後出售，事實上等同於改裝、分裝或變更商品的行為，該變更服務的經銷者，即應視同製造者而負製造者責任。不過變更的結果，原則上亦不得變更產品原有屬性，例如將日本團改為東南亞團的行為，即應直接認定為製造者。

參考條文——與本案有關的相關法條。

1. **消費者保護法**：第8條第1項（經銷者的產品責任）、第8條第2項（經銷者視為製造者）、第7條（製造者的產品責任）、第7條之1（製造者產品無瑕疵的舉證責任）。

2. **消費者保護法施行細則**：第5條（產品無瑕疵的認定標準）、第8條（改裝的意義）。

3. **民法**：第191條之1（商品製造人的侵權行為責任）。

4. **汽車買賣契約書範本暨應記載及不得記載事項**。

十一、輸入者對其從國外輸入的產品，應負製造者的產品責任。

【案例】進口狗飼料案

民國93年2月24日媒體披露 B 國內公司代理進口國外 A 知名公司製造的狗飼料販售，許多消費者買來該狗飼料供其愛犬使用，惟因該狗食在製造上有瑕疵，致使食用狗隻發生腎臟病變大量死亡的不幸事件。

基本解析──輸入者應就其輸入的產品負責。

1. **法律關係解析**：本案主要涉及消費安全問題，故屬於使用上的消費關係。

   (1)本案的企業經營者：國外 A 製造公司及國內 B 代理進口公司。

   ①國外 A 製造公司（狗食飼料的製造者）：應就其製造的產品負產品責任，故為本案的企業經營者。

   ②國內 B 代理進口公司（狗食飼料的輸入者）：應就其進口販賣的產品負產品責任，故為本案的企業經營者。

   (2)本案的消費者：因狗食飼料造成狗隻受害的消費者（以狗主人為限，所有購買狗食或是購買狗食給狗吃的人，雖然都是消費者，但只有因吃狗食發生病變的狗隻所有人，才是本案的消費者）。

   (3)本案的客體：狗食飼料（商品）。

2. **法律問題解析**：本案的關鍵在於輸入者，應負什麼樣的產品責任。

   (1)輸入者：輸入者（即進口商）輸入產品的營業行為，因輸入並非製造，且其目的在於銷售，故輸入者在本質上應屬

經銷者性質，不過，不管是單純輸入或是輸入兼販賣，輸入者都是在販賣國外業者製造的產品，國內經銷者則在販賣國內業者製造的產品，則為二者不同的地方。

(2)消費者保護法規定應負製造者責任：由於輸入者具有經銷者的本質，因此，如果法律沒有特別規定時，本應負經銷者的推定過失責任。不過，因為該製造的產品係由輸入者從國外進口，然後提供給本國的消費者，且因消費者保護法為國內法，其效力原則上並不及於我國領土以外，為避免對國內消費者不利，確有必要加重輸入者的社會安全責任，於是我國消費者保護法乃特別規定，將輸入者視同國內製造者，亦應負製造者的無過失產品責任，實寓有強化輸入者責任，提昇消費者保護的規範目的。本案國內 B 代理進口公司既然是狗食飼料的輸入業者，依法即應負製造者的無過失產品責任。

(3)本案業者應負產品責任：本案涉及二個企業經營者，其中狗食的製造者為國外的公司，而且本案係屬製造的瑕疵，本應由該國外 A 製造公司負責，惟因消費者保護法屬於國內的法律，對於國外的公司較難規範，故改以輸入狗食的國內 B 公司作為本案的企業經營者較為可行。

結論：本案狗食製造者為國外 A 公司，該狗食並由國內 B 公司代理進口銷售，由於該狗食製造有瑕疵，對於因而受害的狗隻所有人（消費者），依消費者保護法規定，進口的國內 B 公司即應負起製造者的產品責任。

補充說明——輸入者的產品責任。

1.輸入者：所謂輸入者，係指非產品的製造者，而是從國外輸入別人製造的產品的企業經營者而言，不包括產品從國內輸出國外的業者在內。凡是有下列輸入商品或服務的企業經營者，依據消費者保護法規定，均應比照製造者負產品無過失

責任。

(1)單純輸入者：僅單純負責輸入產品，並未兼營販賣的企業經營者。

(2)輸入兼販賣者：除了輸入行為以外，尚自行販售該國外輸入的產品。

2.**輸入者的範圍**：下列三種情形均應負輸入者的產品責任。

(1)不以專門輸入業者為限：輸入者，並不以進口商、代理商或外國子公司等專門從事輸入商品、服務的企業經營者為限，只要有輸入產品作為營業使用的行為，即為輸入者。

(2)境外進來即為輸入：所謂輸入，係指從國外進口而言，包括從大陸地區（含港澳地區）進口的商品或服務在內。但純屬國內產品運送行為，如從台北市運到高雄市、或從澎湖縣運到台中市等的產品運送行為，則非輸入。

(3)輸入方式不限：只要有從國外輸入產品的行為，即屬輸入，包括平行輸入或非法走私進入在內；至其輸入後的營業方式則無限制，當然包括供融資、出租或出借等營業行為在內。

3.**輸入者應負製造者的無過失產品責任**：所謂無過失責任，係指只要所製造的商品或所提供的服務有瑕疵（主要為設計瑕疵、製造瑕疵或指示瑕疵），且消費者係因該瑕疵造成其使用上的傷害，此時，即使產品業者對該受害事實，雖無故意或過失（即無過失）的情形，但消費者係因產品瑕疵所造成的損害，該產品輸入業者應比照產品的製造者，對該產品所致的損害，仍應負無過失的賠償責任。另外，行政院消保會（現改為行政院消保處）已協調主管機關特別建立不安全進口產品資訊網（www.unsafe.nat.gov.tw），提供消費者查詢不安全的進口產品機制，以確保進口產品的安全。

參考條文——與本案有關的相關法條。

1. **消費者保護法**：第9條（輸入者的產品責任）、第8條第1項（經銷者的產品責任）、第7條（製造者的產品責任）、第7條之1（製造者產品無瑕疵的舉證責任）。

2. **消費者保護法施行細則**：第5條（產品無瑕疵的認定標準）。

第四章

產品責任的損害賠償及懲罰性賠償金

十二、消費者因業者故意所致的損害，得請求 3 倍以下的懲罰性賠償金。

> **【案例】製售假酒案**
> A 不肖業者利用民國 90 年米酒漲價缺貨期間，向 B 化學公司購買工業用甲醇，自行處理製成米酒後出售。某日，台中縣（現併入台中市）有一張姓原住民，於晚間向其購買並飲用該米酒，結果隔日出現酒精中毒現象，送醫不治。

基本解析——故意的惡性最重，應特別加重其賠償責任。

1. **法律關係解析**：本案主要涉及消費安全問題，故屬於使用上的消費關係。

   (1) 本案的企業經營者：A 不肖業者（製造販賣假米酒的製造者）。

   (2) 本案的消費者：張姓原住民（飲用假米酒受害的消費者）。

   (3) 本案的客體：假米酒（商品）。

2. **法律問題解析**：本案的關鍵在於業者出於故意，應負何等損害賠償責任。

   (1) 產品責任的輕重：雖然造成同樣損害的結果，但是其應負

責任的輕重，尚可以依照其惡性的程度來加以區分。一般而言，故意的惡性最重，過失的惡性次之，無過失最沒有惡性。由於惡性程度的不同，損害賠償的金額亦可以作不同的規定，作為懲罰惡性的代價。

(2)懲罰性賠償金：為消費者保護法對於企業經營者惡性程度的特別賠償規定。消費者受到損害，除了可以依照民法規定向加害的業者請求實際損失以外，尚可以依據業者造成產品瑕疵的惡性程度，依照消費者保護法的規定，請求下列懲罰性賠償金，以加重業者的賠償責任方式，來確保消費安全。

①故意：可以請求實際損失3倍以下的懲罰性賠償金。

②過失：可以請求實際損失1倍以下的懲罰性賠償金。

③無過失：僅可請求實際損失，不得另外請求懲罰性賠償金。

(3)本案業者應負故意的懲罰性賠償金：本案A不肖業者向B化學公司購買工業用甲醇，自行處理製成米酒後出售，對於損害的發生顯然是出於故意，因此，對受害的張姓原住民應負故意程度的懲罰性賠償金。

結論：本案受害的張姓原住民（由其繼承人代位）可以依照消費者保護法規定，向出於故意的A不肖業者，除了可以請求實際損失以外，尚可以要求3倍實際損失金額以下的懲罰性賠償金。

補充說明——懲罰性賠償金。

1. **產品損害賠償責任的要件**：有下列四點。

(1)產品須有瑕疵：此為產品責任成立的前提要件，產品如果無瑕疵，基於「有瑕疵才有責任」原則，業者即無需負產品責任。至於瑕疵發生的原因，主要有故意、過失、無過失等三種。

(2)消費者須受有損害：此為損害賠償請求的前提要件，消費者如果無損害，基於「有損害才有賠償」原則，即不得請求賠償。依消費者保護法規定，消費者在消費安全方面受侵害法益的內容，主要為財產權與生命權、身體權及健康權等非財產權的法益。

(3)瑕疵與損害間須有相當因果關係：此為損害賠償成立的積極要件，如果不是因產品瑕疵所致的損害，基於「無因果關係不負責」原則，即不在業者應負損害賠償責任的範圍。所謂相當因果關係，法院實務上認為：係以行為人的行為所造成的客觀存在事實，作為觀察的基礎，並就這個客觀存在事實，依一般人智識經驗來判斷，如果是通常均有發生同樣損害結果的可能時，該行為人的行為與損害間，即有因果關係。

(4)業者須無免責事由：此為損害賠償成立的消極要件，如果具有「發展瑕疵」或「消費者保護法不溯及既往」等免責事由時，業者即無需負損害賠償責任。

2.**損害賠償的範圍**：主要包括下列二種。

(1)損失補償：以填補受害消費者實際損失為目的，包括財產上的損失及非財產上的損失在內，只要有損失，均可請求，並且採取「損失多少，就賠多少」的損失補償主義。例如受害消費者實際損失100萬，即應賠償100萬。

(2)懲罰補償：以懲罰加害人主觀惡性為目的，除了實際損失可以依前述規定獲得補償以外，受害消費者尚可另外要求懲罰性賠償金，以作為額外的補償。此為損失補償的例外情況，故須法律有特別規定，始可請求。所謂「懲罰性賠償金」，從「懲罰」兩字而言，即係具有處罰性質，為引自美國立法例的規定。我國消費者保護法依據業者的主觀惡性程度（即瑕疵發生的原因），規定有關懲罰性賠償金

（其倍數均以實際損失為計算標準）如下：

①故意：因業者的惡性重大，故受害者另外可以請求3倍以下的懲罰性賠償金。例如消費者實際損失100萬，另可請求300萬以下的懲罰性賠償金。

②過失：認業者稍有惡性，故受害者另外可以請求1倍以下的懲罰性賠償金。例如消費者實際損失100萬，另可請求100萬以下的懲罰性賠償金。

③無過失：由於業者幾無惡性，故受害者僅能請求實際損失，不得另外請求懲罰性賠償金。例如消費者實際損失100萬，不能另外請求懲罰性賠償金。

(3)消費者保護法與民法有關賠償責任的比較：二者的最大不同，在於懲罰性賠償金的有無，且該懲罰性賠償金係以實際損失作為計算基準。有懲罰性賠償金規定的消費者保護法，當然對受害消費者的保障較大。

3. **有懲罰性賠償金規定之其他法律**：目前只有下列二種法律。至於金融消費者保護法因無此規定，故不得請求懲罰性賠償金。

(1)公平交易法第32條：僅以故意為限，始得請求損害額1倍至3倍之賠償，或專依該項利益計算損害額，雖無懲罰性賠償金之用語，惟已具有懲罰性賠償金之實質效果。

(2)健康食品管理法第29條：採二種方式處理，均納入懲罰性賠償金規定。

①退費：買受人可以退貨，請求出賣人退還其價金，出賣人如係明知（即故意）時，應加倍（此時的懲罰性賠償金為1倍）退還其價金。

②懲罰性賠償金：買受人如有其他損害時，可選擇請求零售價3倍以下或損害額3倍以下（由法院依侵害情節決定）的懲罰性賠償金。但買受人為明知（即明知有害仍

然使用）時，不在此限。

參考條文──與本案有關的相關法條。

1. 消費者保護法：第51條（懲罰性賠償金）。

2. 民法：第216條（損害賠償的範圍）。

3. 公平交易法：第32條（損害賠償的計算）。

4. 健康食品管理法：第29條（懲罰性賠償金）。

5. 金融消費者保護法。

十三、消費者因業者過失所致的損害，得請求1倍以下的懲罰性賠償金。

【案例】台北市公車陽明山車禍案

張女為文化大學畢業生，於民國83年5月8日搭乘台北市260路公車下山參加研究所考試，因所搭乘的公車在陽明山仰德大道發生車禍，造成公車司機死亡、張女嚴重骨折，張女於是依照消費者保護法規定，向法院起訴請求賠償實際損失及2倍的懲罰性賠償金。

基本解析──有過失，就有責任。

1. **法律關係解析**：本案主要涉及消費安全問題，故屬於使用上的消費關係。

    (1)本案的企業經營者：台北市公車處（提供公車運送服務的製造業者。消費者保護法所稱的企業經營者，係指該企業的負責人而言，並非其員工）。

    (2)本案的消費者：張女（接受公車運送服務而受害的消費者）。

    (3)本案的客體：公車運送服務（服務）。

2. **法律問題解析**：本案的關鍵在於業者出於過失，應負何等損

害賠償責任。

(1)過失責任：所謂過失，係指行為人應注意、能注意而未能注意的情形，屬於行為人的主觀上的因素。例如台中市衛爾康西餐廳發生火災的原因，經主管機關事後查證的結果，證實是因為衛爾康的服務生在煮咖啡時不小心所致，該不小心即為過失，因為過失造成別人的損害，對受害人即應負損害賠償責任，這就是民法上所規定的「過失責任主義」。

(2)本案台北市公車處有過失：本案台北市公車處雖非故意，但卻具有下列顯有過失情形，故應負過失程度的損害賠償責任。

①公車司機：駕駛人行車前疏未注意確實檢查煞車，為有過失。公車司機為受僱人，其過失應由僱用的老闆連帶負責，故台北市公車處即因而有過失。

②台北市公車處：台北市公車處除前述應與其受僱人負連帶責任外，另該公車處疏未妥為保養該公車，致該公車發生煞車失靈，亦為有過失。

(3)本案業者應負過失的懲罰性賠償金責任：本案受害的張女要求2倍的懲罰性賠償金，與消費者保護法「因過失所致的損害，得請求損害額1倍以下的懲罰性賠償金」的規定不符，超過的部分法院應不會予以同意。

結論：本案企業經營者台北市公車處有過失，因而造成公車乘客張女受傷，張女可以依照消費者保護法規定，向法院提起訴訟，但僅能要求台北市公車處賠償實際損失及1倍以下的懲罰性賠償金。

補充說明——加重過失的賠償責任。

1.懲罰性賠償金制度：源自英美法系（尤其是美國法），多以故意的情形為限，因其法律性質甚有爭論，曾經發生是否合

憲的訴訟，此種制度大陸法系多不予以採用。但是我國消費者保護法則予納入，並採用超越美國法的規定，除了故意以外，對於過失，被害的消費者亦得請求懲罰性賠償金。有關過失可以請求懲罰性賠償金規定，我國法院實務上傾向以重大過失為主，以免過於浮濫。

2. **過失責任的類型**：約有四種，如附表。

法定過失責任類型表				
名稱	責任要件	細目類型	要件	法據
過失責任	行為違反過失以上（含故意）注意義務時，即須負責	重大過失責任	僅就故意及重大過失負責	民法第410條、第434條
		一般過失責任	一般過失：以一般人的注意義務作標準	民法第535條前段、第590條前段、第672條
		輕過失責任	輕過失：以專業（善良管理人）人員的注意義務作標準	民法第468條、第535條後段、第590條後段
		推定過失責任	須證明無過失，才可免責	消費者保護法第8條

3. **懲罰性賠償金請求權時效**：產品責任屬於一種侵權行為責任，由於消費者保護法就其時效並未規定，故有民法相關規定的補充適用。民法有關消滅時效的規定，主要有一般請求權的消滅時效15年、侵權行為的消滅時效2年或10年規定，為維持理論一致，自應以補充適用民法有關侵權行為的消滅時效規定為宜，公平交易法亦採此規定。

參考條文——與本案有關的相關法條。

1. **消費者保護法**：第51條（懲罰性賠償金）。

2. **民法**：第125條（一般請求權的消滅時效）、第197條（侵

權行為的消滅時效）、第216條（損害賠償的範圍）。

3. 公平交易法：第33條（消滅時效）。

4. 食品健康管理法：第29條（懲罰性賠償金）。

5. 公路（市區）汽車客運業旅客運送定型化契約範本暨應記載及不得記載事項。

十四、消費者因業者無過失所致的損害，不得請求懲罰性賠償金。

【案例】病死豬肉粽案

南台灣有家號稱經營百年的 A 肉粽老店，因為不知 B 豬肉供應商所提供的豬肉是病死豬肉，以該豬肉製造肉粽販售，結果造成食用的消費者林先生發生病變，直至 B 豬肉供應商被查出涉嫌私宰病死或淘汰的豬隻後，A 肉粽老店才知問題所在。

基本解析 ──無過失雖無惡性，仍應負賠償責任。

1. **法律關係解析**：本案主要涉及消費安全問題，故屬於使用上的消費關係。

   (1)本案的企業經營者：B 豬肉供應商（販賣豬肉的製造業者）、A 肉粽老店（製造販賣肉粽的製造業者）。

   (2)本案的消費者：林先生（食用肉粽受害的消費者）。

   (3)本案的客體：肉粽（商品）。

2. **法律問題解析**：本案的關鍵在於業者出於無過失，應負何等損害賠償責任。

   (1)無過失產品責任：係指產品有瑕疵（設計、製造或指示的瑕疵），該等瑕疵即使是出於企業經營者的無過失（即無任何的故意或過失），但是對使用該瑕疵產品的消費者因

而所造成的損害，仍應負損害賠償的產品責任。

(2)本案 B 豬肉供應商應負故意責任：B 豬肉供應商明知為病死豬肉仍然提供給肉粽店作為包粽的材料，屬於一種故意行為，惡性非常重大，對於因而受害的消費者，應負故意程度（實際損失加上實際損失 3 倍以下的懲罰性賠償金）的損害賠償責任。

(3)本案 A 肉粽老店應負無過失責任：A 肉粽老店不知 B 豬肉供應商所提供的材料是病死豬肉，本身固然並無任何的故意或過失，但實際上是用病死豬肉當材料製造出來的肉粽，係屬有瑕疵的產品，對於食用肉粽因而受害的消費者，應負無過失程度（實際損失）的損害賠償責任。

結論：本案受害的消費者林先生，可以依照消費者保護法規定向法院起訴，要求故意的 B 豬肉供應商賠償實際損失及 3 倍以下的懲罰性賠償金；或是要求無過失的 A 肉粽老店賠償實際損失；該二業者對受害的林先生，並應負連帶損害賠償責任。

補充說明——無過失，不得請求懲罰性賠償金。

1. **企業經營者應負無過失責任之依據**：主要有下列三大理由。

   (1)企業經營者屬於製造危險的來源。

   (2)僅企業經營者能於某種程度控制危險。

   (3)企業經營者經營危險事業獲取利益。

2. **無過失最無惡性**：故無過失的賠償金額最少。

   (1)不得請求懲罰性賠償金：無過失因無惡性，故受害的消費者依照消費者保護法規定，僅可以請求實際損失的賠償。

   (2)法院尚可以酌減其實際損失賠償金額：受害的消費者請求實際損失的賠償金額時，因業者係出於無過失，法院得減輕其賠償責任，但是不可以減輕至賠償金額為 0，因為減輕賠償責任並非免除賠償責任，而賠償金額為 0 等同於不

必賠償，解釋上應已超出減輕的範圍。

3. **一般責任與產品責任的範圍**：如附表。

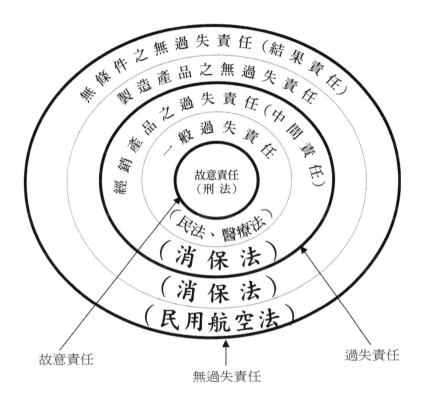

4. **消費者保護法與民法損害賠償責任的比較**：如附表。

消費者保護法與民法的損害賠償責任比較表								
法律名稱	賠償原則	損害原因	損害賠償內容					總賠償金額
			實際損失賠償金			懲罰性賠償金		
			財產上損失	非財產上損失	實際損失總金額	倍數	懲罰性賠償金額	
民法	過失賠償責任	故意	1百萬	1百萬	2百萬	0	0	2百萬
		過失	1百萬	1百萬	2百萬	0	0	2百萬
		無過失	0	0	0	0	0	0
消費者保護法	無過失賠償責任	故意	1百萬	1百萬	2百萬	3	6百萬	8百萬
		過失	1百萬	1百萬	2百萬	1	2百萬	4百萬
		無過失	1百萬	1百萬	2百萬	0	0	2百萬

參考條文——與本案有關的相關法條。

1. 消費者保護法：第51條（懲罰性賠償金）。
2. 民法：第216條（損害賠償的範圍）。
3. 刑法、醫療法、民用航空法。

十五、消費者須因產品瑕疵所造成的損害，才能依產品責任規定請求損害賠償。

【案例】胖子向麥當勞請求賠償案
美國消費者提起集體訴訟控告麥當勞的麥香堡、炸薯條、麥克雞塊導致兒童肥胖案，在2003年1月22日遭美國聯邦法院法官以「沒有人強迫你非吃麥當勞不可」，法律並不是用來保護人們漫無節制的行為，而予以駁回。

基本解析——沒有損害，就沒有賠償。

1. **法律關係解析**：本案主要涉及消費安全問題，故屬於使用上的消費關係。

(1)本案的企業經營者：麥當勞公司（製造販賣食品的製造者）。

(2)本案的消費者：吃麥當勞速食的肥胖兒童（食用食品的消費者）。

(3)本案的客體：麥當勞食品（商品）。

2. **法律問題解析**：本案的關鍵在於產品的損害賠償責任，必須符合那些要件。

(1)產品須有瑕疵：產品沒有瑕疵，就不必負責，這是產品責任負責的基本原則。本案麥當勞食品並無瑕疵，因為食品為求可口，可能會添加一些材料，例如糖、鹽、香料或色素等，如果這些添加物是屬於法律許可的範圍，這些食品原則上即無瑕疵。

(2)消費者須有損害：沒有損害，就沒有賠償，這是損害賠償的基本原則。損害賠償的目的，則在填補受害者的損失，原則上是實際損失多少，就要賠償多少；如果沒有損害，當然沒有填補問題，因而不得請求賠償。至於損害的範圍，包括下列財產及非財產上的損害。

①財產上的損害：包括積極的損害（指既存財產的不應減少而減少，亦即「財產」損失）及消極的損害（指現存財產應增加而未增加，亦即「利益」損失）兩種。惟本案吃麥當勞食品而肥胖，依據吃東西應付費原則，並未造成消費者任何財產上的損害。

②非財產上的損害：凡不屬財產權性質的權利而受到損害，例如生命、身體、健康等與財產性質不同的非財產權，均屬於非財產上的損害。本案如欲以肥胖為由請求損害賠償，最多僅能請求非財產上的損害賠償。

(3)本案業者不負產品責任：

①業者產品無瑕疵：一個人如果不想肥胖，原則上必須經常運動及控制飲食，不要暴飲暴食，更不可因食物好吃，結果因經常去吃或是吃得太多，因而造成肥胖就去

怪罪餐廳。

②消費者並無損害：因為肥胖不是病，一個人的體重多少，原則上與其健康並無任何關係，只是肥胖不容於我們愛美的天性，再加上肥胖已被證實為許多慢性病的元凶，所以一般人均敬而遠之，但是現有的醫學仍認定肥胖不是病，可見肥胖並未造成任何非財產上的損害。

結論：本案企業經營者麥當勞所提供的食品並無瑕疵，而且肥胖並不是病，所以肥胖的兒童實際上並未發生任何的損害，因此不得以肥胖為由，向麥當勞請求損害賠償。

補充說明——產品責任的成立要件。

1. **消費者保護法產品責任為有條件的無過失責任**：須符合下列三點要件。

   (1)產品須有瑕疵：沒有瑕疵，就沒有責任。消費者保護法並明定，商品或服務不得僅因其後有較佳的商品或服務，而被視為不符合當時科技或專業水準的安全性。因為科技及專業一直在進步當中，因此不同的時段所製造的同類產品，例如新製造附具 AIR BAG 及 ABS 的汽車，比未附具該等設備的舊款汽車，在品質及安全上的性能即有不同，但僅屬汽車研發過程上的改良行為而已，並不能遽為推定該舊款汽車即為有瑕疵。簡言之，產品是否具有瑕疵，仍應以產品流通的時期為判斷基準。另外，產品的保固期間並非產品的使用期限，故產品責任不得以保固期限為限；易言之，只要產品有瑕疵，不以保固期限為限，凡是在該產品客觀合理使用期限範圍內正常使用而受害，業者均須負產品責任。

   (2)消費者須有損害：沒有損害，就沒有賠償。產品責任在本質上屬於侵權行為，侵權行為的特性，在於「侵害」他人的權益，所以除了侵害的行為以外，尚應有權益受侵害的

結果。因為沒有損害，侵權行為責任即無法成立；且沒有損害，即無賠償；必須有損害，侵權行為責任才能成立，受害者才能請求損害賠償。

(3)須有（相當）因果關係：該損害確係因產品瑕疵所致。產品的瑕疵與消費者的損害間須有因果關係存在，產品責任始能成立，例如上醫院看病後出來不幸被車子撞死，其死亡與看病間並無（相當）因果關係存在，醫院對此當然不必負產品責任。

2. **舉證責任**：消費者保護法有關消費訴訟的規定，屬於特別法性質，應優先民事訴訟法相關規定而適用。至於有關舉證責任問題爰分述如下。

(1)舉證責任分配原則：關於商品責任構成要件的舉證責任問題，消費者保護法僅有：「企業經營者主張其商品於流通進入市場，或服務於其提供時，符合當時科技或專業水準者，就其主張之事實負舉證責任。」規定，至於產品具有安全上的危險，侵害他人權益、損害及其因果關係，原則上均應由被害人負舉證責任。

(2)舉證責任緩和措施：為確保消費者權益，對於有關消費者的舉證責任，宜有必要之緩和措施配合。即：首先「消費者應負產品責任成立的蓋然性舉證責任（消費者能證明其係依一般合理的使用方式或依產品的表示、警告與說明而加以使用，以致於造成損害）」後，再採「消費者舉證責任的轉置（轉由產品製造人為免責之舉證）方式辦理。

参考條文——與本案有關的相關法條。

1. **消費者保護法**：第7條（製造者的產品責任）、第7條之1（製造者產品無瑕疵的舉證責任）。

2. **消費者保護法施行細則**：第5條（產品無瑕疵的認定標準）。

3. **民法**：第216條（損害賠償的範圍）。

4. **民事訴訟法**。

十六、消費者因食品含塑化劑所造成的損害不易證明，甚難依產品責任規定請求損害賠償。

> ## 【案例】食品含塑化劑損害賠償案
> 2011年5月爆發的重大食品安全事件「塑化劑」，不肖廠商在食品中添加危害人體健康的塑化劑，受汙染的食品眾多，政府雖緊急要求商家下架，並宣布「D-Day」行動上路，但已造成消費者集體恐慌。然而廠商卻以「消費者不能證明其具體傷害」、「還有很多其他品牌的產品也被汙染，消費者不能證明是吃了我製造的東西而影響到健康」等說詞卸責。

基本解析——沒有損害，就沒有賠償。

1. **法律關係解析**：本案主要涉及消費安全問題，故屬於使用上的消費關係。

   (1)本案的企業經營者：製造販賣含塑化劑食品的業者，主要可歸納為下列三種企業經營者。

   ①塑化劑產品的原料提供者：昱伸、賓漢公司等廠商在合法食品添加物「起雲劑」原料中，違法使用危害人體健康的塑化劑 DEHP 作為原料販售給下游廠商。

   ②使用塑化劑的食品製造者：使用「昱伸香料有限公司」原料的公司（下游廠商）有35家、使用「賓漢香料化學有限公司」原料的公司（下游廠商）則有2家，合計有37家。

   ③含塑化劑食品的經銷者：由於食品含塑化劑的瑕疵，主要係發生在製造過程，與經銷商無涉，故含塑化劑食品的經銷商原則上可以不負該產品的產品責任。

(2)本案的消費者：凡是食用含塑化劑食品的消費者，不問其性別、年齡、國籍，也不問其有無受到使用上的傷害，均為本案的消費者。

(3)本案的客體：含塑化劑的食品（商品）。

2. **法律問題解析**：本案的關鍵在於含塑化劑食品的損害賠償責任，必須符合「產品有瑕疵」、「消費者受有損害」、「瑕疵與損害間有相當因果關係」等三大要件，產品責任始能成立。

(1)瑕疵解析：依我國當時法令規定，食品不可含有任何的塑化劑，如有違反者，即屬有瑕疵。且因均屬製造過程所發生的瑕疵，故均為製造瑕疵。

(2)損害解析：本案的產品有瑕疵固然可以確定，但是該瑕疵產品對消費者所造成下列的損害，目前僅消費公平部分已獲得有效處理，惟消費安全部分尚未能獲得有效賠償。

　①消費公平損害：含塑化劑食品，為有瑕疵的產品，業者應負瑕疵擔保責任，故應全面接受退貨，以維護消費公平。民眾只要持有發票、出貨單等產品交易紀錄，就可以向產品受塑化劑污染的廠商，申請退貨退費處理。

　②消費安全損害：塑化劑健康諮詢門診截至2011年7月25日，共有54人轉介至專科門診，其中診斷發現6位男童有隱睪症，另有1位男童荷爾蒙偏離正常值，有待後續進一步的鑑別診斷，仍然無法明確認定其受有消費安全上的損害。消費者如果無法提出受有損害的證明，依據「沒有損害，沒有賠償」的法律處理原則，即無法要求損害賠償。

　③因果關係解析：經查本案目前最大的消費安全受害情形為6位男童有隱睪症，另有1位男童荷爾蒙偏離正常值，惟仍待後續進一步的鑑別診斷。而廠商則以符合目前法

院實務上處理損害賠償原則的說法，提出「消費者不能證明其具體傷害」、「還有很多其他品牌的產品也被汙染，消費者不能證明是吃了我製造的東西而影響到健康」等並無相當因果關係存在的說詞作為抗辯。

結論：本案在產品損害賠償責任方面，雖然產品確有瑕疵已無疑義，但是消費者是否受有損害及瑕疵與損害間的因果關係，消費者均無法舉證，導致在消費安全部分的損害賠償問題，尚懸而未決。惟為確保消費安全受害消費者的求償權益，行政院消保會（現改為行政院消保處）已補助消基會，協助受害消費者以團體訴訟方式向法院起訴要求損害賠償（求償78億9千萬元），留待法院為最後的決定。

補充說明——消費者保護基金

政府在處理食品含塑化劑風暴中，消基會及專家學者建議衛生署沒收黑心業者不法所得，成立消費者保護基金，專款專用於塑化劑受害者補償。因為消費者無法得知塑化劑對人體多久才會影響，一旦廠商倒閉或轉賣，根本無處求償。消費者保護基金則可依照商品營業額向業者抽成，作為消費者身體檢查及醫療診治等費用。對此，筆者基於下列理由，認為「消費者保護基金」的設立，雖係有其正面作用，惟應屬政府長遠的施政目標，政府現階段的重點工作，仍應以普遍建立各行業責任保險制度為主要施政方向。

1. 設立「消費者保護基金」，僅為消費者保護機制多種選項中的一項，仍應考量現階段實際需要依序辦理：政府對於保護消費者使用產品的消費安全，所應建立的機制甚多，本案建議設立的「消費者保護基金」，僅屬消保工作當中一個選項而已，並非唯一，因此，政府施政仍應視現階段實際需要，去擇定施政先後次序，並依序辦理為宜。

2. 設立「消費者保護基金」，其功能僅具有補強責任保險制度

的不足，無法全面取代責任保險的功能：消保工作範圍非常廣泛，如果僅在行政院消保會（現改為行政院消保處）設立「消費者保護基金」，除了可能需要非常鉅大的金額始能因應，也容易造成劣幣驅逐良幣效果外，再加上其功能僅能補強責任保險的不足，在責任保險不予理賠時，始可動用基金予以補償。在責任保險未普遍辦理前，不但無法補充或取代責任保險的功能，反而會造成企業經營者不欲投保責任保險的反效果。

3. 設立「消費者保護基金」的必要性、合法性及可行性等相關問題，仍需進一步進行專案研議評估，俾期妥適：本案建議設立「消費者保護基金」意見，因尚存有是否設立的必要性、設立的法源依據、如何設立及如何運作等相關問題，並非短期間內可以解決，為期妥適，建議應先進行專案研議為宜。

參考條文 ── 與本案有關的相關法條。

1. 消費者保護法：第7條（製造者的產品責任）、第7條之1（製造者產品無瑕疵的舉證責任）。

2. 消費者保護法施行細則：第5條（產品無瑕疵的認定標準）。

3. 民法：第216條（損害賠償的範圍）。

4. 民事訴訟法。

十七、消費者因產品不當使用所造成的損害，企業經營者不必負產品責任。

> ### 【案例】高爾夫球桿不當使用傷人案
> 民國 88 年 10 月 11 日報載新竹某高中高爾夫球社的學生練球時，有王姓、李姓兩名學生，各拿一支由Ａ高爾夫球桿製造公司所製造的一號木桿當寶劍互擊，因為廝殺過於激烈，結果王姓學生的桿頭被打斷，桿頭連著一小截鐵製桿身插進李姓學生的左眼，緊急送醫的不幸事件。

基本解析──業者僅就有瑕疵的產品負產品責任。

1. **法律關係解析**：本案主要涉及消費安全問題，故屬於使用上的消費關係。

   (1)本案的企業經營者：Ａ 製造公司（高爾夫球桿的製造者）。

   (2)本案的消費者：李姓學生（使用 Ａ 高爾夫球桿受害的消費者）。

   (3)本案的客體：高爾夫球桿（商品）。

2. **法律問題解析**：本案的關鍵在於業者在何種情形下，可以不負產品責任。

   (1)產品責任的立法目的：消費者保護法有關產品責任的規定，旨在確保消費安全，主要採取下列二種機制。

   ①提高業者的經營責任：將民法所規定的過失產品責任，消費者保護法特別提高為無過失的產品責任，以提高企業經營者在經營上的法定義務，俾更有效保障消費者權益。

   ②加重業者的賠償責任：除了民法所規定實際損害的損失

填補責任以外，消費者保護法特別規定應加賠懲罰性賠償金，以加重企業經營者的損害賠償責任，俾處罰有過失或故意的業者。

(2)產品責任不保障不當使用的行為：所有的產品都有其潛在性的危險存在，此種危險在消費者不當使用時，最容易發生；而產品製造販賣的目的，僅在供消費者正常使用，故不當使用不在產品責任保障的範圍。

(3)本案業者無需負產品責任：本案高爾夫球桿主要是供打高爾夫球的正常使用，但是李姓學生卻將其拿來作為擊劍的工具，顯屬不當使用，並非產品有瑕疵，故Ａ高爾夫球桿製造公司對李姓學生因而所造成的損害，不必負損害賠償的產品責任。

結論： 本案係因李姓學生不當使用產品所致的損害，Ａ高爾夫球桿製造公司對此不必負損害賠償的產品責任。

補充說明──產品責任可以免責的事由。

發生消費者受害的情形時，企業經營者可以下列事由，作為不負產品責任的抗辯，並由該業者負相關的舉證責任。

1. **產品已具通常可合理期待的安全性的抗辯事由：** 業者可以下列科技事由作為抗辯的依據。

(1)符合當時科技的抗辯：企業經營者可以產品符合當時科技或專業水準來抗辯，主張其產品並未具有設計、製造或指示瑕疵，作為免除產品責任的事由。

①理論上，應分別就設計者是否符合設計上的安全範圍、製造者是否符合製造上的安全範圍、上市產品是否符合指示上的安全範圍等事項，就個案予以具體認定，如果全部符合安全範圍，則該產品為無瑕疵而具有通常可合理期待的安全性，業者即得以之作為不必負產品責任的抗辯事由。

②實務上，目前許多醫療傷害糾紛，法院多以醫師的醫療服務已符合當時科技或專業水準為理由，甚至抱持醫療行為不適用消費者保護法的見解，而判決消費者敗訴，消費者應多加留意。

(2)發展危險的抗辯：例如行動電話的電磁波是否會對使用人的頭部發生不良影響，以現有的科技或專業水平，尚無法加以證實者，業者即無需負該產品的無過失產品責任。

2.**時效上的抗辯**：業者可以下列時效規定作為抗辯的依據。

(1)消費者保護法不溯及既往的抗辯：法律效力不溯及既往為一般法律的適用基本原則，其目的在維持法律關係的安定，消費者保護法亦不能例外。例如民國68年發生米糠油含多氯聯苯中毒事件、民國74年發現台北市民生別墅輻射屋事件等，因係屬在消費者保護法施行前已流通進入市場的商品或已提供的服務，故均無消費者保護法的適用，只能適用當時有效的法律（如民法）作為解決的依據，業者當然可以拿來作為抗辯的事由。

(2)消滅時效的抗辯：任何權利均有其一定的消滅時效，因產品責任損害賠償請求權的消滅時效，消費者保護法並未予以規定，自應適用民法相關規定。依民法第197條規定，侵權行為的消滅時效有2年（自請求權人知有損害及賠償義務人時起算2年）及10年（不知有損害或賠償義務者，自有侵權行為時起算10年）兩種。而且只要消滅時效完成，依民法第144條規定企業經營者得拒絕給付賠償，故可以拿來作為抗辯的事由。

3.**消費者不當使用的抗辯**：此為業者可以不負產品責任的主要依據。產品是否具有消費者保護法所稱的危險，與消費者是否合理消費或使用產品，密切相關。消費者保護法第7條之1第1項規定「產品須符合當時科技或專業水準可合理期待之

安全性」，固屬業者之產品負責之判斷標準，亦寓有「產品可合理期待之使用」在內，因此，消費者如有不當使用，企業經營者當然可以作為免責之事由。不當使用的方式包括下列三種。

(1)不按正常方式使用：凡是不按照正常方式使用，或是不按照標示說明書指示方式使用，屬之，此為最常見之消費者不當使用方式。例如開車、騎車或走路打手機（即低頭族）、牙齒開瓶、菜刀開罐、喝酒開車、飆車、颱風天上山、感冒藥分吃、如廁站上座式馬桶、將手機塞入肛門以增情趣、逾期食藥品仍然食用、吸食強力膠等等，均屬於不按正常方式的不當使用。

(2)不會正常使用：對於一些特殊產品，消費者不先閱讀產品說明書的使用方式，反而自作聰明地胡亂使用者，屬之，此為不懂裝懂的消費者之不當使用方式。例如不會正常使用緩降機、不會正常照顧寵物、不會正確使用清潔劑、不會正確使用SPA水柱、不會正確使用隱形眼鏡等等，均屬不會正常使用方式。

(3)過度正常使用：此為一般消費者最常忽略的不當使用方式。例如消費者在「吃到飽」自助餐廳吃太飽、提供「咖啡免費續杯」餐廳喝太多、或是炸雞吃太多、維他命吃太多、感冒糖漿喝太多、發熱衣穿太久、藥膏、撒隆巴斯或妙鼻貼等貼布貼太久（原則上不要超過四小時）等等，此種過度正常使用，亦屬不當使用範圍。

參考條文——與本案有關的相關法條。

1. **消費者保護法**：第7條（製造者的產品責任）、第7條之1（製造者產品無瑕疵的舉證責任）、第64條（法律的施行日）。

2. **消費者保護法施行細則**：第5條（產品無瑕疵的認定標準）、第42條（法律不溯及既往規定）。

3. **民法**：第197條（損害賠償請求權的消滅時效）、第144條（消滅時效完成的效力）。

十八、產品因千面人下毒所造成的損害，業者原則上不負產品責任。

> **【案例】蠻牛飲料千面人下毒案**
> 台中市於民國94年5月17日，發生保力達公司出產的蠻牛飲料遭千面人下毒（氰化物）勒索，雖然在瓶子上貼有「有毒，勿喝」警告字語，仍然在A便利商店被人買來使用，4人誤喝結果，除了黃姓消費者無事以外，造成其餘劉、關、張三人1死2傷的不幸事件。

基本解析——千面人事件係屬犯罪行為，已超出產品責任範圍。

1. **法律關係解析**：本案主要涉及消費安全問題，故屬於使用上的消費關係。

   (1)本案的企業經營者：保力達公司（蠻牛飲料的製造者）、A便利商店（蠻牛飲料的經銷者）。

   (2)本案的消費者：劉、關、張等三人（使用產品死傷的消費者）。

   (3)本案的客體：蠻牛飲料（商品）。

2. **法律問題解析**：本案的關鍵在於產品被千面人下毒，業者須不須負產品責任。

   (1)千面人的責任：千面人在本質上屬於犯罪行為，故應屬於刑事責任的範圍，刑法已增訂下列千面人條款（第191條之1）規定作為處理依據。

   ①對他人販售的食品下毒罪：處七年以下有期徒刑。

②將下毒食品混雜於他人販售的食品罪：處七年以下有期徒刑。

③加重結果罪：因而致人於死者，處無期徒刑或七年以上有期徒刑；致重傷者，處三年以上十年以下有期徒刑。

(2)千面人事件與產品責任：千面人事件屬於第三人行為的介入（事變責任），已超出消費者保護法規定產品責任（危險責任）應負責的範圍，故下列企業經營者原則上無需負產品責任。

①製造者：僅就其製造出來的產品，必須有設計、製造或指示瑕疵，因而造成消費者的損害，才須負產品責任。該產品如經他人介入造成有瑕疵，例如千面人對產品下毒的行為，並不在原製造者應負的產品責任範圍內。

②經銷者：僅就其經銷的產品，發生經銷行為的過失，例如賣過期產品等，因而所造成消費者的損害，才須負產品責任。該產品如經他人介入造成有瑕疵，例如千面人對產品下毒的行為，亦不在原經銷者應負的產品責任範圍內，原則上經銷者對此不必負責；不過，被下毒的該產品如果已有具體明顯的瑕疵，例如在瓶子上貼有「有毒，勿喝」警告字語出現，經銷商在販賣或結帳時仍疏於注意，即為有過失，應負經銷者損害賠償的產品責任。

(3)本案產銷業者原則上無需負產品責任：本案蠻牛飲料本無瑕疵，主要係因千面人意圖向製造者勒索，而在保力達公司的產品內下毒，屬於第三人犯罪行為的介入，才造成該產品有瑕疵，已超出消費者保護法產品責任應負責任的範圍，故原有的製造者保力達公司及經銷者Ａ便利商店，原則上均無需負產品責任。但如果經銷者對於該產品的明顯瑕疵疏於注意，仍應負產品責任。

結論：千面人事件不屬於產品責任的負責範圍，本案保力達公司及Ａ便利商店原則上本無須對此負產品責任，惟因千面人在瓶子上貼有「有毒，勿喝」警告字語，經銷商Ａ便利商店竟然在結帳時仍然疏於注意，已明顯違反其應行注意的義務，故法院判決經銷者應負十分之七的過失責任，應賠償受害人新台幣壹佰零伍萬伍仟捌佰貳拾貳元。

補充說明——千面人事件。

1. **千面人事件屬於事變責任**：消費者保護法第7條無過失的產品責任規定，並非結果責任，而是一種危險責任，必須該產品有設計、製造或指示上的瑕疵，致消費者使用上受害，製造業者才須負產品責任，如果純粹係因外力的介入（第三人之行為）所致，例如千面人對產品下毒的行為，造成原本無瑕疵的產品變成有瑕疵，屬於一種事變責任，已超出消費者保護法製造者產品責任（危險責任）應負責的範圍。

2. **製造者對千面人事件仍應有必要的配套措施**：千面人事件雖已超出消費者保護法規定製造者應負產品責任（危險責任）的範圍，惟為確保消費安全，產品製造業者仍應符合下列任一要件，才可據以免除其消費者保護法上的製造者產品責任。

(1)產品製造者在消費者受害前，並未知悉其產品受到他人不當的介入（如下毒等）：此項條件應限於千面人並未事先警告的情形，由於製造業者並未知悉產品已變成有瑕疵的可能，無法事先加以必要的防範，如仍要求製造業者負無過失的製造者產品責任，確實不太公平，此時應回復民法規定的故意或過失的責任。

(2)產品製造業者已知悉其產品受到他人不當的介入訊息，並已採取必要的安全措施：產品製造業者在千面人事先警告後，即應採取必要的安全措施（例如依消費者保護法第10

條自動回收，或附具必要的警告標示說明等），以確保消費者對該產品的使用安全，如果製造業者怠於或未能採取必要的防範安全措施，對於千面人下毒導致消費者的受害，仍應負消費者保護法上的製造者產品責任。

3. **消費者應有正確消費理念**：真正最能保護消費者權益的還是消費者自己。本案消費者如果能力行行政院消保會（現改為行政院消保處）推動的消費者三不運動（危險公共場所不去、標示不全產品不買、問題食品藥品不吃），就不會發生類似的不幸事件。因此，本案法院認定消費者應自負十分之三的過失責任，所以自己消費的權益，由自己來保護，才是保障的最有效方式。

參考條文──與本案有關的相關法條。

1. **刑法**：第191條之1（毒化飲食物品罪）。

2. **消費者保護法**：第7條（製造者的產品責任）、第7條之1（製造者產品無瑕疵的舉證責任）。

3. **消費者保護法施行細則**：第5條（產品無瑕疵的認定標準）。

第五章

與產品責任有關的其他規定

十九、產品如造成消費者受害，與該產品有關的所有產銷業者應負連帶責任。

【案例】新莊「博士的家」因921大地震倒塌案
民國88年9月21日台灣地區發生高達7.3級規模的大地震，造成全台地區嚴重損害，其中座落在台北縣新莊市（現為新北市新莊區）民安路12層大樓的「博士的家」，即因此大地震而倒塌，結果造成32人死亡、121人受傷的不幸事件。

基本解析——產銷有關的各個業者，對最終產品均負連帶的產品責任。

1.**法律關係解析**：本案主要涉及消費安全問題，故屬於使用上的消費關係。

　(1)本案的企業經營者：「博士的家」的建築師（設計者）、營建公司（製造者）、經銷公司（經銷者）。

　(2)本案的消費者：受害的消費者（「博士的家」的住戶及其他因使用而受害的消費者）。

　(3)本案的客體：房屋（商品）。

2.**法律問題解析**：本案的關鍵在於應負產品責任的業者，範圍有多大。

　(1)連帶責任：民事的責任，除了下列例外情形，原則上係採

取「自己責任，自己負擔」的規定辦理。

①法定的連帶責任：例如民法第681條的合夥人對於合夥的債務應負連帶責任、第746條的共同保證的連帶責任等，均係以法律明文規定，即為法定的連帶責任。

②約定的連帶責任：例如在保證契約內約定保證人應與主債務人負連帶責任、在運送契約內約定不同的運送人應負連帶責任等，均係以契約特別約定，即為約定的連帶責任。

(2)消費者保護法規定的連帶責任：依照消費者保護法規定，從事設計、生產、製造商品或提供服務的企業經營者及其經銷者，對該瑕疵的產品造成消費者損害時，應負連帶的損害賠償責任。例如房屋係建來供人居住使用，如果有瑕疵（例如不耐震），導致居住或使用該瑕疵屋而受害的消費者，與該瑕疵屋從設計、製造到經銷過程的所有有關的企業經營者，均應負連帶損害賠償責任，以確保居住安全。

①連帶責任的責任主體：所有與該產品產銷有關的企業經營者。以本案房屋為例，該房屋的設計者（建築師）、製造者（營造公司或建設公司等）、經銷者（建設公司或房屋仲介公司等），均包括在內。

②連帶責任的權利主體：所有與該產品使用有關的受害消費者。以本案為例，該房屋的屋主（所有人）、家人、傭人、朋友等，只要有使用該房屋且因而受害的消費者，均包括在內。

(3)本案相關業者應負連帶責任：本案房屋是買來居住使用，結果因有瑕疵（不耐震）造成房屋倒塌及多人死傷事件，與該瑕疵屋有關的業者，依照消費者保護法規定，應對使用受害的消費者負連帶損害賠償責任。

<u>結論</u>：本案因「博士的家」倒塌而受害的消費者，可以依照消費者保護法規定，向「博士的家」的建築師（設計者）、營建公司（製造者）、經銷公司（經銷者）等業者，請求連帶損害賠償責任。

<u>補充說明</u>——連帶責任。

1. **連帶責任**：所謂連帶責任，係指多數債務人對債權人應連帶負損害賠償責任，因此，債權人可以選擇對全體債務人求償方式辦理，亦可選擇僅向其中一位債務人求償方式辦理，均無不可。消費者保護法有關連帶責任的規定，旨在保障受害消費者求償權的落實。在此要特別說明的是，其中如有應負最後責任的業者，其他依連帶責任賠償的業者，對該應負最後責任的業者有求償權。

2. **連帶責任有法定與約定兩種**：民事責任，除法律有特別規定外，原則上以個別責任為原則。其中所謂的法律，主要即為民法。依民法第272條第2項規定，連帶債務的成立，除當事人明示（約定連帶責任）外，以法律有明文規定（法定連帶責任）為限（如附表）。消費者保護法所規定的連帶責任，屬於一種法定連帶責任。

連 帶 責 任 表				
名稱	依據	類型		主 體 範 圍	方式
個別責任	法律或契約未特別規定時	一般行為責任		個別行為人（債權人及債務人）	自行負責
連帶責任	須法律有明文規定	法定連帶責任	法定連帶債權	連帶債權人	連帶負責
			法定連帶債務	連帶債務人	
	須契約有明文訂定	約定連帶責任	約定連帶債權	連帶債權人	連帶負責
			約定連帶債務	連帶債務人	

——與本案有關的相關法條。

1. **民法**：第272條第2項（連帶債務）、第681條（合夥人的連帶責任）、第746條（共同保證的連帶責任）。

2. **消費者保護法**：第7條第3項（製造者的連帶責任）、第8條第1項（經銷者的連帶責任）。

3. **預售屋買賣契約書範本暨應記載及不得記載事項。**

二十、對於有消費安全之虞的瑕疵產品，業者應負回收責任。

┌─────────────────────────────────┐
【案例】一口果凍回收案

曾經造成多起幼童食用喪命的一口果凍，雖經歐盟、美國及加拿大已於2002年全面禁售，但 A 果凍公司仍繼續在中國大陸販賣一口果凍產品，於94年3月15日再度造成上海一個一歲七個月大孫姓女孩，不慎把整個果凍吸入氣管窒息死亡的悲劇。我國果凍業者即為此開會通過自律公約，並同意自94年4月1日起全面回收市面上每個3.1公分以下的小果凍，希望可以避免相關意外再次發生。
└─────────────────────────────────┘

基本解析——業者對有瑕疵的產品應負回收責任。

1. **法律關係解析**：本案主要涉及消費安全問題，故屬於使用上的消費關係。

   (1)本案的企業經營者：A 果凍公司（製造販賣果凍的製造者）。

   (2)本案的消費者：孫姓女孩（食用果凍受害的消費者，由其父母親代位行使其權利）。

   (3)本案的客體：一口果凍（商品）。

2. **法律問題解析**：本案的關鍵在於一口果凍到底有什麼瑕疵。

依據消費者保護法規定，產品（一口果凍）必須有瑕疵，業者才須負產品責任；同時為避免類似損害情形的再次發生，業者並負有該瑕疵產品的回收責任。

(1)本案在指示上並無瑕疵：由於一口果凍產品在產品包裝上，已依法使用中文為下列法定的標示說明，故原則上並無指示瑕疵存在。

　①一般標示說明：在所有產品的包裝（包括單個果凍的最小單位包裝）上，已依法標示有關產品的成分及期限等的一般標示說明。

　②警告標示說明：在包裝上標示的使用方法內容，已附加特別警語，說明小朋友或老年人使用時不要一口吞食，應先行弄碎再分次或分批進食，以免發生噎到危險的警告標示說明。

　③緊急危險的處理方法：在包裝上並且附加標示，萬一使用時不慎發生噎到的情形時，應立即使用哈姆立克急救法的處理方法（採圖文並茂的方式標示說明），以有效避免損害的發生或擴大。

(2)本案在製造上亦無瑕疵：由於一口果凍所發生的損害，並非具有像食物中毒、食物摻雜異物等屬於產品製造瑕疵方面的問題，換句話說，經與其他正常的一口果凍比較後，該發生意外的一口果凍並不是脫線產品，故原則上並無製造瑕疵存在。

(3)本案應屬設計上的瑕疵：一口果凍與一般果凍最大的不同，在於其大小的「設計」。一般的果凍屬於「大型」的設計，消費者在使用時，無法一口吞食，必須分次小口使用，並且細嚼慢嚥，如果發生噎到情形，絕大部分是消費者的不當使用（大口吞食）所致，所以在設計上並無問題；反觀「一口」果凍的設計，主要在訴求使用人一口吞

食的快感，卻又讓人不易吞嚥，以致時常會發生噎到情形，可將之歸類為設計不當的「設計瑕疵」，故應負產品責任。

結論：本案一口果凍屬於「設計瑕疵」的產品，A 果凍公司（設計製造者）對孫姓女孩（受害的消費者）應負損害賠償責任；另為避免類似損害情形的再次發生，A果凍公司及所有製造此種設計不當的果凍業者，應依法將有瑕疵的產品予以回收，不得再於市面上販售。

補充說明——回收責任。

1. **回收責任的立法目的**：為避免損害的發生或擴大，消費者保護法第10條明定，企業經營者對於有危險的商品或服務，應即回收或停止其服務等必要的處理。且該條所規定企業經營者就危險商品或服務的回收義務，不以實際損害發生為必要，只要認定有發生危險的可能者，業者就應負回收責任。

2. **回收的原因**：主要有下列自動回收與命令回收二種。

   (1)自動回收：規定於消費者保護法第10條。企業經營者在發現所提供的商品或服務，對消費者有發生損害的可能或已經發生實際損害時，應主動（即自動）回收其商品或服務，例如每年各種品牌的汽車均會視需要，自動辦理所謂的召回檢修工作，以避免損害的發生或擴大，即屬自動回收。

   (2)命令回收：規定於消費者保護法第36條至第38條。對於企業經營者所提供的商品或服務，在企業經營者發生應主動回收而不回收時，例如香華天產品標示有問題，業者並無意願自動回收，而由衛生主管機關命令其回收；或是主管機關認為事態嚴重應馬上辦理回收者，例如主管機關證實某些食品含有塑化劑時，即命令業者回收其相關產品。

3. **瑕疵產品回收後之處置方式**：主要有下列二種。

(1)限期改善：主管機關確認企業經營者所提供的商品或服務雖有瑕疵，但該瑕疵在技術上屬於有改善的可能時，主管機關即可對該企業經營者為回收並限期改善的處分。

(2)銷燬：企業經營者所提供的商品或服務難以改善，或並無改善的可能，或改善所需經費過於龐大，或進行改善並無實益者，主管機關應命其回收，而該回收的商品如仍有危險存在時，主管機關並應命其銷燬。

參考條文——與本案有關的相關法條。

1. **消費者保護法**：第10條（瑕疵產品的自動回收責任）、第36條至第38條（瑕疵產品的命令回收）。

2. **消費者保護法施行細則**：第32條至第34條（命令回收的方式、期限及報備）。

廿一、企業經營者的產品責任，不得事先限制或免除。

【案例】飛行傘意外死亡案

民國93年8月8日一名剛國中畢業的王姓少年在屏東三地門鄉賽嘉航空公園，因好奇參加Ａ飛行傘教練帶飛活動，並與其簽下保險以及一切責任自負的切結書，結果疑因懼高及極度緊張，在降落時不斷掙扎，不幸從約30公尺的五層樓高度，倒栽蔥頭下腳上直摔落地面，當場死亡，為國內首次雙人飛行傘摔死人事件。

基本解析——業者有關產品責任預先減免的規定，無效。

1. **法律關係解析**：本案主要涉及消費安全問題，故屬於使用上的消費關係。

(1)本案的企業經營者：Ａ飛行傘教練（提供飛行傘教練服務的製造者）。

(2)本案的消費者：王姓少年（接受飛行傘教練服務而受害的消費者，由其父母親代位行使其權利）。

(3)本案的客體：飛行傘教練帶飛活動（服務）。

2. **法律問題解析**：本案的關鍵在於業者的產品責任，可不可以事先予以排除或減輕。

(1)產品責任不得事先減免：為確保消費者安全，避免企業經營者以定型化契約條款方式，不當事先減免其依法應負的產品責任，故消費者保護法第10條之1特別規定產品責任不得事先減免，這是法律特別強制禁止的規定。

(2)本案下列有關違反法律強制禁止規定的行為：無效。

　①事先減免產品責任的行為：如果違反法律的強制禁止規定，依民法第71條規定，該違反行為將會發生「無效」的效果。本案所簽的「一切責任自負的切結書」，即為違反前述消費者保護法的強制禁止規定，該切結書有關事先減免產品責任的約定，無效。

　②未成年人的契約行為：未滿20歲尚未結婚的未成年人，並未具有完全行為能力，為保障其權利，民法第79條特別規定其所為的契約行為，必須事先得到其父母親或其他法定代理人的允許，或是事後得到其承認，才能發生一定的法律效果，否則還是無效。本案王姓少年所簽的切結書，並未事先得到允許或事後承認，故亦為無效。

(3)本案業者應負產品責任：本案企業經營者Ａ飛行傘教練，與王姓少年所簽一切責任自負的切結書，因王姓少年為限制行為能力人，該切結書未得王姓少年的父母親事前允許或事後承認，該切結書應屬無效；或是該切結書即使得到其父母親的事前允許或事後承認，但其中有關產品責任事先減免的約定，仍然無效。因此，Ａ飛行傘教練應對受害的王姓少年負損害賠償責任。

結論：本案受害消費者王姓少年的法定代理人，可以依照消費者保護法規定，向 A 飛行傘教練請求損害賠償。

補充說明——產品責任不得預先減輕或免除。

1.**企業經營者應負的產品責任**：其類型如附表。

消費者保護法規定產品責任類型架構表				
類型	權利主體	責任主體	責任事由	責任原則	其他責任
製造者責任	(1)消費者 (2)第三人	(1)產品的設計者 (2)產品的生產、製造或提供者	(1)產品本身上的瑕疵（即設計或製造瑕疵）責任 (2)產品指示上的瑕疵責任	無過失責任	(1)連帶賠償責任 (2)回收責任
		(3)產品改裝、分裝或變更服務的業者	變更產品包裝或服務（視同新製造者）所致的瑕疵責任		
經銷者責任	(1)消費者 (2)第三人	(1)產品的經銷商 (2)產品的中間商 (3)產品的零售商	對損害的防免，未盡相當的注意義務（舉證責任的倒置）	中間責任	(1)連帶賠償責任 (2)回收責任
輸入者責任	(1)消費者 (2)第三人	(1)國外產品的代理商 (2)平行輸入的經銷商或零售商	輸入產品（輸入行為視同製造行為）有關的瑕疵責任	無過失責任	(1)連帶賠償責任 (2)回收責任

2.**產品責任不得事先減免規定的立法理由**：違反下列法律強制禁止規定者，無效。

(1)民法第222條規定：故意或重大過失之責任，不得預先免除。如有預先免除的約定者，該約定無效。

(2)依消費者保護法第10條之1規定，企業經營者有關產品損害賠償責任不得在損害發生前，即預先與消費者約定，要求消費者限制或拋棄其應有的損害賠償請求權，以免消費者求償權益受到不當的剝奪。如有此種事前約定，無論係以何種方式（口頭或書面或定型化契約條款）為之，該約定將因違反法律禁止規定而無效；惟如係在發生損害事件後，因為某種原因（如同情或宥恕）而與業者作此約定者，則不在此限，該事後的約定仍屬有效。

參考條文──與本案有關的相關法條。

1. 民法：第71條（違反強行規定的效力）、第79條（限制行為能力人契約行為的效力）、第222條（責任預免的限制）。

2. 消費者保護法：第10條之1（產品責任的強制性）。

廿二、業者應投保產品責任保險，以分散經營風險及確保消費者求償權。

┌─────────────────────────────────┐
【案例】意大利快鍋責任保險案

A 國內廠商進口法國 B 知名品牌快鍋銷售，經銷時在廣告上特別記載已向 C 保險公司為該產品投保1000萬元的產品責任保險，結果該快鍋竟然發生爆炸，造成使用的王姓家庭主婦二級灼傷，王女即依廣告請求1000萬理賠金。
└─────────────────────────────────┘

基本解析──業者應就其產品投保產品責任保險。

1. 法律關係解析：本案主要涉及消費安全問題，故屬於使用上的消費關係。

(1)本案的企業經營者：因消費者保護法為國內法，效力不及於Ｂ法國公司（快鍋的製造者）；故本案的企業經營者，主要為Ａ國內廠商（輸入販賣快鍋的輸入者）、Ｃ保險公司（承保快鍋意外保險的製造者）。

(2)本案的消費者：王姓家庭主婦。

(3)本案的客體：快鍋（產品）。

2.**法律問題解析**：本案的關鍵在於產品責任保險可以提供什麼樣的功能。另外，本案因與金融業務有關，故亦有金融消費者保護法的適用，併此敘明。

(1)產品責任保險：所謂產品責任保險，係指保險人（例如接受投保快鍋責任保險的Ｃ保險公司）在被保險人（例如輸入販賣快鍋的Ａ業者）對於第三人（例如使用快鍋的消費者王姓家庭主婦），依法應負賠償責任的請求時，由保險人負責賠償的一種保險，其性質應屬一種財產保險。其理賠金額主要有下列二種規定：

①產品理賠總額：保險公司在保險期間內對所有發生的產品事件，依保險契約應負的總賠償保險額。本案依保險契約的內容，係以1000萬元作為該快鍋產品在一年內發生的所有事件的理賠總額。

②個案理賠金額：保險公司在保險期間內對於發生的個案，依保險契約應負的理賠金額。本案依保險契約的內容，係以10萬元作為快鍋個案的理賠金額。

(2)本案企業經營者的責任：主要有下列二種。

①接受投保產品責任保險的保險業者：應依產品責任保險契約規定的內容負其責任，不能為任何的修改。契約的關係主體，一方為產品業者（投保人），另一方為保險公司（保險人），至於產品使用受害的消費者（被保險人），僅為保險契約效力所及的第三人而已。

②投保產品責任保險的企業經營者：希望以產品責任保險
　來分散其經營風險，可以提供消費者受害求償的更大保
　障，但是不能取代該產品業者依照消費者保護法規定所
　應負的產品責任。

(3)本案業者仍應負產品責任：產品責任保險，原則上應依契
　約規定的內容負其責任，但是如果產品業者在廣告上誇大
　其內容時，依消費者保護法規定，僅該產品業者負該不實
　廣告的責任。本案 A 業者如果故意向消費者以廣告保證，
　受害即可取得1000萬元的賠償時，結果 C 保險公司依保險
　契約雖僅支付10萬元，對於其餘不足的部分，A 業者即應
　負責加以補足。

結論：本案 C 保險公司對於受害的王姓家庭主婦，應依產品責
　　任保險契約規定，個案理賠新台幣10萬元；如果 A 快鍋販
　　售業者在廣告或標示上特別誇大說明凡是受害者均可獲得
　　1000萬元的理賠金額時，該快鍋業者即應負其餘不足額的賠
　　償責任。

補充說明——產品責任保險。

1. **投保產品責任保險**：當消費者因產品受害時，為確保消費損
　害能獲救濟，企業風險得以分散，產品責任保險至關重要。

(1)投保產品責任保險有其必要性：例如食品業者，無論是生
　產者或是經銷商，為轉嫁其提供食物發生食物中毒等事件
　責任風險，最適當的方式即為對該食品投保產品責任保
　險。因此，某些營業場所如餐廳、旅館、KTV、PUB、麵
　包店，乃至於托兒所、幼稚園與學校等，因其通常也有供
　應食物予顧客或學生，所以若該等處所有在保險公司投保
　公共意外責任保險時，也可以透過附加食物中毒責任保單
　的方式，轉嫁其於食物中毒事件中的責任風險。

(2)全面實施強制責任保險機制：經查目前在行業的責任保險

方面，除公共意外責任保險（不限行業類別）外，迄今僅有旅行業、食品業、幼稚園業等25種行業實施強制責任保險，仍有很大的進步空間。此外，新竹縣政府為其縣民投保意外保險，縣民如果發生車禍意外亦可請領，則屬另外一種責任保險機制。

2. **產品責任保險的目的**：主要目的有下列二種，此種機制並且是確保產品業者及消費者雙贏局面的重要制度。

(1)分散企業經營者的經營風險：使提供產品的企業經營者，不致因一次的事故意外，就須賠償高額的損害賠償金，造成其無力繼續經營下去的危險。

(2)確保消費者的損害賠償請求權：使因瑕疵產品受害的消費者，不致因產品提供的企業經營者，由於財力的不足，而得不到應有的損害賠償。

3. **產品責任保險的問題**：有關產品責任保險的標示，企業經營者由於下列標示文字不夠明確問題，消費者常受其誤導。

(1)本產品責任險1000萬：係指在一定期間內所有事件的總賠償保險額，並不是個別意外事件的賠償保險額。消費者在快鍋、熱水器、捕蚊燈等產品上面，都可能看過「本產品已經投保1千萬元產品責任險」的標誌，消費者如果因此以為使用該產品受到傷害，最多即可得到1000萬元的保障，即屬被業者誤導而形成誤解，惟此種情形非常普遍，亟應設法加以改進。

(2)單一事件的賠償金額：一般均另有其一定的賠償上限金額規定，只是不常在廣告或標示說明中予以顯示出來。一般產品投保的責任保險，如果在產品上面看到超過300萬元的保額，原則上係指該業者標示的是所謂的「累計賠償金額」，而不是單一事件的賠償上限金額，消費者千萬不要受此誤導的標示文字而產生誤解。事實上單一事件的賠償

上限金額另有規定，通常均以10萬為其上限。

參考條文──與本案有關的相關法條。

1. **消費者保護**法：第7條（製造者的產品責任）、第7條之1（製造者產品無瑕疵的舉證責任）、第8條（經銷者的產品責任）、第9條（輸入者的產品責任）、第51條（懲罰性賠償金）。

2. **消費者保護法施行細則**：第5條（產品無瑕疵的認定標準）。

3. **保險法**。

4. **金融消費者保護法**。

參、定型化契約

《 重 點 提 要 》

一、契約的類型：

　(一)一般契約：全部使用個別磋商條款的契約。

　(二)定型化契約：含有定型化契約條款的契約。

二、定型化契約條款：

　(一)定義：由業者單方預先擬定的契約條款。

　(二)形式：不限於書面，其以放映字幕、張貼、牌示、
　　網際網路、或其他方法表示者，亦屬之。

三、定型化契約的立法規制：

　(一)審閱階段：簽約前，應給消費者合理審閱期間。

　(二)效力階段：簽約後，如有違反法律強制禁止規定、
　　違反誠信公平原則、異常條款等，無效。

　(三)解釋階段：有疑義，應為有利於消費者的解釋。

四、定型化契約的行政規制：行政院（消保處）

　　網址：www.cpc.ey.gov.tw。

　(一)查核：個案導正。

　(二)研訂契約範本：行政指導性質，僅供參考（94 種
　　範本）。

　(三)公告應記載或不得記載事項：行政法規性質，有逕
　　行變更契約內容的強制拘束力（50 種公告）。

　(四)履約保險（或保證）機制：可以有效保證契約的履行。

五、損害賠償責任：可請求實際損失及懲罰性賠償金。

　(一)故意：三倍以下的懲罰性賠償金。

　(二)過失：一倍以下的懲罰性賠償金。

　(三)無過失：無懲罰性賠償金。

第一章

一般契約與定型化契約

一、消費者在日常生活上的行為，通常均須簽訂契約。

> **【案例】書店買書成立「買賣契約」案**
> 許同學今年考取台北市某國立大學，甚為高興。希望將來開學時功課表現優異，於是前往台北市重慶南路Ａ書局，花了1000元買了兩本相關參考書籍，回家後才發現其中一本書有缺頁。

基本解析——要約與承諾一致，即成立契約。

1. **法律關係解析**：本案主要涉及消費公平問題，故屬於契約上的消費關係。
   - (1)本案的企業經營者：Ａ書局（販賣書籍的經銷者）。
   - (2)本案的消費者：許同學（購買書籍的消費者，本案許同學有完全行為能力）。
   - (3)本案的客體：書籍（商品）。
   - (4)契約類型：可能為一般契約（沒有定型化契約條款的契約）或定型化契約（含有定型化契約條款的契約，詳見下一題的補充說明）。

2. **法律問題解析**：本案的關鍵在於書籍的買賣行為，有無成立契約。
   - (1)契約：在我們日常生活上，只要是二個人相互所為任何的交易行為，均會成立「契約」，而有法律有關契約規定的

適用。

①契約的要素：契約必須有二個要素，即「要約」與「承諾」。其中先表示的意思，為「要約」，後表示的意思，為「承諾」。本案係由許同學先為買書的「要約」，而由 A 書局為同意賣書的「承諾」。

②契約的形式：契約不必作成書面。依照民法第153條規定，只要雙方互相表示意思一致，契約即為成立，原則上無需作成書面。本案在許同學買書的「要約」與 A 書局賣書的「承諾」表示一致時，即已成立口頭的買賣契約。

(2)本案為有效的契約行為：依照民法第77條規定，原則上未成年的限制行為能力人的法律行為，應得到其法定代理人的允許，但為避免影響其生活上的方便需要，如係符合其年齡及身分，日常生活所必需者，則有完全行為能力。本案許同學買參考書籍的行為，即無須得到其法定代理人的允許。

(3)本案業者應負瑕疵擔保責任：出賣人對於所銷售的產品，依照民法規定應保證該產品無瑕疵，否則應負法定的瑕疵擔保責任。本案書籍有缺頁，屬於瑕疵的範圍，許同學可以先向 A 書局要求換書（換無缺頁的新書）；如果該書整批都有缺頁，即可要求退書（不買，要求退費）。

結論：本案許同學與 A 書局間成立書籍買賣契約的消費關係，由於書籍有缺頁的瑕疵，故許同學可依法向 A 書局請求更換一本無缺頁的新書。

補充說明——契約。

1. **契約成立方式**：主要有口頭與書面兩種。基於契約自由原則，對於契約的成立方式，除非法律有特別規定或當事人有特別約定須作成書面外，原則上均以口頭約定即可成立契

約。

(1)口頭契約：僅有口頭約定即可成立者，即為口頭契約。

(2)書面契約：除了口頭約定以外，尚須作成書面者，即為書面契約。

2. **契約的要件**：包括要約與承諾二個要件。

(1)要約：係一方當事人以訂立契約為目的，而喚起相對人承諾的一種意思表示。要約有法律上的拘束力，故不可隨意為要約的意思表示。

(2)承諾：係相對人回覆要約人的要約，所為同意照要約內容成立契約的一種意思表示。承諾亦有法律上的拘束力，故不可隨意為承諾的意思表示。

3. **有關契約的要素、主體、方式、名稱及原則，爰列表說明如下：**

契約分析表														
要素		主體		方式			名稱		契約自由原則					
要約：先提出的意思表示	承諾：同意要約的意思表示	要約人：先提出意思表示的人	承諾人：同意要約的人	口頭契約：僅以口頭作成的契約	書面契約：以書面作成的契約	準書面契約：以具有書面效果的方式作成	有名契約：屬於民法規定買賣等有名字的契約	無名契約：屬於民法規定買賣等以外沒有名字的契約	締約與否自由原則	契約內容自由原則	締約對象自由原則	契約變更自由原則	契約方式自由原則

——與本案有關的相關法條。

1. **民法**：第77條（未成年人的法律行為）、第153條至第163條（契約）、第345條（買賣契約）、第359條至第368條（物的瑕疵擔保責任）。

2. **消費者保護法**：與契約消費關係有關的所有條文（產品責任、定型化契約、特種買賣、消費資訊之規範等）。

二、現在社會上所用的契約，絕大部分是定型化契約。

> 【案例】銀行櫃台的「銀錢當面點清，離櫃概不負責」條款案
>
> 王先生在台北市Ａ銀行開戶存款。某日為應付兒子大學開學需要，前往該銀行提款新台幣10萬元，回到家才發現所領的款項竟然只有99張千元大鈔。王先生於是前往該銀行理論，結果該銀行以其服務櫃台上的「銀錢當面點清，離櫃概不負責」條款，作為不必負責的理由。

基本解析——我們是生活在定型化契約條款的社會。

1. **法律關係解析**：本案主要涉及消費公平問題，故屬於契約上的消費關係。

   (1)本案的企業經營者：Ａ銀行（提供金融服務的製造者）。

   (2)本案的消費者：：王先生（接受金融服務的消費者）。

   (3)本案的客體：存提款的金融服務（服務）。

   (4)契約類型：定型化契約（本案存提款服務契約含有定型化契約條款）。

2. **法律問題解析**：本案的關鍵在於定型化契約條款，會發生何種法律效力。另外，本案因與銀行業務有關，故亦有金融消費者保護法的適用，併此敘明。

(1)定型化契約：凡有「定型化契約條款」的契約，均屬於定型化契約；所以定型化契約在本質上也是一種契約，並廣被使用，已成為現代社會交易的主要型態。本案「銀錢當面點清，離櫃概不負責」為定型化契約條款，故A銀行的存提款契約屬於定型化契約。

(2)定型化契約條款：凡是由業者單方面事先擬定契約條款的內容，且不允許消費者作任何修改的契約條款，即為定型化契約條款。本案「銀錢當面點清，離櫃概不負責」條款，屬於A銀行事先擬定並不允許消費者修改，故為定型化契約條款。

(3)本案的定型化契約條款，該條款基於下列理由，原則上應屬公平合理：

①銀行應負領款數額正確的責任：領款數額不正確，例如短領數額時，銀行有義務補足不夠的數額；溢領數額時，銀行有權利予以取回多餘的數額。本案的定型化契約條款並未排除A銀行應負的責任。

②不正確數額的認定應具有公信力：本案A銀行的定型化契約條款，限以雙方當面點清的方式處理，因尚有一定的公信力存在，所以在未建立其他更有公信力的機制，以及消費者無法提出其他明確證據的時候，原則上應屬可以接受。

結論：本案王先生與A銀行間成立存提款服務契約的消費關係，雖然提領數額不足（少1張千元大鈔），但因A銀行已訂有「銀錢當面點清，離櫃概不負責」的定型化契約條款，除非王先生另有明確證據，否則A銀行即可依該條款規定不必負責。

補充說明——定型化契約條款。

1. **定型化契約條款的社會**：定型化契約係現代大量交易型態下

的產物，目前各行各業使用定型化契約的情形日益普遍，儼然已成為現代交易的基本型態。

(1)定型化契約：凡以「定型化契約條款」作為契約的全部或一部內容，因而所訂立的契約，均稱為定型化契約。

(2)定型化契約條款：凡由契約當事人一方預先擬定作為交易使用的契約條款，均稱為定型化契約條款，包括擬定契約的當事人並非企業經營者，或締約的當事人並非消費者在內，均有其適用，其類型約有①消費類定型化契約、②商業類定型化契約、③其他類定型化契約等三種。

2.**消費者保護法有關定型化契約的規定**：旨在保障消費者的消費公平權益。

(1)適用範圍：原則上僅適用於消費類的定型化契約。不過，消費者保護法及其施行細則關於定型化契約的規定，係屬定型化契約條款的一般原理原則，即使是商業類定型化契約條款，在民法相關規定不足時，亦可作為法理來適用。

(2)定型化契約條款存在型式：定型化契約條款不限於書面，包括放映字幕、張貼、牌示、網際網路、或其他方法等表示型式者在內。例如：價目表、節目單、跑馬燈、字幕、告示牌、看板、時價、注意事項、車票、收據、廣告汽球、廣告傳單、名片等，均屬於定型化契約條款。

(3)定型化契約條款的表現方式：主要有下列二種情形。

①原則：定型化契約條款的所有內容，應規定於定型化契約內，並併同契約書交給消費者。

②例外：例如洗衣店所訂的定型化契約條款中，記載「衣服若因洗染致發生瑕疵，其賠償金額依照洗染公會所訂之『賠償要點』之規定辦理」，此「賠償要點」即屬「引入」條款，依照消費者保護法規定，經消費者的要求，洗衣店須將「賠償要點」交付影本給消費者，或列

為契約的附件，並經消費者同意受其拘束，該「賠償要點」始構成契約的內容。

參考條文──與本案有關的相關法條。

1. **消費者保護法**：第2條（定型化契約及定型化契約條款的定義）、第11條至第17條（定型化契約）。
2. **消費者保護法施行細則**：第12條至第15條（定型化契約）。
3. **民法**：第247條之1（附合契約）。
4. **金融消費者保護法**。
5. **活期（儲蓄）存款契約附屬金融卡定型化約款範本暨應記載及不得記載事項**。

三、透過網路交易的契約，屬於定型化契約。

【案例】王先生透過「網路」購買蟠龍花瓶案

王先生在 e bay 網站看到一只標價百萬的蟠龍花瓶，甚為中意，以為是真品，準備買來作為客廳擺飾使用，於是向出賣人A先生購買並送請專家鑑定，結果發現該只花瓶係屬複製品，市價僅值數千元，因而引發糾紛。

基本解析──網路交易契約，均屬定型化契約。

1. **法律關係解析**：本案主要涉及契約公平問題，故屬於契約上的法律關係。
   (1)本案的賣方：A先生（出售蟠龍花瓶的人，不一定是消費者保護法上的企業經營者）。
   (2)本案的買方：王先生（購買蟠龍花瓶的消費者）。
   (3)本案的客體：蟠龍花瓶（商品）。
   (4)契約類型：定型化契約（本案網路交易契約含有定型化契約條款）。

2. **法律問題解析**：本案的關鍵在於網路交易契約，有何特性。

(1)網路交易契約：不一定是消費關係。消費關係必須由企業經營者與消費者二種主體構成，惟本案蟠龍花瓶的出賣人，不一定是以經營古董為業的企業經營者，故因網路交易所生的法律關係，不一定是消費關係。

(2)網路交易契約的條款：均屬定型化契約。消費者對賣方在網路上的條款，只能選擇接受或拒絕，不能對其中內容加以修改，故屬定型化契約。本案因網路交易所成立的契約，為定型化契約。

(3)本案可能適用不同的法律：本案可能成立下列不同的法律關係。

①一般法律關係：本案雖然買受人王先生是消費者，但是如果出賣人不是以經營古董為業的企業經營者，仍屬一般買賣的法律關係，僅能適用民法規定。

②消費法律關係：本案雖然買受人王先生是消費者，但是出賣人必須是以經營古董為業的企業經營者，才是消費關係，才能適用消費者保護法規定。

結論：本案王先生是消費者，如果 A 先生是企業經營者，即為消費關係，而有消費者保護法的適用；如果 A 先生不是企業經營者，則為一般法律關係，僅能適用民法的規定。

補充說明——網路交易契約。

1. **網路交易不一定是生活上的行為**：網路上的交易，事實上屬於買賣的型態，由於消費者保護法規定的消費，僅以「最終的消費」為限，而買賣的目的不一定符合「最終的消費」條件，故網路交易買賣不一定是消費（詳見壹、十一題的補充說明）。其原因為買的人不一定是消費者（Consumer，簡稱C）、賣的人不一定是企業經營者（Businessman，簡稱B），爰列表說明如次。

網路買賣關係與消費關係比較表

買賣關係主體	是否為消費關係	是否適用消保法
業者賣給業者（B2B）	否	否
業者賣給消費者（B2C）	是	是
消費者賣給業者（C2B）	否	否
消費者賣給消費者（C2C）	否	否

2. **網站包裹契約（web-wrap contract）**：網路世界早已經被各種定型化契約所佔領，絕大部分係以「網站包裹契約」方式出現。電子商店通常在網頁上預先載明契約的條款，消費者必須以滑鼠按下同意鍵後才能進入購物的網站。這些在網頁上的條款稱為網站包裹契約。因係用滑鼠加以點選，故又稱為點選條款（point/click agreement）。

3. **建立網路交易新秩序**：為確保網路交易消費者的消費公平權益，經濟部依消費者保護法第17條規定於99年06月21日公告「零售業等網路交易定型化契約應記載及不得記載事項（應記載事項十四點、不得記載事項八點）」，並訂於100年01月01日生效實施，俾作為建立網路交易新秩序的依據（詳見肆、七題）。

參考條文 —— 與本案有關的相關法條。

1. **消費者保護法**：第2條（消費者及企業經營者的定義）、第11條至第17條（定型化契約）。

2. **民法**：第247條之1（附合契約）。

3. **零售業等網路交易定型化契約應記載及不得記載事項**。

第二章

定型化契約的立法規制

四、定型化契約條款的內容，應符合平等互惠原則，力求公平合理。

> **【案例】南亞「海嘯事件」影響旅遊契約案**
> 黃先生原本想利用94年元旦假期，帶著一家四口前往泰國
> 普吉島渡假，為期5天，每人新台幣2萬5千元，共新台幣
> 10萬元，並已與 A 旅行社簽訂國外旅遊契約書。誰知在
> 93年12月26日南亞地區因8.9級強震引發巨大海嘯，造成
> 泰國普吉島等地區重大傷亡事件後，黃先生認為屆時前往
> 有危險，因而在93年12月29日與 A 旅行社連絡想解除契
> 約。

[基本解析]——天災人禍的原因，雙方均無需負契約責任。

1. **法律關係解析**：本案主要涉及消費公平問題，故屬於契約上的消費關係。

    (1)本案的企業經營者：A 旅行社（提供旅遊服務的製造者）。

    (2)本案的消費者：黃先生及其家人（購買旅遊服務的消費者）。

    (3)本案的客體：旅遊服務（服務）。

    (4)契約類型：定型化契約（本案旅遊契約含有定型化契約條款）。

2. **法律問題解析**：本案的關鍵在於契約的責任，應由何人負擔才算公平。

(1)一方有過失時：契約上的責任，應由有過失的一方負責。例如在簽訂旅遊契約後，消費者臨時因事無法成行，責任在消費者，旅行社即可加以扣款；或是旅行業者臨時因故無法出團，責任在旅行業者，旅行社即應賠償消費者的損失。

(2)雙方均無過失時：契約上的責任，雙方均不必負擔。例如在簽訂旅遊契約後，因為天災（如地震、海嘯等）人禍（如戰爭、疫病等）並非旅行社或消費者所造成的原因而無法成行，故依法雙方均不必互負損害賠償責任。本案係因地震海嘯所造成無法成行的原因，故屬於無過失情況，雙方均無需負責。

(3)本案契約的責任條款，應力求公平合理：為避免業者以定型化契約條款方式，不當減輕或免除業者自己應負的責任，或不當加重消費者責任的負擔，消費者保護法特別規定定型化契約條款不得違反平等互惠原則，否則無效。有關旅遊契約因天災人禍無法成行時，主管機關交通部已研訂發布國外旅遊契約書範本第28條之1規定，消費者僅須負擔旅遊費用5％扣款責任。

(4)國外旅遊警示分級表：外交部於93年3月30日訂頒「國外旅遊警示參考資訊指導原則」作為認定標準，並於98年7月8日修正，依程度將警示等級分成「灰色警示——提醒注意」、「黃色警示——特別注意旅遊安全並檢討應否前往」、「橙色警示——高度小心，避免非必要旅行」、「紅色警示——不宜前往」等四級，並視各國地區安全情勢需要，針對同一國家發布整體性及局部性之不同等級旅遊警示。凡是屬於紅色警示（出發前有客觀風險事由）地區者，適用國外旅遊契約書範本第28條規定解除契約；凡

是屬於橙色警示（出發前有法定原因）地區者，適用國外旅遊契約書範本第28條之1規定解除契約；凡是屬於黃色警示、灰色警示或未列入警示地區者，則適用國外旅遊契約書範本第27條規定解除契約。國外地區的具體警示內容，可上外交部領事事務局網站 www.boca.gov.tw 查詢。另外，行政院消保會（現改為行政院消保處）已要求行政院大陸委員會協調比照建立大陸地區旅遊警示分級機制，俾作為大陸旅遊處理的認定標準。

結論：本案黃先生有權要求解除旅遊契約，並依國外旅遊定型化契約書範本第28條之1規定，A旅行社僅能要求旅遊費用5％的扣款責任。

補充說明——契約責任的分擔原則。

1. **私法自治原則**：「契約」取代「法律」成為處理私人權益的遊戲規則，亦即「契約」具有類似法律規範，成為當事人間最高規範的效力，國家基於私法自治原則，應加以承認其具有一定的規範效力，當事人間一定要嚴格遵守。

2. **契約自由原則**：係私法自治原則最具體表現。定型化契約條款的存在，不但威脅到契約自由，甚至於是對契約自由的一種否定，所以如何促使定型化契約趨於公平，建立公平合理的消費環境，事實上就是保障消費者選擇權，及尊重消費者意見的一種具體實現。

3. **定型化契約條款規制的必要性**：定型化契約的根本問題，在於企業經營者經常利用其優越的經濟地位，訂定有利於己而不利於消費者的契約條款，造成雙方當事人地位不平等。定型化契約係現代大量交易型態下的產物，目前各行各業使用定型化契約的情形日益普遍，儼然已成為現代交易的基本型態。因此，為防範定型化契約的濫用，保障消費者實質的契約自由，的確有對於定型化契約條款加以規制檢討的必要，

來有效維護消費者權益。

參考條文——與本案有關的相關法條。

1. 消費者保護法：第11條至第17條（定型化契約）。

2. 消費者保護法施行細則：第12條至第15條（定型化契約）。

3. 國外旅遊定型化契約書範本：第27條、第28條、第28條之1。

4. 國外旅遊警示參考資訊指導原則。

五、定型化契約條款可能被業者濫用，而影響消費公平。

【案例】台鐵「火車誤點全賠」條款案

在台北市上班的吳先生，奉派須於100年9月25日代表公司前往台中參加當日14：00召開的重要會議。當日吳先生即搭乘12：00台北發車、13：30抵達台中火車站的自強號列車，誰知當日因火車號誌故障，該車遲至15：00始抵達台中火車站。

基本解析——業者有過失，就應負責任。

1. **法律關係解析**：本案主要涉及消費公平問題，故屬於契約上的消費關係。

(1)本案的企業經營者：台灣鐵路管理局（提供鐵路運送服務的製造者）。

(2)本案的消費者：吳先生（接受鐵路運送服務的消費者）。

(3)本案的客體：鐵路運送服務（服務）。

(4)契約類型：定型化契約（本案鐵路運送契約含有定型化契約條款）。

2. **法律問題解析**：本案的關鍵在於鐵路運送契約條款的內容，是否公平合理。

(1)鐵路誤點不補償條款：在民國86年5月1日制定公布「旅客

列車晚點賠償作業暫行要點」以前，對於誤點的旅客，均不賠償。此種定型化契約條款，對旅客消費者最不公平。

(2)鐵路誤點差額補償條款：民國86年5月1日制定公布「旅客列車晚點賠償作業暫行要點」第2點及第3點規定，持用對號以上車次的車票（含無座票），如果到站時間較時刻表延遲80分鐘以上者，旅客應於乘車日起15日內，於到達站辦理差價（減除普通車票價後所剩的差額）賠償。此種定型化契約條款，雖然已稍注意及旅客消費者的權益，但對消費者仍然不利。

(3)鐵路誤點全額補償條款：民國94年9月16日修正公布「旅客列車晚點賠償作業暫行要點」第2點及第3點規定，所有車次的車票（含無座票），如果到站時間較時刻表延遲80分鐘以上者，旅客應於乘車日起15日內，於到達站辦理票價全額賠償。雖較前進步，但80分鐘規定標準仍然太高。經行政院消保會（現改為行政院消保處）協調後，於民國99年1月12日修正公布「台灣鐵路管理局─車站旅運服務規約」玖之三「列車誤點賠償規定」：自100年7月16日起，所有對號列車指定車次的乘車票（含無座票），除不可抗力或旅客的過失所致外，如果到站時間較時刻表到達時間延遲45分鐘以上者，旅客應於乘車日起一年內至到達站（或各站）辦理票價全額賠償，必要時並得以郵寄方式辦理。惟此新的退費標準仍只適用搭對號列車旅客，不劃位的區間車和以電子票證搭車者皆不適用，仍有改進空間。

結論：本案台鐵火車延遲90分鐘始到達目的站，依「台灣鐵路管理局──車站旅運服務規約」玖之三「列車誤點賠償規定」，應對搭車的旅客負退還全額票價的賠償責任。

補充說明──定型化契約的問題所在。

定型化契約，其內容常因企業經營者假借契約自由名義，擅自加入一些不合理的定型化契約條款，變成經濟強者壓迫經濟弱者的工具。

1. **在契約構成要素方面**：由於定型化契約條款已剝奪消費者對內容磋商決定的自由，因而僅保有契約自由的形式，卻失去了契約自由的實質意義。

   (1)要約：定型化契約書（要約）的內容，係由業者一方所自行決定（非經由雙方協議所產生），由於契約書（要約）的內容已被業者單方面定型化，消費者就契約的內容，已喪失其原有的自由選擇權。

   (2)承諾：消費者就業者單方所預先研擬並自行決定的定型化契約書（要約）的條款內容，僅能予以同意或不同意的附合決定（承諾），而無修改契約書條款內容的權限，其承諾的內容已被限制，消費者僅有契約是否締結的決定權。

2. **在簽約地位方面**：定型化契約的根本問題，在於企業經營者經常利用其優越的經濟地位，訂定有利於己而不利於消費者的契約條款，造成雙方當事人地位不平等，這是一種締約過程的不公平，也就是程序上的不公平，其相關問題詳如附表。

定型化契約條款問題分析表	
問題	內容
不知——約款事先不讓消費者知道（無從主張）	(1)消費者不知定型化契約條款的存在：消費者在訂約時，企業經營者經常故意不讓消費者有審閱定型化契約的機會。 (2)常以異常條款方式存在：定型化契約條款過於冗長繁瑣，且常以極小的字體印刷，致消費者根本是視而不見。

不懂 ——消費者看不懂約款內容（過於專業）	(1)消費者不懂定型化契約條款的內容：定型化契約條款用語常因生澀艱深或過於專業化，導致消費者無法真正瞭解定型化契約條款的意義或重要性。 (2)業者對定型化契約條款疑義，基於本位主義所作的解釋，對消費者經常發生不利的情形。
不改 ——消費者對約款內容無討價還價權利（無磋商力）	(1)消費者僅有磋商權：消費者並無強制請求業者修改其定型化契約條款再為締約的權利；因為如果業者同意修改，該條款即變成個別磋商條款而非定型化契約條款。 (2)締約地位不平等：消費者即使瞭解定型化契約內容對其不公平，但因同種類商品或服務的提供者，均使用相同或類似內容條款，消費者祇有要不要簽約的自由，對於條款內容並無其他替代選擇權，消費者如欲獲取該商品或服務，結果仍不得不接受該不公平的條款。

參考條文——與本案有關的相關法條。

1. **消費者保護法**：第11條至第17條（定型化契約）。
2. **消費者保護法施行細則**：第12條至第15條（定型化契約）。
3. **民法**：第654條（旅客運送）。
4. **鐵路法**：第46條（鐵路運送契約責任）、台灣鐵路管理局——車站旅運服務規約。

六、為確保消費公平，定型化契約條款應事先讓消費者有看到的機會。

【案例】北埔餐廳「500元菜脯蛋」案

張三利用星期六假日一早帶著家人前往新竹北埔遊玩，中午時分在北埔Ａ餐廳用餐，點了一盤菜脯蛋及其他富有地方特色的菜餚，餐畢付帳時，餐廳老板始告知那盤菜脯蛋要價新台幣500元。

——不知條款內容，即不必負其責任。

1. **法律關係解析**：本案主要涉及消費公平問題，故屬於契約上的消費關係。

   (1)本案的企業經營者：A 餐廳（提供餐飲服務的製造者）。

   (2)本案的消費者：張三（由張三付帳，故張三的家人並非購買的消費者）。

   (3)本案的客體：餐飲服務（商品及服務）。

   (4)契約類型：定型化契約（本案餐飲服務契約含有定型化契約條款）。

2. **法律問題解析**：本案的關鍵在於餐廳的「價目表」，發生何種法律效力。

   (1)「價目表」的性質：一般人均將「價目表」認屬標示說明性質，事實上該價目表所列事項因係由業者預先擬定，如又不給消費者討價還價空間，該「價目表」將因而成為定型化契約條款，例如本案餐廳業者並不允許消費者就菜脯蛋價錢予以修正，所以可以適用相關定型化契約的規定。

   (2)本案無「價目表」時：定型化契約條款消費者如果事先知道，尚可依其內容是否公平合理，決定要不要成立買賣契約的自由，否則依消費者保護法規定該條款將不算入契約內容。本案如果餐廳並無「價目表」，而且消費者事先並不知道菜脯蛋的價格，用餐後業者單方強制要求（定型化契約條款）消費者應付500元，形同敲竹槓，即屬於此種視同不存在的定型化契約條款。

   (3)本案有「價目表」時：定型化契約條款如屬異常條款時，因異常條款可能引發對消費者不公平不合理的結果，依消費者保護法規定仍將歸於無效。本案如果餐廳有價目表，該價目表內的「菜脯蛋」項目，必須以不同的字體或顏色加以彰顯，並附加特別價格的必要理由說明（例如係以駝

鳥蛋為材料），經消費者瞭解並表示同意後，該項目才脫離異常條款的範圍，此時餐廳業者才能向該名消費者收取500元。

結論：本案該餐廳的「價目表」可認定屬於定型化契約條款。

(1)如果該餐廳並無公告的「價目表」，並未讓消費者事先知道的機會，事後才主張菜脯蛋一盤500元的要價（定型化契約條款），不能算數。

(2)如果該餐廳有公告的「價目表」，仍應在非屬異常條款的情形下，才可以向消費者請求500元的要價。

補充說明——消費者契約自由的保障。

為保障消費者的契約自由，消費者保護法特別規定，定型化契約條款必須經過一個明示的程序，讓消費者知悉有該定型化契約條款的機會，以免無故受害。至於如何明示，則可依事實需要選擇下列法定的適當方式辦理。

1. **載入契約**：定型化契約條款，原則上應記載於定型化契約中，否則不算數。

2. **未載入契約者**：依消費者保護法規定，應以明示或公告方式為之，並經消費者同意受其拘束者，該條款始訂入契約的內容，否則仍然不算數。

(1)明示：向消費者明示（逐個以書面或告知說明方式處理）其定型化契約條款的內容。例如小客車租賃、銀行貸款契約等具有非常急迫性的需要，無法給與消費者一般的合理期間，故應就契約內容向消費者告知說明。

(2)公告：明示內容有困難者，應以顯著方式公告其內容。例如停車場、洗衣店、百貨公司、旅舘、金融機構、車站等，因逐個辦理有其困難，故可以改用牌示、張貼等公告模式，通案向消費者告知說明方式處理。

3. **定型化契約條款的立法規制**：目前係以下列二種法律規定方

式，來規制定型化契約條款。

(1)未事先讓消費者知道的定型化契約條款，不算入契約內容：定型化契約條款如果不公平不合理，消費者尚有要不要成立買賣契約的自由，給與消費者一個最後選擇決定的機會；如果剝奪消費者此種機會，消費者保護法即因該條款可能對消費者造成不公平，即明定該條款不算入契約內容。例如依電業法或自來水法所訂定的營業規則，屬於主管機關對該行業的行政管理法規，或是各行業自訂的內規，如未訂入契約內容，均無拘束消費者的效力。

(2)屬於異常性質的定型化契約條款，無效：包括形式上的異常條款及實質上的異常條款在內，均屬無效的定型化契約條款（詳見參、十題）。

參考條文——與本案有關的相關法條。

1. **消費者保護法**：第11條之1（定型化契約條款的審閱期間）、第13條（定型化契約條款的明示）、第14條（異常條款）、第16條（定型化契約條款的無效）。

2. **消費者保護法施行細則**：第12條（異常條款）。

3. 電業法、電業消費性用電服務契約範本。

4. 自來水法、自來水事業消費性用水服務契約範本。

七、為確保消費公平，定型化契約在訂立前應給予消費者合理審閱期間。

【案例】銀行貸款契約未給消費者「審閱期間」案
老李的兒子即將結婚，需要將老李現在住的舊房子重新裝潢，因此特別向 A 銀行辦理貸款新台幣100萬元。但是 A 銀行在貸款給老李以前，並未事先給老李審閱貸款契約書。

基本解析──契約簽訂前，應給與消費者審閱期間。

1. **法律關係解析**：本案主要涉及消費公平問題，故屬於契約上的消費關係。

(1)本案的企業經營者：A 銀行（提供貸款服務的製造者）。

(2)本案的消費者：老李（接受貸款服務的消費者）。

(3)本案的客體：貸款服務（服務）。

(4)契約類型：定型化契約（本案貸款服務契約含有定型化契約條款）。

2. **法律問題解析**：本案的關鍵在於契約簽訂前的「審閱期間」，有何法律效果。另外，本案因與銀行業務有關，故亦有金融消費者保護法的適用，併此敘明。

(1)銀行貸款契約屬於定型化契約：銀行貸款契約當中，有關貸款的利率、違約時應繳的違約金額等條款，均屬於銀行業者事先擬定、不許消費者修改的定型化契約條款，故本案 A 銀行的貸款契約為定型化契約。

(2)簽約應給與消費者審閱期間：為避免定型化契約條款遭到業者的濫用，造成對消費者的不公平，消費者保護法特別規定業者必須「事先」提供機會，讓消費者審閱定型化契

約條款的內容，這個機會就稱為「審閱期間」。本案Ａ銀行業者在簽約前，就必須事先讓貸款人有事先審閱契約的機會，消費者如果發現貸款利率及違約金額條款，有過高等不公平不合理的情形，為避免權益受損，將不會與業者簽訂契約。

(3)本案違反審閱期間的法律效果：為落實保障消費者權益，消費者保護法特別規定，在簽約前如果沒有給與消費者合理審閱期間，契約內的定型化契約條款均不納入契約內容，形同無效。本案Ａ銀行業者在簽約前並未給與消費者合理閱期間，就會發生契約內所有定型化契約條款，依法將全部不納入契約內容的結果，只剩下個別商議合意的條款而已。

結論： 本案Ａ銀行在與消費者簽訂貸款契約前，並未依消費者保護法規定給與消費者合理審閱契約的期間，因而所簽訂的契約，依法將發生定型化契約條款均不納入契約內容的結果，對於契約約定不足的部分，可能需要民法規定或一般行情予以補充。

補充說明——審閱期間。

1. **合理審閱期間的必要性：** 由於定型化契約條款可能對消費者造成不公平的侵害，故消費者保護法在程序上，特別規定消費者於訂立定型化契約前，可以要求企業經營者提供合理的契約審閱期間，以供消費者就定型化契約條款為足夠的思慮，進而決定締約與否。唯有如此方能適切符合契約自由的精神，並實現實質之契約正義。但契約當事人個別磋商而合意的契約條款，消費者不得主張享有合理的審閱權。審閱期間目前均依主管機關公告的定型化契約範本暨其應記載及不得記載事項予以規定，有關審閱期間的問題，尚可補充說明如后：

(1)審閱不可附加條件：審閱應為無條件，業者倘要求消費者必須先支付定金，始得將契約攜回審閱，與消費者保護法第11條之1規定的消費者審閱權規定有違。該定金本質上應屬契約審閱金，屬於保證金之一種，並非定金，在消費者審閱後不買並繳回契約時，即應予返還，不得沒收。

(2)放棄審閱權：消保法審閱期間的規定，對於消費者而言，係屬權利的一種，法律上雖無禁止拋棄的規定，惟企業經營者應於消費者簽訂定型化契約前，主動告知其有關審閱期間的規定，如有實際需要，可應消費者要求，於契約上由消費者自行加註放棄審閱期間權利等文字，並由消費者簽名蓋章，惟該放棄審閱期間的文字不得由業者以定型化契約條款方式為之，更不得因未告知消費者有審閱期間的規定，致消費者無表示意見的機會，即認為消費者放棄審閱期間的權利。

2.**合理審閱期間的方式**：主要有下列二種審閱方式。

(1)原則：給與合理期間，讓消費者自行審閱研究條款內容。例如購屋、購車等一般契約的簽訂，均應採取此種方式辦理。

(2)例外：針對特殊需要情形，經主管機關特別同意後，可採行下列審閱方式。

①當場逐條說明：讓消費者馬上瞭解條款內容。對於有急迫性需要的情形，例如租賃小客車出遊、申請貸款急用等，均採取此種方式辦理。

②公告方式說明：讓消費者自行去閱覽了解條款內容。對於同時有大量需要的情形，例如購買火車票、電影票等，為節省時間，均採取此種方式辦理。

3.**主管機關所定的合理審閱期間**：如附表。

定型化契約合理審閱期間一覽表	
審閱期間	契約名稱
未滿 1日	(1)逐條說明方式：小客車租賃契約、機車租賃契約、搬家貨運契約（業者應於簽約前將契約內容逐條向消費者說明）、手術麻醉同意書（書面或口頭說明）、汽車維修契約 (2)公告方式：洗衣契約、路外停車場租用契約、觀光遊樂園（場、區等）遊樂服務契約、陸上旅客運送「敬告旅客」條款、公路（市區）汽車客運業旅客運送契約、計時計次停車場公告事項、台灣鐵路管理局「車站旅運服務規約」、高雄市公共汽車管理處「敬告旅客」條款、台北市聯營公車「敬告旅客」條款 (3)其他方式：汽車駕駛訓練契約（至少3小時）
至少 1日	電器買賣契約、國內外旅遊契約、觀光旅館業（旅館業、民宿）個別旅客直接訂房契約、臺灣本島與離島及離島島際間固定航線載客船舶運送契約
至少 2日	行動通信網路業務服務契約、撥接連線網際網路接取服務契約
至少 3日	有線電視契約、不動產委託銷售契約、職業介紹服務契約、健身中心契約、汽車買賣契約、中古汽車買賣契約、中古汽車買賣仲介契約、房屋租賃契約、房屋委託租賃契約、網際網路教學服務契約、線上遊戲契約、海外渡假村會員卡（權）契約、殯葬服務契約、電業消費性用電服務契約、自來水事業消費性用水服務契約、家用液化石油氣供氣契約、家用天然氣供氣契約、傳統型個人人壽保險契約條款（不分紅保單、分紅保單）、藝文表演票券契約

至少5日	預售屋買賣契約、套書（百科全書等）語言錄音帶及教學錄影帶買賣契約、安養契約、預售停車位買賣契約、保管箱出租契約、海外遊學契約、海外留學契約、婚紗攝影契約、移民服務契約、納骨塔位使用權買賣契約、成屋買賣契約、個人購車及購屋貸款契約、短期補習班補習服務契約、固接連線網際網路接取服務契約、個人網路銀行業務服務契約、生前殯葬服務契約、臍帶血保存契約、一般護理之家契約、高爾夫球場招募會員契約、網路保險服務契約、產後護理機構及坐月子中心契約
至少7日	信用卡契約（收到卡片7日猶豫期間）、瘦身美容契約、坐月子中心契約、系統保全服務契約、駐衛保全服務契約、安親班契約、建築物室內裝修契約、社區污水處理設施受託操作服務契約
超過7日	人壽保險要保書及示範條款、住宅火災保險基本條款及要保書、自用汽車保單條款及要保書（均為保單送達後10日猶豫期間）、國內線航空乘客運送契約（1年猶豫期間）
未明定	國內線航空公司機票網路訂票須知、國際機票交易重要須知、住院須知、訂席、外燴（辦桌）服務契約

參考條文 ── 與本案有關的相關法條。

1. **消費者保護法**：第2條（定型化契約條款及個別磋商合意條款的定義）、第11條之1（定型化契約條款的審閱期間）、第13條（定型化契約條款的明示）。

2. **民法**：第203條（法定利率）。

3. **金融消費者保護法**。

4. **各種類的定型化契約範本暨應記載及不得記載事項公告**。

八、違反法律強制或禁止規定的定型化契約條款，無效。

> **【案例】手術麻醉同意書「免責」條款案**
>
> 江先生素為骨刺所苦，為期能夠治癒，因此前往A醫院進行開刀手術。在進行手術之前，A醫院例行地要求江先生簽署手術麻醉同意書，其內容略為：「本人同意A醫院B醫生進行手術麻醉，手術麻醉期間如發生任何不測，A醫院及B醫生均不必負任何責任。」

基本解析——事先免除任何責任的約定，均屬無效。

1. **法律關係解析**：本案主要涉及消費公平問題，故屬於契約上的消費關係。

    (1)本案的企業經營者：A醫院（提供醫療服務的製造者；B醫生為A醫院的受僱人，並非本案的企業經營者）。

    (2)本案的消費者：江先生（接受醫療服務的消費者）。

    (3)本案的客體：醫療服務（服務）。

    (4)契約類型：定型化契約（本案醫療服務契約含有定型化契約條款）。

2. **法律問題解析**：本案的關鍵在於「事先約定」免除醫療責任，是否有效。

    (1)醫療行為免責條款類型：主要有下列二種，均屬違反消費者保護法第10條之1「企業經營者對消費者或第三人之損害賠償責任，不得預先約定限制或免除」的強制規定，所有免除責任的約定，均應屬無效。

    ①個別的免責條款：例如手術麻醉免責條款，要求消費者事先同意免除醫師的所有責任（即醫師或醫院不負責任條款）。

②全部的免責條款：例如醫療行為放棄適用消費者保護法條款，要求消費者事先簽訂此放棄條款。

(2)事後免除並非無效：醫療業者在提供服務時，必須課其行為相當責任，以有效避免損害發生，所以法律特別規定不得在「事先」約定免除相關責任；但是在「事後」，如果消費者認為醫療業者已經盡心盡力為其服務，即使有任何損害發生，也願意予以原諒而不追究任何責任，因已無任何影響醫療行為的進行，並無禁止的必要，故為有效。

(3)本案的免責條款無效：本案的免責條款，因為違反消費者保護法第10條之1的強制禁止規定，故屬無效。有關手術麻醉問題，主管機關行政院衛生署已公布手術、麻醉同意書及醫院住院須知參考範例，對上述內容已作部分修正，可供參考。

結論：本案江先生雖然已簽署含有免責條款的手術麻醉同意書，進行開刀手術，但是 A 醫院或 B 醫生所提供的醫療行為，如果並未符合消費者保護法所定的當時科技或專業水準，因而造成江先生的任何受害，江先生仍可依法向A醫院請求損害賠償。

補充說明——法律強制或禁止規定。

1.**法律強制或禁止規定**：旨在維護公平正義，保障基本的權利義務。

(1)民法上有關減免責任的強制禁止規定，舉例如下：
①民法第71條：法律行為，違反強制或禁止的規定者，無效。例如大賣場的搜身條款，要求消費者進入賣場之前，業者有權搜身的條款，因違反消費者人身自由權的保護規定，無效。
②民法第72條：法律行為，有背於公共秩序或善良風俗者，無效。例如同意他人殺害自己的約定，因違反公序

良俗規定，無效。

③民法第222條：故意或重大過失的責任，不得預先免除。例如手術麻醉同意書的免責條款（預先免除所有責任的約定），因違反禁止規定，所約定的「免除故意或重大過失責任」部分無效。

(2)消費者保護法有關減免責任的強制禁止規定，舉例如下：

①消費者保護法第10條之1：企業經營者對消費者或第三人因產品瑕疵所致的損害賠償責任，不得預先約定限制或免除。例如醫院對前來看診的病人，須簽署一份放棄消費者保護法請求損害的同意書，因違反上述禁止規定，該同意書無效。

②消費者保護法第12條：定型化契約條款違反誠信原則，對消費者顯失公平者，無效。例如預售屋買賣契約的「交屋時，應繳回買賣契約書」條款，因違反上述強制規定，無效。

③消費者保護法第23條：刊登或報導廣告的媒體經營者，明知或可得而知廣告內容與事實不符者，就消費者因信賴該廣告所受的損害，應與企業經營者負連帶責任；該等責任並不得預先約定限制或免除。例如「播出廣告如有不實，本公司不負責任」條款，因違反上述禁止規定，無效。

2. **無效的法律效果**：定型化契約條款有無效時，該契約並非當然全部無效。

(1)原則：一部無效。如果除去該無效的部分，契約亦可成立者，該契約的其他部分，仍為有效。

(2)例外：全部無效。如果對當事人的一方顯失公平者，該契約全部無效。

3. **醫療行為**：原則上仍有消費者保護法規定的適用，其適用程

序如下。

(1)優先適用醫療法：醫療行為有其專業特殊性，故與醫療行為有關的問題，應優先適用其專業法規的醫療法處理，較為妥適。

(2)消費者保護法提供補充適用：在醫療法未規定周延的部分，例如與醫療有關的定型化契約、消費資訊等部分，消費者保護法可以補充適用，以彌補醫療法的不足。

參考條文——與本案有關的相關法條。

1.**消費者保護法**：第10條之1（禁止預先免除產品責任）、第12條（違反誠信原則顯失公平的定型化契約條款無效）、第23條（禁止媒體預先免除廣告連帶責任）。

2.**民法**：第71條（違反強行法無效）、第72條（違反公序良俗無效）、第222條（禁止預先免除故意重大過失責任）。

3.**醫療法**：與醫療行為有關的所有條文。

4.手術、麻醉同意書及醫院住院須知參考範例。

九、違反誠信原則，對消費者顯失公平的定型化契約條款，無效。

【案例】信用卡「失卡24小時零風險」條款案
黃太太申請多張信用卡使用。90年5月20日在A大賣場購物，在結帳人員合計需付新台幣5000元，欲以 B 發卡銀行的信用卡刷卡付帳時，才發現該信用卡業已遺失，於是立即於當日以電話通知B發卡銀行，銀行業者即以信用卡失卡24小時零風險規定，要求黃太太負擔被冒刷的損失。

基本解析——責任的風險分擔，應力求公平合理。

1.**法律關係解析**：本案主要涉及消費公平問題，故屬於契約上

的消費關係。

(1)本案的企業經營者：B 發卡銀行（提供信用卡服務的製造者，至於 A 大賣場僅係該信用卡的特約商店，與本案無關）。

(2)本案的消費者：黃太太（接受信用卡服務的消費者）。

(3)本案的客體：信用卡服務（服務）。

(4)契約類型：定型化契約（本案信用卡服務契約含有定型化契約條款）。

2. **法律問題解析**：本案關鍵在於信用卡失卡風險責任的分擔規定，是否合理。另外，本案因與銀行業務有關，故亦有金融消費者保護法的適用，併此敘明。

(1)消費者的基本義務及責任：消費者雖然有妥為保管信用卡的義務，惟如以定型化契約條款方式，將信用卡遺失被冒刷的責任，規定全部要由消費者負擔，對消費者而言，屬於不公平不合理的條款，即使得到消費者同意而簽約，依據消費者保護法規定，仍應屬無效。

(2)失卡風險約定：目前信用卡有關失卡風險責任規定，主要有下列二種類型。

① 失卡零風險條款：約定消費者遺失卡片被冒刷的任何損失，在通知發卡銀行後即不必負擔任何責任，所有損失均由發卡銀行吸收。此種約定對於消費者最有保障，目前僅有少部分外商銀行採用。

② 失卡24小時零風險條款：約定消費者遺失卡片通知發卡銀行，以通知之時間點為標準，在通知之前的24小時內任何被冒刷的損失，均由發卡銀行吸收，消費者不必負擔任何損失，此即「24小時零風險」的保障期間；如果被冒刷的損失，是在上述24小時以前的時間內發生，無論任何理由，均應由消費者自行負擔（註：目前該條款

已作部分修正）。

(3)本案失卡24小時零風險條款，對消費者不公平：本案發卡機構係以定型化契約條款規定，就該信用卡於辦妥掛失手續前被冒用的風險，無論簽名是否相符，一律由持卡人負責，是為不合理的風險移轉，該定型化契約條款有使消費者負擔非其所能控制的危險，即可認定違反平等互惠原則。本案該信用卡契約有關失卡24小時零風險條款，原則上應屬無效。

結論：本案因信用卡契約的失卡24小時零風險條款，違反平等互惠原則，消費者在有正當理由（例如筆跡不符、不在場證明等）的前提下，對於被冒刷的損失，可以不必負責。

補充說明——誠信原則與顯失公平。

1. **誠信原則**：即誠實信用原則，為法律的最高原則，具有補充或解釋法律及契約的作用。例如權利濫用的禁止、詐欺脅迫及不正當行為的禁止、脫法行為的禁止、保護經濟上弱者的原則、危險負擔、暴利行為的取締、公平原則等，均係由誠信原則所衍生的其他規範條款。

2. **顯失公平**：為定型化契約條款無效的主要理論依據。

   (1)程序上（即締約過程）的顯失公平：屬於定型化契約成立要件的規範範圍，例如未給與消費者事先審閱的機會，消費者保護法即以根本否定其存在的方式（即不納入契約內容的結果），來保障消費者權益。

   (2)實質上（即契約內容）的顯失公平：屬於定型化契約生效要件的規範範圍，例如對於不合理不公平的定型化契約條款，消費者保護法即以認定其無效的方式（即否定其法律效力），來保障消費者權益。

3. **定型化契約條款生效要件的認定方式**：主要有下列二種原則。

(1)個案認定原則：定型化契約條款構成定型化契約的內容後，原則上如符合平等互惠原則及誠信原則，且無對消費者顯失公平的情形時，即應承認其效力。採用誠信原則及顯失公平，作為審查定型化契約條款效力的基本原則，目前已成為各國共通的立法例。

(2)綜合判定原則：定型化契約條款是否違反誠信原則，對消費者顯失公平，依消費者保護法施行細則第13條規定，應斟酌契約的性質、締約目的、全部條款內容、交易習慣及其他情事來判斷。因此，定型化契約條款是否違反誠信原則，應符合該條所定的各項因素，尤其應衡量雙方當事人的利益而為整體的判斷。

參考條文——與本案有關的相關法條。

1. 消費者保護法：第12條（違反誠信原則無效）。

2. 消費者保護法施行細則：第13條（違反誠信原則的判斷標準）、第14條（違反平等互惠原則的情形）。

3. 金融消費者保護法。

4. 信用卡定型化契約書範本：第17條（失卡風險條款）。

十、電信業者違反誠信公平原則的「手機收費條款」，無效。

【案例】手機收不到訊號仍須付費案

消費者某甲因為住家附近收不到A電信的訊號無法撥接，A電信業者一開始免除某甲半年的月租費做為補償，但是半年後，某甲住家的收訊情況未見改善，但免月租費的補償已到期，他致電A電信客服，卻仍無法得到滿意答覆。

基本解析——定型化契約條款應符合誠信公平原則。

1. **法律關係解析**：本案主要涉及消費公平問題，故屬於契約上的消費關係。

    (1)本案的企業經營者：Ａ電信業者（提供電信通訊服務的製造者）。

    (2)本案的消費者：某甲（接受電信通訊服務的消費者）。

    (3)本案的客體：電信通訊服務（服務）。

    (4)契約類型：定型化契約（本案電信通訊服務契約含有定型化契約條款）。

2. **法律問題解析**：本案關鍵在於電信消費契約條款，是否合理。

    (1)電信消費契約條款應符合誠信公平原則：依消費者保護法規定，電信業者對其收訊機制在設計上應確保其無瑕疵，即使係因基地台設置不足，造成收訊機制不良，亦屬於其設計上的瑕疵，對因此所造成使用消費者安全上的損害仍應負責，此為電信業者的「產品（安全）責任」。另外，此種收訊機制如果造成消費者在契約上的損害亦應負責，此為電信業者的「契約（公平）責任」。而在契約方面，實務上又以「誠（實）信（用）公平原則」作為認定契約是否公平合理的最高指導原則。

    (2)消費者有任意解約權：本案消費者如果不滿意時，可以要求解約。依照行動通信網路業務服務契約範本規定，申辦手機的消費者有任意解約權，消費者如果是在中途終止手機系統租約（退租）時，可以在各服務中心辦理，業者應予受理，並且按逐季遞減計算違約金。對於預繳金額之專案中途終止租約時，可要求業者依比例及公平合理原則，退還剩餘之預繳金額。

    (3)本案違反誠信公平原則的電信消費契約條款無效：消費者有購用電信產品者，依使用者付費原則，本有付費的義

務；但是如果該電信產品有問題（瑕疵），造成消費者無法達成使用的目的（通訊聯絡），此時即無付費的義務，方符平等互惠及誠信公平原則。換句話說，依消費者保護法第11條有利於消費者解釋原則規定，「收訊不良」在解釋上應「視同斷訊」，如果電信業者在契約上以定型化契約條款明定「即使無法通訊，仍應付費」，應屬無效。

結論：本案消費者使用Ａ電信產品，卻因電信業者收訊機制顯然有瑕疵，造成手機通訊收訊不良，但依契約規定仍須繳納該筆通訊費用，該等規定在解釋上即因不符平等互惠及誠信公平原則而無效，因此，對於該筆費用的損害，消費者可以依斷訊規定請求賠償。

補充說明——電信消費契約條款，違反誠信原則顯失公平案例。

電信業者所使用的電信消費契約條款，違反誠信原則顯失公平者，無效。以下案例主要為電信業者以定型化契約條款規定，相關的電信機制例如收訊機制、上網機制或是其他機制等有瑕疵（業者明知者，應負事先向消費者為必要的告知說明義務），如無法達成消費者使用的目的者，消費者仍應繳納費用，此種約款將因違反誠信公平原則而無效，消費者有權解除契約及請求損害賠償（有關電信消費問題，詳見黃明陽著【消費贏家】《電信案例解析》）。

1. **收訊機制瑕疵案例**：例如發生○○電信收訊差遭客埋怨、○○電信PHS撥接不良仍收費、○○電信收訊爛，裝強波器要客埋單、○○電信3G 機市中心收訊差、手機秀斗○○電信輕慢事件、○○電信無收訊區，賣門號收月費等事件，如電信業者在契約上規定「即使收訊機制有瑕疵，消費者仍應繳納費用」，此種約款無效。

2. **上網機制瑕疵案例**：例如發生○○電信難連 MSN、新手機上網見亂碼等事件，如電信業者在契約上規定「即使上網機

制有瑕疵，消費者仍應繳納費用」，此種約款無效。另外，主管機關國家通訊傳播委員會已於101年7月26日在定型化契約範本增訂「甲方（電信業者）須經乙方（消費者）同意後，始得開通行動上網服務」之規範，亦即從範本生效（8月中旬）後未經消費者事先同意下，如果誤上行動網路，消費者可以主張不再付行動上網費用。

3. **其他契約瑕疵**：例如○○電信公司87年推出的「1元呼叫器」優惠專案，消費者只需繳付1500元保證金，即可以1元申購國產呼叫器1只，使用18個月後，保證金無息退還。這套專案中有一項名為「智慧全區」的服務，月租費100元，推出後，○○電信以「該公司門市人員錯用申請書」為由，將100元的月租費調漲為250元。本案因此等內容為買賣契約必要之點，即使契約規定「可以任由出賣人電信業者單方面有權修改」，對消費者不利，即為違反誠信公平原則無效的條款，消費者當然可以依法要求減少價金，如有必要並可以解除契約，及請求損害賠償。

參考條文──與本案有關的相關法條。

1. **消費者保護法**：第7條（產品責任）、第11條（平等互惠原則）、第12條（違反誠信公平原則無效）、第16條（原則上為一部無效）。

2. **消費者保護法施行細則**：第13條（違反誠信公平原則的判斷標準）、第14條（違反平等互惠原則的判斷標準）。

3. **民法**：第349條至第366條（瑕疵擔保責任）、第247條之1（附合契約，即定型化契約）。

4. **電信法規**：電信法第1條（維護使用者權益）、第26條（電信資費管制）；通訊傳播基本法第1條（保障消費者利益）。

5. **其他規範**：行動通信網路業務服務契約範本第32條（斷訊減

收費用）、撥接連線網際網路接取服務定型化契約範本第13
條（斷訊減收費用）、固接連線網際網路接取服務定型化契
約範本第11條（斷訊減收費用）。

十一、異常的定型化契約條款，無效。

【案例】無效的信用卡「附卡人應對正卡債務負連帶
　　　　責任」條款案

黃先生與黃太太在結婚之初，即辦理分別財產制。婚後黃
先生向Ａ銀行申請信用卡時，並同時為黃太太申請一張附
卡。由於適逢經濟不景氣，導致黃先生經商失敗，經年累
月積欠卡債高達幣新台幣200萬元，黃先生不得已遠走大
陸躲債，Ａ銀行即依信用卡契約規定轉而要求附卡的黃太
太應負連帶責任。

基本解析──消費者通常無法實際瞭解定型化契約條款的真正
內涵。

1. **法律關係解析**：本案主要涉及消費公平問題，故屬於契約上
的消費關係。

　(1)本案的企業經營者：Ａ銀行（提供信用卡附卡服務的製造
　　者）。

　(2)本案的消費者：黃太太（接受附卡服務的消費者，黃先生
　　為正卡持卡人，故非本案的消費者）。

　(3)本案的客體：信用卡附卡服務（服務）。

　(4)契約類型：定型化契約（本案信用卡服務契約含有定型化
　　契約條款）。

2. **法律問題解析**：本案的關鍵在於附卡持卡人的連帶責任，是
否合理公平。另外，本案因與銀行業務有關，故亦有金融消

費者保護法的適用，併此敘用。

(1)異常條款：凡是消費者依正常情形不易知悉、不易辨識或不能預見的定型化契約條款，即屬異常條款，包括形式上（未記載於契約內）的異常條款與實質上（已記載於契約內）的異常條款在內。

(2)本案屬於實質上的異常條款：有關正附卡持卡人互負連帶清償責任條款，雖然在信用卡定型化契約內已有明文規定，但因其法律效果卻為消費者無法預見其危險性，銀行如果沒有必要措施保障附卡消費者權益，即屬於實質上的異常條款。

(3)本案的異常條款無效：本案信用卡契約有關正附持卡人互負連帶清償責任的條款，確已違反誠信原則，對消費者顯失公平，該條款應屬無效。附卡持卡人可主張不負連帶清償責任，主管機關金管會除於98年7月10日明令刪除該條款，並於99年7月27日公告信用卡定型化契約應記載及不得記載事項，將「附卡持卡人就正卡持卡人所生債務負連帶清償責任」納入不得記載事項。另外，主管機關金管會已協調確定經濟弱勢族群（含失業、無薪假、重大傷病、單親或特殊際遇家庭及正卡持卡人的扶養親屬等）的附卡持卡人對正卡持卡人98年7月10日前的債務，可主張不負連帶清償責任。

結論：本案Ａ銀行信用卡定型化契約內，有關附卡持卡人對正卡人的債務須負連帶責任的約定，因違反誠信原則對消費者顯失公平，屬於無效的異常條款，故黃太太無需就黃先生200萬元的債務負連帶責任。

補充說明——異常條款。

1. 異常條款：所謂異常條款，係指該定型化契約條款，不管該條款是否載入於契約內容與否，只要是其內容或法律效果為

消費者不易知悉，或不易辨識或不能預見者，均屬之。並且可以有無記載於契約內容為標準，區分為下列二種類型。

(1)形式上的異常條款：凡是未記載於契約內的定型化契約條款，不是消費者在正常情形下顯然可以預見得到，例如發生爭議時，要以在契約以外的業者內規作為處理依據，此種消費者不能預見的定型化契約條款，即為形式上的異常條款。

(2)實質上的異常條款：凡是記載於契約內的定型化契約條款，但因字體、印刷或其他情事，例如定型化契約條款具有英文條款（字體）、印刷模糊或張貼在隱密處所（其他情事）等情形，致消費者難以注意其存在或辨識，即為實質上的異常條款。

2. **異常條款的處理**：主要採行下列二種原則。

(1)異常條款的判斷標準：定型化契約條款是否屬於「異常條款」，必須考慮消費者的知識程度、社會經驗，以及對於該契約的瞭解等各方面情況綜合判斷。如果定型化契約條款的約定，超過通常消費者的知識程度、社會經驗，以及其原來所瞭解的範圍，或該條款的內容極為突兀，非屬一般人預期的範圍，均可認屬異常條款。

(2)擬制的實質異常條款：為確保契約上的消費公平，將來主管機關亟宜在其所轄行業的定型化契約，對於其中的重要定型化契約條款，嚴格要求業者採用不同之字體、粗體或顏色以彰顯其重要性，俾有效提醒消費者注意，否則即可將該條款推定為實質上的異常條款。

3. **異常條款的效力**：不同的異常條款，可以發生下列不同的法律效果。

(1)形式上的異常條款：該異常條款不構成契約的內容，但消費者得主張該條款仍構成契約的內容。所謂不構成契約內

容，係指該條款視同無記載。

(2)實質上的異常條款：該異常條款原則上不構成契約的內容，但消費者得主張該條款仍構成契約的內容。另外，消費者亦可主張該條款違反誠信原則對消費者顯失公平的理由，認定無效。

參考條文——與本案有關的相關法條。

1. **消費者保護法**：第14條（未記載的異常條款不構成契約內容）。

2. **消費者保護法施行細則**：第12條（已記載的異常條款不構成契約內容）、第13條（違反誠信原則的判斷標準）、第14條（違反平等互惠原則的情形）。

3. **金融消費者保護法**。

4. **信用卡定型化契約應記載及不得記載事項**。

十二、定型化契約條款與個別磋商條款牴觸者，無效。

【案例】房屋仲介服務報酬適用「個別磋商合意條款」案

擔任公務員的張三與受僱於A房屋仲介公司的李四為小學同學，常有來往並且交情不錯。某日張三透過李四仲介購買價值1000萬元的房屋，作為兒子將來結婚使用，雙方言明仲介費僅收新台幣5000元，並記明於仲介買賣契約中；惟該仲介契約中早已印有仲介費為房屋總價的百分之四，且並未刪除，嗣後A房屋仲介公司向張三追討差價。

基本解析——個別磋商條款應優先適用原則。

1. **法律關係解析**：本案主要涉及消費公平問題，故屬於契約上的消費關係。

(1)本案的企業經營者：A 房屋仲介公司（提供房屋仲介服務的製造者，李四僅為其受僱人）。

(2)本案的消費者：張三（接受房屋仲介服務的消費者）。

(3)本案的客體：房屋仲介買賣服務（服務）。

(4)契約類型：定型化契約（本案房屋仲介買賣契約含有定型化契約條款）。

2. **法律問題解析**：有關房屋仲介買賣問題，主管機關內政部已公告不動產委託銷售定型化契約範本暨應記載及不得記載事項，可作為處理準據。本案的關鍵在於契約內的二種條款，何種效力較強。

(1)定型化契約條款：凡由契約當事人一方預先擬定作為交易使用的契約條款，均稱為定型化契約條款，消費者對該條款並無討價還價請求修改的權利，所以可能對消費者不利。本案房屋仲介買賣契約中的仲介報酬，已由仲介業者預先訂為房屋總價的4％（即40萬元），並於契約內印妥使用，原則上是不許消費者為任何的修改，即為定型化契約條款。

(2)個別磋商條款：凡是經過契約當事人透過個別磋商然後雙方同意的契約條款，均稱為個別磋商條款，與定型化契約條款純粹係由業者單方面決定條款內容的情形不同，較符合契約自由原則，對消費者較為有利。本案張三與李四經過雙方磋商的程序，始同意房屋仲介報酬為新台幣5000元，即為個別磋商條款。

(3)本案應以個別磋商條款處理：由於個別磋商條款較符合消費者的真意，且對消費者較為有利，因此消費者保護法特別規定，如發生牴觸而有不一致情形時，應優先適用個別磋商條款。本案有關仲介報酬既有不一致的條款規定，依法自應以新台幣5000元為準。

結論：本案張三依消費者保護法有關個別磋商條款優先適用規定，對 A 房屋仲介公司僅須支付新台幣 5000 元的仲介報酬。

補充說明——個別磋商條款。

1. **個別磋商條款**：該條款是一種經過契約雙方當事人磋商合意後的約定，在磋商過程中，雙方均有修改條款內容的心理及準備，且已實質上就條款的內容互相表示意思，並達成合意，符合契約自由的精神；與定型化契約條款並未經過雙方磋商程序的情形不同。因此，即使原為定型化契約條款，但經過當事人磋商程序後取得合意再為簽訂者，此時該條款已非定型化契約條款。

2. **個別磋商條款適用的法律**：消費者保護法上的「個別磋商條款」一詞，主要是用來與定型化契約條款相互區隔，事實上就是依照一般契約訂定程序所約定的條款，由於當事人有相當交涉機會及交涉能力，故應以民法為其適用法，而不得適用消費者保護法有關定型化契約的規定。因此，對於個別磋商條款，消費者不得請求合理審閱期間。

3. **條款牴觸的適用原則**：應注意下列二點。

   (1)原則：定型化契約中的定型化契約條款牴觸個別磋商條款的約定，應適用個別磋商條款，以保障消費者的權益。不過口頭的約定，雖然是屬於個別磋商條款，但為避免舉證困難，消費者應儘量以書面的約定為宜。

   (2)例外：定型化契約中的個別磋商條款，如果其內容比定型化契約條款的內容對消費者較為不利時，此時應例外地仍以定型化契約條款的內容為準，以免消費者受害（詳見參、十六題）。

參考條文——與本案有關的相關法條。

1. **消費者保護法**：第 2 條（定型化契約條款及個別磋商條款的定義）、第 15 條（個別磋商條款優先適用原則）。

2. **民法**：與契約有關的所有條文。

3. **不動產委託銷售定型化契約範本暨應記載及不得記載事項。**

十三、定型化契約條款有疑義時，應為有利於消費者的解釋。

【案例】汽車「保固期間條款」的疑義解釋案

趙先生向 A 汽車公司購買一部價值100萬元的最新款汽車，並於91年2月1日交車，在汽車買賣契約上並註明「2年或5萬公里」作為該車的保固期間。趙先生買車後因為住在台北市，由於捷運非常方便，所以平時甚少開車，僅在假日期間開車帶著家人出遊。在民國93年7月暑假出遊時，該車引擎發生問題，隨即進廠維修。

基本解析──定型化契約條款係供消費者使用，故應以消費者立場為解釋。

1. **法律關係解析**：本案主要涉及消費公平問題，故屬於契約上的消費關係。

    (1)本案的企業經營者：A 汽車公司（販賣汽車的製造者）。

    (2)本案的消費者：趙先生（購買汽車的消費者）。

    (3)本案的客體：汽車（商品）。

    (4)契約類型：定型化契約（本案汽車買賣契約含有定型化契約條款）。

2. **法律問題解析**：本案的關鍵在於定型化契約條款有疑義時，應如何解釋。

    (1)須有解釋的必要：一般而言，定型化契約條款必須有疑義存在，且必須有不同見解的多種解釋空間，才有解釋的必要。本案汽車買賣契約的「2年或5萬公里」的保固條款，

究應以「2年」或「5萬公里」為準，即產生疑義而有解釋的必要。不過，如果汽車業者已附加「以先到者為準」的條款，則因已無疑義，則無解釋的必要。

(2)本案須為有利於消費者的解釋：定型化契約條款既係由企業經營者所制定，其內容對業者本身利益的考慮自較為周詳，故有疑義時，不宜由其自圓其說，應保障較不能充分思慮的消費者，故原則上應採對消費者有利的解釋。所謂有利於消費者的解釋，則應以一般消費者的認知為準。本案消費者購車的時間已超過「2年」，但是尚未達到「5萬公里」的條件，故應以消費者的汽車未超過「5萬公里」為理由，解釋為該汽車仍在保固期限內。

(3)本案最後有權解釋的機關：定型化契約條款有疑義時，原則上應由具有公信力的機關予以解釋，不過如果涉及私權糾紛的處理時，因不在行政機關權限範圍內，其所為的解釋，亦只是提供法院判決參考而已，因此，只有法院才是最後有權解釋的機關。本案在疑義解釋上如果爭執不下，最後仍應循法院訴訟途逕解決。

結論：本案依據消費者保護法有利於消費者解釋原則的規定，趙先生可以主張該汽車仍在保固期間內，如果雙方仍有爭執，仍應循法院訴訟途逕為最後的解決。

補充說明——對消費者有利解釋原則。

1. **一般解釋原則**：解釋意思表示，固應探求當事人的真意，惟所謂「當事人的真意」，係指當事人已表示於外部的效果意思，而不是當事人內心蘊藏的意思，故解釋意思表示，首先應以「一般文義」為準。

2. **有利於消費者解釋原則**：目前下列三種法律予以明文規定。

(1)消費者保護法：對於定型化契約條款的適用，如有任何疑義時，應作有利於消費者的解釋。

(2)保險法：對於保險契約的解釋，應探求契約當事人的真意，不得拘泥於所用的文字；如有疑義時，以作有利於被保險人的解釋為原則。例如新北市新店區曾發生罕見龍捲風災害，造成一輛 LEXUS 休旅車被吹翻的嚴重損失，由於該車投保的乙式車體損失險，並未載明龍捲風造成的損害是否在理賠範圍內，但同時也未列入除外不理賠，結果基於「有利被保險人」的條款認定，確定提供理賠。

(3)金融消費者保護法：金融服務業與金融消費者訂立的契約條款顯失公平者，該部分條款無效；契約條款如有疑義時，應為有利於金融消費者的解釋為原則。

3. **有利於消費者解釋的立法例**：對於這個問題，外國立法例（如德國、日本等）多採反面規定，應為不利於定型化契約條款制訂使用人的解釋；而我國則係採正面規定，應為有利於消費者的解釋，方式雖有不同，但保障相對人權益的目的則屬一致。

參考條文——與本案有關的相關法條。

1. **消費者保護法**：第11條第2項（有利於消費者解釋原則）。

2. **保險法**：第54條第2項（有利於被保險人解釋原則）。

3. **民法**：第98條（解釋意思表示的原則）。

4. **金融消費者保護法**：第7條第2項後段（有利於金融消費者解釋原則）。

5. **汽車買賣定型化契約範本暨應記載及不得記載事項**。

第三章

定型化契約的行政規制

十四、定型化契約書範本提供簽約上的比較參考，並無法律上的拘束力。

> **【案例】預售屋買賣定型化契約的「範本」案**
> 簡先生於民國87年向 A 建設公司購買台北市東區一間40坪的預售屋，準備將來自住，並已簽約竣事。契約內容的重點為：每坪售價新台幣30萬元，總價為新台幣1千2百萬元，頭期款200萬元，餘款分20期支付，每月支付1期，每期支付50萬元；並附加「如果買方未依約如期付款，賣方除將房屋收回外，並可以沒收買方已繳所有價金」。簡先生初期繳款尚能正常，但在繳交10期以後，因為景氣不好，導致在11期以後無力支付，於是賣方即沒收其已繳的全部價金，並將房屋收回再賣。

基本解析──消費者簽訂契約時，亟需客觀比較的參考標準。

1. **法律關係解析**：本案主要涉及消費公平問題，故屬於契約上的消費關係。

    (1)本案的企業經營者：A 建設公司（販賣預售屋的製造者）。

    (2)本案的消費者：簡先生（購買預售屋的消費者）。

    (3)本案的客體：預售屋（商品）。

    (4)契約類型：定型化契約（本案預售屋買賣契約含有定型化

契約條款）。

2. **法律問題解析**：本案的關鍵在於定型化契約的「範本」，有何法律效力。

(1)定型化契約條款可能對消費者不利：企業經營者在定型化契約內所使用的定型化契約條款，因為係由業者單方面所決定的內容，可能本位主義較重、或是使用一些專業術語、或是刻意免除其應負的責任、或是不當加重消費者的負擔等等，對於消費者可能造成不公平的結果。本案「如果買方未依約如期付款，賣方除將房屋收回外，並可以沒收買方已繳所有價金」違約金條款的約定，即屬於對消費者不利的定型化契約條款。

(2)契約範本提供客觀比較的參考：如果消費者手邊有著一份具有比較客觀的標準契約書，對於企業經營者所提供的契約書內容，即可拿來加以比較，作為是否接受或是否簽約的重要參考依據，如此一來，消費者的權益就較有保障。本案行政院消保會（現改為行政院消保處）審查通過的「預售屋買賣契約書範本」，就是要提供此種客觀比較的參考功能。

(3)本案權益的保障程序：對於範本的具體使用，主要有下列三個步驟及方式。

①合理審閱期間：首先，消費者依消費者保護法規定，可以要求業者將契約書交給消費者帶回家，並給至少5日的合理審閱契約期間，業者不得拒絕，否則將發生定型化契約條款不納入契約內容的後果。

②下載範本比較：其次，在合理審閱契約的5日期間，可以上行政院消保會（現改為行政院消保處）網站 www.cpc.ey.tw 下載「預售屋買賣定型化契約書範本」，然後拿來逐條比較，必須業者全部的契約條款比範本規定的

條件較為有利，消費者才可以接受，否則仍應據理力爭或向主管機關檢舉。本案依照業者的契約書的約定，業者可以沒收消費者已繳交的全部金額（即700萬元）；但是如果依照「預售屋買賣契約書範本」第27條規定，業者可以沒收的金額，則不得高於房地產總價款「百分之十五」（即180萬元），提供消費者更大的保障。

③訴訟重要幫手：最後，範本雖然不具有法律拘束力，但是至少是一項客觀的標準。本案消費者如果與業者發生糾紛而向法院提起訴訟者，亦可將範本規定提供給法官作為裁判上的重要參考。

結論：本案簡先生對於已繳交的700萬元，可以依「預售屋買賣契約書範本」規定，主張A建設公司最多只能沒收180萬元，剩下的520萬元應予退還。如果需要向法院訴訟時，亦可將該範本送請法官作為對其有利的判決參考。

補充說明──定型化契約範本。

日本研訂契約範本，充分以行政指導方式發揮柔性導正功能，值得我國借鏡參考。因此，我國在行政院消保會（現改為行政院消保處）成立後，即積極辦理是項工作，迄至102年6月底為止，共完成預售屋買賣契約書範本等94種定型化契約書範本（一覽表詳見【附錄六】），有需要的人請上行政院消保處的網站 www.cpc.ey.gov.tw 下載。

1. **範本的目的**：為期業者及消費者能確實明瞭雙方應有的權利義務，確保交易公平合理，主管機關乃研訂定型化契約書範本，提供業者作為示範、提供消費者作為參考，均具有相當的教育作用。

2. **範本的性質**：屬行政指導性質，非屬行政處分。範本屬於一種行政事實行為，只具有勸導效果，並不具有法律上拘束力；其制定實施並不違反公平交易法。由於範本並非行政處

分，故不得作為訴願、行政訴訟或國家賠償的標的。

3. **範本的作用**：僅供參考，無法律拘束力。範本的目的在提供消費者客觀比較的參考、提供業者研訂個別契約的示範內容、作為主管機關認為是否公平的判斷，均有其教育意義。雖然範本內容規定並不當然成為個別契約的內容，惟業者如在廣告上聲明採用範本時，即應負範本規定的責任。

4. **範本的意義**：最低權益的保障標準。契約書範本的制定，旨在通案導正相關行業的交易秩序，有效促進公平合理消費環境的建立。該範本的規定，均屬對消費者權益的最低保障標準，可視為一種最低的公平門檻，業者的個別契約規定如低於範本規定者，即可推定為對消費者不公平不合理。

參考條文──與本案有關的相關法條。

1. **消費者保護法**：第17條（定型化契約的公告事項）。
2. **消費者保護法施行細則**：第15條（公告應載事項的效力）。
3. **行政程序法**：第165條至第167條（行政指導）。
4. **預售屋買賣契約書範本**：第27條（違約的處罰）。

十五、未記載經主管機關公告的定型化契約應記載事項，仍構成契約內容。

【**案例**】經公告汽車買賣契約應記載的「檸檬車」條款案

黃先生向Ａ汽車公司於94年1月1日購買80萬元的新車一部，作為上下班代步使用。不料該部新車於94年2月1日交車後，由於該車為檸檬車，黃先生雖然在車子有問題時就馬上進廠維修，仍分別在94年2月15日、4月1日及5月5日行駛當中突然發生熄火故障情形，幸好後面並無跟車，否則後果不堪設想。

基本解析——每種定型化契約均有其一定的應記載事項。

1. **法律關係解析**：本案主要涉及消費公平問題，故屬於契約上的消費關係。

   (1)本案的企業經營者：A 汽車公司（販賣汽車的製造者）。

   (2)本案的消費者：黃先生（購買汽車的消費者）。

   (3)本案的客體：汽車（商品）。

   (4)契約類型：定型化契約（本案汽車買賣契約含有定型化契約條款）。

2. **法律問題解析**：本案的關鍵在於公告契約「應記載事項」，有何法律效力。

   (1)契約的應記載事項：屬於契約內容必須記載的重要基本事項。凡是該契約基本上必須具有的規定，例如簽約人、標的、買賣的金額等，均屬定型化契約內應記載的事項，以作為雙方權利義務的依據，俾確保消費公平。

   (2)公告的契約應記載事項：有逕行變更契約內容的效力。公告的目的，在建立公平合理的消費環境，確保消費者在定型化契約上的權益。定型化契約如果未記載公告的應記載事項，該經公告應記載的事項，仍構成契約內容。本案 A 汽車公司如果未將中央主管機關交通部所公告應記載的「檸檬車條款」事項，記載於實際簽訂的汽車買賣定型化契約中，該公告的「檸檬車條款」事項，將強制納入構成契約的內容。

   (3)檸檬車條款：公告的應記載事項主要有下列三種，詳見行政院消保處的網站 www.cpc.ey.gov.tw。在此要特別說明的是，檸檬車條款僅適用於新車買賣，中古車買賣並不適用，而應另依中古車買賣定型化契約應記載及不得記載事項公告規定辦理。

   ①無需修理程序：交車後在一定期間內，於行駛中突然起

火燃燒（火燒車）或於排檔時發生暴衝（暴衝車）的情形，無需修理即可解約或更換新車。

②須經修理程序：交車後在一定期間內，於行駛中發生煞車失靈、或突然熄火故障、或引擎溫度升高至極限，經送出賣人檢修（原則上為2次）而未修復的情形，即可解約或更換新車。本案即屬於此種重大瑕疵。

③概括事項：有其他重大瑕疵，有危害生命安全或身體健康的危險，經送出賣人檢修（原則上為2次）而未修復的情形，即可解約或更換新車。

結論：本案黃先生所購買的汽車，符合經公告應記載事項「檸檬車條款」的要件，故有權利向 A 汽車公司要求換一部新車。

補充說明——定型化契約應記載事項。

　　為確保消費公平，行政院消保會（現改為行政院消保處）在研訂定型化契約範本後，即依照消費者保護法第17條規定，接續辦理定型化契約應記載及不得記載事項的公告事宜，迄至102年6月底為止，共完成汽車買賣定型化契約應記載及不得記載事項等50種公告（一覽表詳見【附錄六】），有需要的人請上行政院消保處的網站 www.cpc.ey.gov.tw 下載。

1. **依法授權公告**：定型化契約由於行業不同而有不同的類型，短期內無法予以全部規定，因此消費者保護法第17條第1項特別規定，授權中央主管機關可以依實際需要情形，選擇特定行業，公告規定其定型化契約應記載或不得記載的事項，作為該行業遵行的依據，以有效導正不公平、不合理的定型化契約條款，保障消費者權益。該經公告的應記載事項，依法並將發生下列效力：

(1)仍應接受司法的審查：定型化契約記載經公告的應記載事項，仍有消費者保護法關於定型化契約規定的適用。換言

之，若公告的條款違反消費者保護法第12條「誠信公平原則」的規定，仍屬無效，不因其經主管機關的公告而變為有效。

(2)契約必須記載：該應記載事項，為該行業同類契約至少應有最低公平條款之正面表列事項（凡是低於該應記載事項標準之定型化契約條款或個別磋商條款，均屬無效），屬於契約必須要有的條款，因為這是契約的基本規定事項。契約在簽訂以後，將取代法律，成為雙方的遊戲規則，雙方的權利義務均依契約辦理，可見其重要性。一份契約，原則上應有其基本的架構及必要的內容，例如買賣契約的內容至少要有雙方當事人（人）、買賣的標的（物）、買賣成立的時間（時）、買賣的地點（地）、買賣的事由（事），才能提供消費者完整的買賣資訊，也才算是一份完整的契約。

(3)應記載事項的內容：依102年行政院提出的消費者保護法修正草案第17條第2項規定，得包括①契約之解除權、終止權及其法律效果。②違反契約之法律效果。③預付型交易之履約擔保。④其他重要權利義務事項。

2. **公告的性質**：這是一種強制性的通案導正措施，具有直接變更契約內容的效力；屬於行政法規性質，具有強制拘束力，依102年行政院提出的消費者保護法修正草案增訂第56條之1，規定對違反的業者，可處新臺幣三萬元以上三十萬元以下罰鍰，並得按次處罰。其作用，主要在補充相關法令規定的不足，惟因公告的應記載事項並無法涵括契約所有的內容，故消費者如能將公告與範本拿來一齊使用，效果當會更佳。

3. **公告的法定要件**：主要有下列三個要件。

(1)須由中央主管機關公告：僅中央目的事業主管機關有權為

之。其程序依102年行政院提出的消費者保護法修正草案第17條第1項規定，係由中央主管機關擬訂，報請行政院核定後公告之。

(2)須有適用上的緩衝期間：視實際需要選擇特定行業，公告該行業定型化契約應記載事項，公告之後原則上均給予6個月緩衝期間調適。

(3)須依法公告：必須是依照消費者保護法第17條規定公告，始發生此等效力；如係依其他法律規定（如發展觀光條例、有線廣播電視法等）的公告，並不具有消費者保護法規定的公告效力（僅可作為行政處分的依據）。

參考條文——與本案有關的相關法條。

1. 消費者保護法：第17條（定型化契約的公告事項）。
2. 消費者保護法施行細則：第15條（公告應載事項的效力）。
3. 汽車買賣定型化契約範本暨應記載及不得記載事項。
4. 中古車買賣定型化契約範本暨應記載及不得記載事項。

十六、公告契約之應記載事項，較個別磋商條款更有利於消費者時，仍應以公告之內容為準。

【案例】預售屋契約個別磋商條款案

黃先生向A建設公司購買台北市某建案的預售屋，A建設公司先是在其預售屋買賣定型化契約之交屋保留款部分留以空白，再俟與個別消費者黃先生磋商約定為1％後填入，與內政部公告應記載事項第13點第2款規定之5％交屋保留款不一致，因而發生爭議。

基本解析——公告的應記載事項具有何種法律效力。

1. **法律關係解析**：本案主要涉及消費公平問題，故屬於契約上的消費關係。

   (1)本案的企業經營者：Ａ 建設公司（販賣預售屋的製造者）。

   (2)本案的消費者：黃先生（購買預售屋的消費者）。

   (3)本案的客體：預售屋（商品）。

   (4)契約類型：定型化契約（本案預售屋買賣契約含有定型化契約條款）。

2. **法律問題解析**：本案的關鍵在於公告契約「應記載事項」，可以發生何種法律效力。消保法第15條固然規定：「定型化契約中之定型化契約條款牴觸個別磋商條款之約定者，其牴觸部分無效。」解釋上應係針對一般定型化契約條款而言，並不包括由公告的應記載事項所轉化而成的定型化契約條款在內。因為公告的定型化契約應記載事項，屬於行政法規，具有強制拘束力，對於定型化契約中的任何條款，無論是定型化契約條款或是個別磋商條款，依法均可發生之功能如下：

   (1)補充功能：如果契約根本未記載者，視為已記載。易言之，未記載經公告應記載事項者，該公告事項即發揮補充功能，可逕行納入成為契約新內容。例如本案契約書如漏未記載交屋保留款事項，該公告的5％交屋保留款應記載事項即依法發揮補充功能，逕行以5％補充納入成為雙方契約新增的內容。

   (2)替代功能：如果契約雖有記載，惟該記載內容未達公告標準者，該公告記載事項即發揮替代功能，可逕以取代原有記載成為契約之新內容。例如本案契約書雖有記載1％的交屋保留款事項，惟因未達公告5％的交屋保留款應記載事項規定之最低標準，該公告的5％交屋保留款應記載事

項即依法發揮替代功能，逕行以5％取代納入成為雙方契約新增的內容。

(3)門檻功能：如果契約已有記載，且該記載內容超過公告標準者，該公告記載事項即發揮門檻功能，可維持該契約原有記載事項為契約內容。例如本案契約書假如記載的交屋保留款事項為10％，因已超過公告5％的交屋保留款應記載事項規定之最低標準，該公告的5％交屋保留款應記載事項即依法發揮門檻功能，逕行以10％作為雙方契約應有的內容。

結論：本案黃先生所購買的預售屋，其預售屋買賣契約所約定之1％交屋保留款，即使是由A建設公司與消費者黃先生個別磋商所獲致之協議（個別磋商條款），仍因未達內政部依法公告預售屋買賣定型化契約應記載事項所規定之5％交屋保留款標準，依公告應記載事項之替代功能，黃先生仍可主張：應逕以公告應記載事項之5％交屋保留款作為雙方契約內容。

補充說明——公告應記載事項與個別磋商條款之效力比較。

1. **個別磋商條款原則上有優先定型化契約條款之效力**：雙方當事人就其個別契約，經磋商後，而約定其內容之全部或一部者，如該約定與企業經營者一方使用之定型化契約條款相牴觸時，自應依當事人之意思，優先適用個別磋商之約定，此乃消費者保護法第15條揭示「個別磋商條款優先定型化契約條款」之緣由。惟定型化契約中的個別磋商條款，如果其內容比定型化契約條款的內容對消費者較為不利時，此時依對消費者有利解釋的原則，予以目的性限縮解釋為：應例外地仍以定型化契約條款的內容為準，以免消費者受害。

2. **公告應記載事項之本質及效力**：按公告定型化契約應記載事項之立法目的，主要係針對業者在契約上應有一定之基本契

約條款內容，公告應予積極記載，予以強制納入，俾有效保障消費者權益。主管機關依消費者保護法規定公告之契約應記載事項，係屬行政法規，具有強制拘束力，可以有效發揮其應有的強制導正功能。惟該公告之應記載事項，一旦為業者採用納為其定型化契約內容，該公告之應記載事項即成為定型化契約條款。可見主管機關依法公告之應記載事項具有下列二種形式，並因而發生不同的法律效力。

(1)純粹公告之應記載事項：屬於行政法規，具有強制拘束力，契約條款如與公告應記載事項規定之內容不一致時，依法可發生上述之補充、替代及門檻等三種強制功能。

(2)轉化成契約之定型化契約條款：屬於定型化契約條款，雖與一般的定型化契約條款在形式上並無不同，但此種定型化契約條款至少隱含有純粹公告應記載事項之門檻功能在內，可將之視為特別的定型化契約條款。對於此種定型化契約條款，固可依消費者保護法第15條「定型化契約中之定型化契約條款，牴觸個別磋商條款之約定者，其牴觸部分無效」規定處理，惟在處理時，其內容仍應受上述純粹公告之應記載事項（補充、替代及門檻等三種強制功能）之限制。

3.**本案行政院消保會（現改為行政院消保處）函釋**：中央主管機關依消費者保護法第17條授權公告之內容，如較「個別磋商條款」之約定，更有利於消費者，而為消費者於為該約定時所不知者，自仍應以中央主管機關所公告之內容，為雙方權利義務之依據，始足以保障消費者之權益。（行政院消保會99.03.04消保法字第0990001518號函）筆者認為：此種見解，須消費者符合於該約定時所不知之限制條件，始能適用，對一般消費者而言，並不全然有利。

參考條文——與本案有關的相關法條。

1. **消費者保護法**：第2條（定型化契約條款及個別磋商條款的定義）、第15條（個別磋商條款優先適用原則）、第17條（定型化契約的公告事項）。

2. **消費者保護法施行細則**：第15條（公告應記載事項的效力）。

3. 預售屋買賣定型化契約應記載及不得記載事項。

十七、違反經主管機關公告的定型化契約不得記載事項，無效。

【案例】經公告電器買賣契約不得記載的「貨物售出，概不退換」條款案

王老先生生性怕冷，特別在A百貨公司的電器販售部門，購買一台電熱器，以便禦寒。結果使用不到一個月，該電熱器竟然無法發生電熱效果，王老先生一氣之下，便前往電器櫃台要求退貨時，看到櫃台上方高懸「貨物售出，概不退換」條款，櫃台人員即以該條款為由不准退貨。

基本解析——每種定型化契約均有其一定的不得記載事項。

1. **法律關係解析**：本案主要涉及消費公平問題，故屬於契約上的消費關係。

   (1)本案的企業經營者：A 百貨公司（販賣電熱器的經銷者）。

   (2)本案的消費者：王老先生（購買電熱器的消費者）。

   (3)本案的客體：電熱器（商品）。

   (4)契約類型：定型化契約（本案電熱器買賣契約含有定型化契約條款）。

2. **法律問題解析**：本案的關鍵在於公告契約「不得記載事項」，有何法律效力。

(1)不得記載事項：屬於契約內容不得記載的重要事項。凡是不公平或是不合理的定型化契約條款，例如「貨物售出，概不退換」或是「交車後，買方必須繳回契約」等條款，均屬定型化契約內不得記載的事項，以確保消費公平。

(2)公告的契約不得記載事項：有逕行影響契約內容的效力。依照消費者保護法第17條第1項「由中央主管機關選擇特定行業，公告規定其定型化契約不得記載事項」的規定，其目的在建立公平合理消費環境，排除定型化契約內容不公平條款存在。換言之，所有能夠存在的條款，至少應具有最低的公平標準，以確保消費者在定型化契約上的權益。

(3)本案「貨物出門，概不退換」條款：屬於經公告不得記載事項的定型化契約條款，無效。因為它排除顧客瑕疵擔保請求權，業經經濟部函釋違反消費者保護法規定。另外，行政院消保會（現改為行政院消保處）亦解釋，開放空間自由選購，結帳包裝後恕不退換的告示，屬於定型化契約條款，如排除顧客瑕疵擔保請求權，違反平等互惠原則，亦應屬無效。

結論：本案王老先生所購買的電熱器既然有瑕疵，可以依法向A百貨公司請求換貨或退貨的權利，A百貨公司不得以無效的「貨物出門，概不退換」的定型化契約條款，作為不負責任的理由。

補充說明——定型化契約不得記載事項。

為確保消費公平，行政院消保會（現改為行政院消保處）在研訂定型化契約範本後，即依照消費者保護法第17條規定，接續辦理定型化契約應記載及不得記載事項的公告事宜，迄至102年6月底為止，共完成電器買賣定型化契約應記載及不得記載事項等50種公告（一覽表詳見【附錄六】），有需要的人請

上行政院消保處的網站 www.cpc.ey.gov.tw 下載。

1. **依法授權公告**：定型化契約由於行業不同而有不同的類型，短期內無法予以全部規定，因此消費者保護法第17條第1項特別規定，授權中央主管機關可以依實際需要情形，選擇特定行業，公告規定其定型化契約應記載或不得記載的事項，作為該行業遵行的依據，以有效導正不公平、不合理的定型化契約條款，保障消費者權益。該公告的不得記載事項依法並將發生下列效力：

(1)不得記載事項的本質：該不得記載事項，為該行業同類契約不應存在違反公平條款之負面表列事項（凡是與該不得記載事項牴觸之定型化契約條款或個別磋商條款，均屬無效），屬於契約不可以有的條款。為避免業者利用不公平、不合理的定型化契約條款，例如不當減輕業者自己的責任或是不當加重消費者的責任，造成契約上的不公平，損及消費者權益，故消費者保護法規定，由主管機關選定行業公告其契約的不得記載事項，作為該行業事前的行政規制，經過一段期間的緩衝（通常為6個月）後予以通案實施。

(2)不得記載事項的內容：依102年行政院提出的消費者保護法修正草案第17條第3項規定，得包括①企業經營者保留契約內容或期限之變更權或解釋權。②限制或免除企業經營者之義務或責任。③限制或剝奪消費者行使權利，加重消費者之義務或責任。④其他對消費者顯失公平事項。

(3)不得記載事項的效果：違反該公告的定型化契約條款，強制無效。企業經營者在個別契約中如果記載經公告的不得記載事項，例如洗衣店的洗衣契約記載經濟部公告「洗衣定型化契約不得記載事項」第3條「送洗衣物逾期未領回者，視為拋棄」的事項，該違反公告的不得記載事項，依

法即發生強制當然無效的結果。

2. **公告的性質**：這是一種強制性的通案導正措施，具有直接變更契約內容的效力；屬於行政法規性質，具有強制拘束力，依102年行政院提出的消費者保護法修正草案增訂第56條之1，規定對違反的業者，可處新臺幣三萬元以上三十萬元以下罰鍰，並得按次處罰。其作用，主要在補充相關法令規定的不足，惟因公告的不得記載事項並無法涵括契約所有的內容，故消費者如能將公告與範本拿來一齊使用，效果當會更佳。

3. **公告的法定要件**：主要有須由中央主管機關公告、須有適用上的緩衝期間、須依法公告等三個要件（詳見參、十五題的補充說明3）。

参考條文——與本案有關的相關法條。

1. **消費者保護法**：第17條（定型化契約的公告事項）。
2. **消費者保護法施行細則**：第15條（公告應記載事項的效力）。
3. **民法**：第354條至第361條（物的瑕疵擔保責任）。
4. **電器買賣定型化契約應記載及不得記載事項**。

十八、禮券上不得有違反主管機關公告不得記載的事項，否則其記載無效。

【案例】旅展販售禮券糾紛案

每年旅展時，每次參展單位均會推出各式的優惠和折扣來搶攻消費者荷包。許小姐於2012年3月1日春季旅展期間，向A飯店購買定價一客1000元而以特價500元促銷的自助餐券10張，餐券上註明使用期限為2012年6月30日，但是許小姐到了7月5日仍然尚有5張餐券未使用，能否繼續使用發生爭議。

基本解析——旅展所販售的禮券有否違反公告的禮券契約不得記載事項。

1. **法律關係解析**：本案主要涉及消費公平問題，故屬於契約上的消費關係。

   (1)本案的企業經營者：A 飯店（在旅展販售禮券的業者）。

   (2)本案的消費者：許小姐（在旅展購買禮券的消費者）。

   (3)本案的客體：自助餐促銷券（商品禮券）。

   (4)契約類型：定型化契約（本案禮券買賣契約含有定型化契約條款）。

2. **法律問題解析**：本案的關鍵在於業者在禮券上所記載的「促銷期限」，是否違反公告禮券契約的不得記載「使用期限」事項。

   (1)禮券契約依公告規定不得記載使用期限：公告禮券不能記載「使用期限」，主要是禮券在購買時消費者已先行繳付貨款，該禮券等於同值的新臺幣，新臺幣不能有使用期限，禮券亦然，故禮券上如有記載使用期限的限制，例如「逾期無效」或「逾期不得使用」等，均屬無效。

   (2)促銷的自助餐券亦為禮券：促銷的自助餐券，既係消費者價購得來，本質上亦屬一種禮券，並無任何疑義，業者依規定不得記載使用期限，否則該使用期限的記載無效。

   (3)促銷期限並非使用期限：禮券不得記載使用期限之目的，旨在保障消費者依券面金額所購買的禮券，其禮券金額的使用期間不致受到使用期限的不當限制或剝奪，以確保契約上的消費公平。至於促銷期限，僅係一種業者基於特定目的所提供特別優惠的期間（即促銷期間），與禮券的使用期限不同，並非禮券的使用期限，即使促銷期間結束，該促銷券的券面金額500元尚可繼續使用，僅須以補差額方式為之，故促銷期限的記載並未違反禮券不得記載「使

用期限」之規定。

結論：促銷期限並非使用期限，本案許小姐尚未使用的自助餐促銷券仍然可以使用，由於A飯店的促銷期間業已結束，許小姐在使用時不能再主張任何優惠權利，因為A飯店的自助餐已回復定價1000元販售，而許小姐所持有自助餐促銷券的面額僅有500元，如欲享受1000元的自助餐，必須另外補差額500元。

補充說明——禮券定型化契約不得記載事項。

禮券消費關係主要是以契約關係為其主軸，基於實用性及效果，目前主管機關對於禮券定型化契約，係以採取暫不制定「禮券定型化契約範本」，逕採「公告禮券定型化契約應記載及不得記載事項」方式辦理，並依產品的屬性由各主管機關依消費者保護法第17條規定辦理「商品（服務）禮券定型化契約應記載及不得記載事項公告（計有18種不同行業的禮券公告）」，有需要的人請上行政院消保處的網站www.cpc.ey.gov.tw 下載。另外，經濟部101年1月14日修正禮券公告的最新版業於102年7月1日施行，併此敘明。

1. **本公告適用的禮券範圍**：本公告所要規範的禮券，指由發行人發行記載或圈存一定金額、項目或次數的憑證、晶片卡或其他類似性質的證券，屬於一種無記名式的有價證券。簡言之，凡具有預先一次付款，取得一次或分次使用權利的證券，均屬之。禮券雖屬於一種預付型交易型態，但並非全部預付型交易型態，均屬禮券。

   (1)禮券的形式：主要有現金禮券、商品禮券、提貨券等三種，其型式約可歸納分為紙券、卡片與晶片等三種，惟不以印有「禮券」名目為限，體驗券、點券、電話卡、游泳券、洗車券、住宿券等，均包括在內。例如業者販售的降價卡、折價券、洗車卡、影印預付卡、樂園代幣、統一超

商發行的 i cash 晶片卡等，因均係屬有償發行，符合禮券定義要件，應屬禮券範疇。但實務上認為下列非屬禮券，不在禮券行政規制的適用範圍。

①無償禮券：例如發行人無償發行的抵用券、折扣（價）券、員工福利券、兌領券，包括百貨公司「滿千送百活動」所得到的抵用券，或是參加會員卡加送的折價券等，均屬之。

②現金儲值卡：例如不限某一行業使用，應與銀行合作發行的多用途現金儲值卡（例如悠遊卡）或其他具有相同性質的晶片卡（例如信用卡或現金卡）等，屬之。

③其他非屬禮券的證件：例如並未圈存一定金額或次數，而為純粹的會員證、學生證、補習班的上課證等，屬之。

(2)禮券的本質：依司法實務界的見解，禮券視同「有價證券」，屬於民法第719條所規定的無記名證券，禮券如因遺失、被盜或滅失，除得直接向拾得人或竊盜人請求返還或賠償外，別無其他救濟方法，亦無法依除權判決取得救濟。另外，禮券在下列情形下可以申請補發，補發費用紙券每次不得超過新臺幣50元，磁條卡或晶片卡每張不得超過新臺幣100元。

①無記名式禮券毀損、變形而重要內容可辨認者，應允許使用或補發：禮券毀損或變形，而其重要內容（如：禮券發行人、券面金額、禮券編號或條碼等）仍可以辨認時，禮券持有人可以請求交付商品（服務）或補發。

②記名式禮券遺失、被竊或滅失時，得申請補發。

2.**禮券定型化契約不得記載事項**：經濟部最新修正版計有九點，爰分述如下：

(1)不得記載「使用期限」：禮券上不可記載「逾期無效」或

「逾期不得使用」等使用期限，否則該記載無效。促銷券（或優惠券）在其券面金額額度內亦屬禮券，業者規定的促銷期限（或優惠期間）並非禮券的使用期限，促銷券（或優惠券）即使在促銷期間（或優惠期間）結束後，消費者仍可使用，惟應依業者規定補足差額而已。另外，禮券應提供履約保證機制，以免因業者倒閉變成壁紙或廢紙，該禮券的履約保證期限（原則上為一年），並非禮券的使用期限，消費者應特別注意。

(2)不得記載「未使用完之禮券餘額不得消費」：禮券上不可記載「一次用完 恕不找零」等找零限制，否則該記載無效。即使是提貨券，亦受此保障。「找零」在解釋上，業者可以「找現金」、「找小額禮券」或是「在禮券上註記餘額」擇一為之。

(3)不得記載「免除交付商品或提供服務義務或另行加收其他費用」：禮券上不可記載「在○○情況下，業者可以免除交付商品或提供服務或另行加收其他費用」等使用限制，否則該記載無效。如果發生此種情況，業者依法即應退還所收的價金或另負損害賠償責任。

(4)不得記載「限制使用地點、範圍、截角無效等不合理之使用限制」：禮券上不可記載「限制使用地點」或「限制使用範圍」、「截角無效」等不合理使用限制，否則該記載無效。但合理使用限制，則不在此限，例如：①禮券毀損以致模糊不可辨認恕不接受兌換或補發、②禮券不得折換現金、③禮券所附贈品，經使用恕不能退換、④恕不能以禮券購買禮券。在此要特別說明的是，對於禮券之使用記載方式，須非屬不合理之使用限制，且於使用方式中記載楚即可；例如百貨公司部分商店不收禮券，該不收受禮券之商店應具備相關要件，且消費資訊已充分揭露，無使消

費者誤認該禮券得使用於所有商店，符合禮券相關規範。

(5)不得記載「發行人得片面解約之條款」：禮券上不可記載「業者有權片面解除契約」等使用限制，否則該記載無效。業者如要解除契約，必須要附加上法定的解約原因或可歸責於相對人（禮券消費者）的原因。

(6)不得記載「預先免除發行人故意及重大過失責任」：禮券上不可記載「業者不負任何故意或過失損害賠償責任」等使用限制，否則該記載無效。此項記載，違反民法第222條「故意及重大過失之責任，不得預先免除」強制禁止的規定。

(7)不得記載「違反其他法律強制禁止規定或為顯失公平或欺罔之事項」：禮券上不可記載「違反其他法律強制禁止規定」、「顯失公平或欺罔事項」等使用限制，否則該記載無效。其主要目的在於強調不得任由業者記載不公平的契約條款。

(8)不得記載「廣告僅供參考」：禮券上不可記載「廣告僅供參考」等使用限制，否則該記載無效。因為禮券上記載「廣告僅供參考」，即係屬「廣告不實或引人錯誤」的一種類型，禮券上自應禁止記載「廣告僅供參考」。

(9)不得記載無實際提供商品（服務）者為禮券發行人：即禁止非實際提供商品（服務）的第三人發行禮券。因為禮券發行屬預付型交易，如由第三人發行，消費者不易知悉業者與第三人間之法律關係與責任歸屬，增加風險評估之不確定性，故列為不得記載事項。

參考條文——與本案有關的相關法條。

1. **消費者保護法**：第17條（定型化契約的公告事項）。
2. **民法**：第222條（故意或重大過失責任不得預先免除）、第719條（無記名證券）。

3. 商品（服務）禮券定型化契約應記載及不得記載事項：計有
   18種不同行業的禮券公告。

十九、主管機關公告線上遊戲契約強制規範，建立線上遊戲處理機制。

> **【案例】遊戲寶物化為烏有案**
> 99年6月3日，陳某登入A遊戲業者的B線上遊戲，並在官方伺服器註冊，經過10個半月花了12萬元，卻因隔年4月10日業者伺服器資料庫毀損，造成他陸續取得的虛擬寶物全「歸零」，A遊戲業者僅願將伺服器及相關資料「重置」，氣得向法院提告索賠。

基本解析——線上遊戲契約應記載及不得記載事項可作為線上遊戲的強制規範。

1. **法律關係解析**：本案主要涉及消費公平問題，故屬於契約上的消費關係。

   (1)本案的企業經營者：A遊戲業者（提供線上遊戲服務的業者）。

   (2)本案的消費者：陳某（購買使用線上遊戲服務的消費者）。

   (3)本案的客體：B線上遊戲服務（服務）。

   (4)契約類型：定型化契約（本案線上遊戲契約含有定型化契約條款）。

2. **法律問題解析**：本案的關鍵在於線上遊戲的虛擬寶物，其性質為何。

   (1)線上遊戲：線上遊戲屬於一種無形產品（服務）。所謂線上遊戲，係指業者透過網際網路連線經由消費者所架設之

網路伺服器，使業者得與其他不特定多數人得同時連線進行遊戲之軟體。線上遊戲並由業者設置遊戲網站（官方網站）、訂定遊戲管理規則（定型化契約條款）、紀錄遊戲歷程來提供線上遊戲服務。消費者係透過儲值（預付費用）及遵守遊戲管理規則來使用線上遊戲。另因外掛程式（非由遊戲業者所提供，以影響或改變業者線上遊戲運作為目的的程式），為避免影響業者遊戲運作及公平起見，一般業者均禁止消費者使用；對違反者，得予停權處罰。

(2)虛擬寶物的定位：遊戲業者為期線上遊戲引人入勝，通常在遊戲當中設計甚多虛擬寶物作為遊戲配件，並規定除了基本寶物配件外，必須達到某一程度，才能取得晉級寶物配件，虛擬寶物越多，代表遊戲消費者功力越高，除了是一種榮耀外，更是一種成就感。可惜的是，該等寶物，均僅為遊戲歷程中的一個電磁紀錄而已，故稱為虛擬寶物。惟即使是虛擬寶物，有法院認定「遊戲寶物也是財產」，消費者如有受損，亦得請求損害賠償。

(3)本案Ａ遊戲業者應負賠償責任：Ａ遊戲業者對其線上遊戲的電磁紀錄負有備份的義務，應備份而未備份，在伺服器資料毀損後，造成消費者陳某虛擬寶物全部「歸零」損失，即應負賠償責任，不得事先以定型化契約條款約定方式免責。

結論：本案法院認為，該遊戲服務合約（定型化契約）中雖載明，遊戲所有電磁紀錄均屬Ａ遊戲業者所有，也載明電磁紀錄遭破壞若證明Ａ遊戲業者無過失，得減輕賠償責任（定型化契約條款），但法院認為Ａ遊戲業者沒有妥善備份，而玩家對遊戲紀錄有「支配權」，遊戲點數與網路寶物也是「財產」，因此判賠15萬6000元。

補充說明──線上遊戲契約範本暨應記載及不得記載事項。

1. **建立線上遊戲處理機制**：為確保線上遊戲消費者的消費公平權益，經濟部除公布契約範本外，並依消費者保護法第17條規定於99年12月1日修正公告「線上遊戲定型化契約應記載及不得記載事項（應記載事項十九點、不得記載事項十三點）」，俾作為建立線上遊戲處理的依據。

2. **線上遊戲契約爭議問題類型說明**：每年春節期間，線上遊戲爭議均高居第一位，其主要爭議類型如后。另外，目前最火紅的「Candy Crush」等「臉書」線上遊戲，多數遊戲服務條款（定型化契約條款）明顯對消費者不公，包括服務中斷不負責，甚至直接訂有免責條款，消費者應特別注意。

   (1)外掛程式爭議：此種爭議最多。對於消費者利用外掛程式進行遊戲，依「線上遊戲定型化契約應記載事項」第19點第2項第2款規定，業者得終止契約，但是業者對於停權仍需負舉證責任。即使停權後，對於剩餘殘值，亦應依使用日數比例退還，不得一律全數沒收。

   (2)寶物被盜爭議：對於寶物被盜部分，消費者可依前述公告第10點規定，請求業者查證，如寶物證實確實被盜，業者有義務回復消費者被盜取之寶物，若不能回復時，可採取其他雙方同意之相當補償方式，惟寶物是否被盜而有爭議時，消費者只得依循司法途徑解決處理。另外，國內銀行業者已推出「虛擬貨幣信託」機制，消費者透過履約保證制度，可以有效避免業者經營不善倒閉，不致讓花錢購買的虛擬貨幣跟著付諸流水。

   (3)線上遊戲點數爭議：依經濟部公告的線上遊戲點數（卡）定型化契約應記載及不得記載事項規定，未來發行線上遊戲點數（卡）供消費者兌換線上遊戲商品或服務的業者，應提供履約保證；倘附贈的點數不在履約保證責任範圍內，消費者使用點數時，業者應先行扣抵附贈的點數；此

外，點數卡應充分載明消費資訊，不得記載使用期限或登錄期限，提供消費者更完善的保障。

(4)線上遊戲安全爭議：近日在網咖發生多起消費者沉迷線上遊戲猝死事件，顯見線上遊戲確有設計消費安全配套機制的必要。因此，為防網路沉迷，遊戲業者對於線上遊戲應設「防沉迷機制」，以確保消費安全。例如業者在線上遊戲應有警告標示說明的義務，如有違反，造成消費者受害時，應負消費者保護法指示瑕疵的產品無過失損害賠償責任。

(5)未成年消費者爭議：玩線上遊戲，想要好寶物、裝備，就得要花錢，但怎麼買，卻是非常簡單，只要在電腦前，上網填一填卡號，還有知道驗證密碼，根本不用當事人就可以刷，導致新竹一名國小六年級男童（無行為能力），就這樣刷媽媽的信用卡，等徐姓媽媽收到信用卡帳單，竟然高達30萬。徐媽媽質疑網路遊戲公司，讓未成年孩童刷卡，不具法律效力，網路遊戲公司表示，目前確實無法過濾上網者年齡，但男童家長也沒有管教好孩子，最後雙方各讓一步，以15萬元達成和解；筆者認為現有機制尚有很大的改進空間。

參考條文──與本案有關的相關法條。

1. **消費者保護法**：第17條（定型化契約的公告事項）。
2. **民法**：第75條至第85條（行為能力）。
3. **線上遊戲定型化契約範本暨應記載及不得記載事項**。
4. **線上遊戲點數（卡）定型化契約應記載及不得記載事項**。

第四章

定型化契約的損害賠償

二十、消費者因契約而受害，亦得請求懲罰性賠償金。

> **【案例】海外渡假村會員卡消費者請求「懲罰性賠償金」案**
>
> 老許在Ａ海外渡假村公司向其推銷海外渡假村會員卡時，因為受到推銷人員花言巧語的哄騙，同意購買30萬元會員卡1張，並辦妥簽約手續。事後發現事實真相，老許即以遭哄騙受害為由，請求損害賠償及懲罰性賠償金。

基本解析——造成損害，就應賠償原則。

1. **法律關係解析：** 本案主要涉及消費公平問題，故屬於契約上的消費關係。

    (1)本案的企業經營者：Ａ海外渡假村公司（販賣海外渡假村服務的經銷者）。

    (2)本案的消費者：老許（購買海外渡假村服務的消費者）。

    (3)本案的客體：海外渡假村服務（服務）。

    (4)契約類型：定型化契約（本案海外渡假村會員卡契約含有定型化契約條款）。

2. **法律問題解析：** 本案的關鍵在於因契約受害，能不能請求懲罰性賠償金。目前法院在實務上對於海外渡假村會員卡問題，已有下列可以請求懲罰性賠償金的案例。

    (1)故意案例：業者以不實廣告誘使消費者簽約，定型化契約

條款又顯失公平，且事後又故意刁難不予退費等情事，有
法院因而認定業者依照消費者保護法規定，應賠償因契約
受害的消費者三倍以下的懲罰性賠償金。

(2)過失案例：法院認定海外渡假村會員卡業者雖未達故意
　　（惡意）程度（視同過失），仍應賠償受害的消費者一倍
　　以下的懲罰性賠償金。

(3)無過失案例：業者並無故意或過失（即無過失），受害的
　　消費者不得請求懲罰性賠償金，僅得請求實際損失，目前
　　法院尚無案例。

結論：本案老許遭Ａ海外渡假村公司哄騙，簽下海外渡假村會
　　員卡契約因而受害，原則上可以依照消費者保護法規定，就
　　業者惡性（故意或過失）的情形，請求故意或過失的懲罰性
　　賠償金。

補充說明——懲罰性賠償金。

1. **損害賠償責任的要件**：消費者保護法上的契約責任，有三個
　　成立要件。

(1)契約須有瑕疵：契約如無瑕疵，業者即無需負責。至於契
　　約責任的瑕疵，與產品責任的瑕疵不同，主要係指有無歸
　　責事由而言，如有可歸責於業者，業者即須負責。

(2)消費者須受有損害：消費者如無損害，即不得請求賠償。

(3)瑕疵與損害間須有因果關係：如果不是因契約瑕疵所致的
　　損害，不在業者負損害賠償責任的範圍。

2. **消費關係類型不限**：無論是使用關係（產品責任）的消費者
　　或是契約關係（契約責任）的消費者，只要消費者受有損
　　害，依照消費者保護法規定向法院提起損害賠償訴訟時，都
　　可以依照消費者保護法規定請求懲罰性賠償金，另外再加上
　　實際的損害額，即為消費者應得的總賠償金額。

3. **損害賠償的範圍**：包括實際損失及懲罰性賠償金（詳見貳、

十二題的補充說明）。至於金融消費者保護法因無此規定，故不得請求懲罰性賠償金。以下為法院有關海外渡假村會員證的懲罰性賠償金案例。

(1)故意案例：應賠三倍以下的懲罰性賠償金。

①業者在契約內不負任何義務，又未於契約書上載明渡假村公司的任何資料，此種定型化契約顯失公平，且有違誠信，亦不符平等互惠原則，其給付與對待給付間顯不相當，而有違平等互惠原則，依消費者保護法規定，應屬無效。法院認業者惡性重大，故判決（三倍）懲罰性賠償金22萬元。

②審酌業者以不實的廣告誘使消費者與其簽渡假村合約，及消費者受損害情節，事後業者又故意刁難不予退費，法院認其惡性重大，故判決（三倍）懲罰性賠償金26萬元。

(2)過失案例：應賠一倍以下的懲罰性賠償金。

①所謂懲罰性賠償，係消費者保護法特有的賠償類型，非屬損害補償性質的賠償，此制的設立目的在於對具有邪惡動機、非道德的、有意圖的或極惡的行為人施以一定懲罰，阻嚇他人效尤的處罰性賠償，其性質及目的與刑事處罰無異，故適用上極具嚴格，本案法院認為業者有其疏失（過失），故判決懲罰性賠償金5萬元。

②業者以不實的廣告誘使消費者與其簽渡假村合約，及消費者受損害情節，且事後業者故意刁難不予退費，法院認為業者有其疏失（過失），為維護交易秩序以及消費者利益，故判決懲罰性賠償金8萬元。

参考條文——與本案有關的相關法條。

1. 消費者保護法：第51條（懲罰性賠償金）。

2. 公平交易法：第32條（懲罰性賠償金）。

3. **健康食品管理法**：第29條（懲罰性賠償金）。

4. **金融消費者保護法**。

廿一、履約保險（或保證）機制可以有效保證契約的履行。

> **【案例】辦理海外遊學團業者「潛逃出國」案**
> 台北市陳小姐參加Ａ留學中心代辦的遊學團，預定於民國93年9月到美國加州的Ｂ學校遊學一年，與該中心簽訂契約並繳交一百多萬元費用。但在當年10月收到 Ｂ 學校的催款通知單，才知道業者並未將錢繳給學校，該中心負責人並已捲款潛逃出國。

基本解析──業者財力不足，會影響消費者的求償權。

1. **法律關係解析**：本案主要涉及消費公平問題，故屬於契約上的消費關係。

   (1)本案的企業經營者：Ａ留學中心（販售海外遊學服務的製造者，Ｂ學校並非本案契約關係的企業經營者）。

   (2)本案的消費者：陳小姐（購買海外遊學服務的消費者）。

   (3)本案的客體：海外遊學服務（服務）。

   (4)契約類型：定型化契約（本案海外遊學契約含有定型化契約條款）。

2. **法律問題解析**：本案的關鍵在於預付型交易契約，有何風險及處理問題。

   (1)預付型交易的風險很大：應建立履約保險或履約保證機制。企業經營者如果有投保履約責任保險或提供履約責任保證，在消費者預付款項以後，該契約如果因故未能履行，應由保險公司或保證人代負履行責任。其目的即在確

保該契約可以完全履行，保障契約消費者權益，並有效促進消費公平。

(2)遊學已建立履約保障機制：遊學權益可以得到有效保障。

　　①履約保障保險機制：金管會於94年1月19日通過由產險公會研議設計的「海外遊學業履約保證保險」，其投保最低金額為新台幣一千萬元（也可以同金額的銀行保證代之，此為履約保證），以保障海外遊學學子權益。

　　②遊學履約保險：自95年6月5日起，凡是經營遊學業者均應投保履約責任保險，並於行程出發前出示已投保的證明；如未投保者，發生不能履約時，則須依約定最低投保金額，計算其應理賠金額至少三倍作為賠償金額。保障內容為要保人（遊學業者）於保險期間內，向被保險人（海外遊學的消費者）收取海外遊學費用後，因財務問題而無法履行原訂海外遊學契約，使所安排或組團的遊學行程無法啟程或完成全部行程，致海外遊學者全部或部分遊學費用遭受損失，保險公司將依保險契約的約定，對海外遊學者負賠償的責任。

(3)本案並無履約保證機制保障：本案係發生在該機制建立以前，尚未能強制A留學中心提供履約保證或履約保險，故無履約保障機制的適用，只能由業者自行負責。另外，最近廉價航空越來越多，惟航空公司並未比照旅行業投保履約保證保險，因此所發生的糾紛只能要求旅行社負責，消費者要特別注意。

結論：本案陳小姐參加遊學團所受的損害，因該遊學團並未提供履約保障機制，故只能向已經捲款潛逃的業者A留學中心請求賠償。

補充說明——履約保障機制。

1.預付型交易的風險很大：所謂預付型交易，是指先付錢，再

分期、分次享受商品或服務的交易。近幾年來，各行各業如百貨公司、大賣場、餐飲業及各種休閒服務業（健身中心、塑身美容）常以發行「禮券」、「提貨券」、「儲值卡」的方式來促銷商品或服務，並以多買多送的方式，讓消費者以為撿到便宜，卻忽略了必須承擔服務品質縮水及業者經營不善倒閉的風險。最近社會上發生許多件預付型的交易糾紛，例如新糖主義麵包連鎖店的倒閉、佳姿健康集團的無預警歇業等，造成已預繳費用買來的使用券、會員卡等因無法使用而變成一文不值，受害的消費者求償無門。因此，消費者在從事預付型交易之前，不要心動就馬上行動，務必要三思而後行。以佳姿健康集團94年5月10日歇業事件為例，台北市政府已採取下列處理措施。另外，亞歷山大健身中心2007年12月9日突然歇業事件，行政院消保會（現改為行政院消保處）亦採取類似處理措施，俾有效保障受害消費者的權益。

(1)佳姿公司：應進行會員資料保全動作，並提供消費者契約書及相關證明文件。

(2)消費者：台北市政府已協商受害的消費者獲致下列處理共識。

　①以信用卡刷卡消費的消費者：依國際信用卡組織規定，可檢具信用卡簽帳單、發票、賸餘價值證明文件、未使用服務證明、申請退款原因聲明書等文件，向發卡銀行申請退款。

　②以貸款方式付款的消費者：請承辦的銀行同意將消費者的貸款，暫列為爭議款，於94年9月30日前不計息及不催繳。

　③以現金方式付款的消費者：須直接向佳姿健康集團請求退款。

2.**預付型交易契約的預防機制**：履約保障機制，主要有履約責

任保險或履約責任保證二種。消費者在簽訂契約前，如能要求企業經營者提供履約保障機制，才能有效確保該契約能夠全部履行完成。目前行政院消保會（現改為行政院消保處）已協調建立必須提供履約保證機制的行業項目計有：禮券定型化契約、留遊學定型化契約、健身中心定型化契約、網路教學軟體定型化契約、生前殯葬服務定型化契約、悠遊卡定型化契約、ETC定型化契約、預售屋買賣定型化契約、線上遊戲點數（卡）定型化契約等，俾有效保障消費者權益。

3. **預付型交易契約的規範**：為確保預付型交易消費者的權益，行政院消保會（現改為行政院消保處）已討論通過，並分由經濟部就「零售業等」、農委會就「休閒農場業、森林遊樂區、娛樂漁業」、衛生署就「瘦身美容業、餐飲業等」、體委會（現已併入教育部）就「體育場館業」、通傳會就「電信業」、交通部就「觀光遊樂業、觀光旅館業、旅館業、民宿業、路外停車場業、公路（市區）汽車客運業」、新聞局（現已併入文化部）就「電影片業、圖書業」、勞委會就「按摩業」、財政部就「菸酒業」等公告「商品（服務）禮券定型化契約應記載（3點）及不得記載事項（8點，經濟部現已修正為9點）」，原則上均自民國96年4月1日起生效，作為預付型交易契約的主要規範。另外，並加強「預付型交易儘量以刷卡方式為之，對消費者較有保障」的教育宣導工作，以確保消費者權益。

(1)禮券適用的範圍：凡是由發行人記載或圈存一定金額、項目或次數的憑證、晶片卡或其他類似性質的證券，而由持有人以提示、交付或其他方法，向發行人或其指定的人請求交付等同於商品禮券所載金額的商品。但不包括：

①發行人無償發行的抵用券、折扣（價）券。

②多用途現金儲值卡（如悠遊卡）或其他具有相同性質的

晶片卡。

(2)發行人應提供履約保證責任：任選下列一種機制（五選
一）。

　①金融機構履約保證：由金融機構提供履約保證。

　②同業連帶保證：與同業同級的公司相互連帶擔保，持本
　　禮券可向該公司購買等值的商品。

　③開立信託專戶：所收取之金額，應存入金融機構開立信
　　託專戶，專款專用。

　④同業公會保證：加入同業公會辦理的禮券聯合連帶保證
　　協定，持本禮券可向加入的會員公司購買等值的商品。

　⑤其他履約保證：係指除了上述四種履約保證之外，業者
　　提出其他經主管機關許可，並經行政院消保會（現改為
　　行政院消保處）同意的履約保證方式。

參考條文——與本案有關的相關法條。

1. **保險法**：與履約保險有關條文。

2. **民法**：與履約保證有關條文。

3. **健身中心、生前殯葬服務、海外留遊學、預售屋買賣等定型
化契約應記載及不得記載事項。**

4. **（各類）商品（服務）禮券定型化契約應記載及不得記載事
項。**

肆、特種買賣

《 重 點 提 要 》

一、買賣契約的類型

　　㈠民法規定的一般買賣：所有買賣契約的基本規定。

　　㈡消保法規定的特種買賣：僅有郵購買賣、訪問買賣、現物要約、分期付款買賣四種。

二、郵購買賣：利用郵購廣告進行推銷所成立的買賣。

　　㈠特殊解約權：消費者有 7 天無條件解約權。

　　㈡消費關係的網路交易：適用郵購買賣規定，並以「零售業等網路交易定型化契約應記載及不得記載事項」作為處理準據。

三、訪問買賣：推銷員在非其營業場所進行推銷所成立的買賣。

　　㈠特殊解約權：消費者有 7 天無條件解約權。

　　㈡多層次傳銷或老鼠會：以訪問買賣方式推銷。

四、現物要約：未訂購即送貨或不續訂仍續送產品，因消費者承諾而成立的買賣。

　　㈠消費者：無保管及主動退回產品的義務。

　　㈡業者：到期未取回產品，視同拋棄所有權。

五、分期付款買賣：消費者可先使用商品，餘款分期支付方式所成立的買賣。但向銀行貸款分期償還者，不適用消保法有關分期付款買賣的規定。

　　㈠書面契約：分期付款應訂立書面契約（註明頭期款、利率、差額）。

　　㈡分期攤還表：業者應附具分期攤還表，且消費者有提前清償的權利。

第一章

傳銷行為與特種買賣

一、產品因傳銷行為而成立的買賣契約，均須受到法律的規範。

> **【案例】房屋仲介買賣的「法律規範」案**
> 在台北市擁有自己住宅的黃先生，於94年3月1日奉公司指派前往大陸，並限於94年7月1日以前報到任職。黃先生於是透過台北市某知名的甲房屋仲介公司設在信義區的A連鎖店幫忙販賣其住宅。A連鎖店的仲介人員即代為刊登售屋廣告，透過廣告的傳銷及人員的仲介，終於將房子賣給一位張先生自住。

<u>基本解析</u>——傳銷的目的在成立買賣契約。

1. **法律關係解析**：本案屬於買賣契約的法律關係。
   - (1) 賣方（產品出賣人）：本案的賣方，計有下列二人。
     - ① 屬於本案的企業經營者：甲房屋仲介公司及其信義區的A連鎖店（提供房屋仲介服務的製造者），故均為本案的企業經營者。
     - ② 不是本案的企業經營者：黃先生（因為不是以賣房子為其職業，故非為企業經營者）。
   - (2) 本案的消費者：本案的買方，均為消費者。
     - ① 黃先生（購買委託售屋仲介服務的消費者）。

②張先生（購買委託購屋服務的消費者）。

(3)本案的客體：房屋（商品）及房屋仲介服務（服務）。

2.**法律問題解析**：本案的關鍵在於傳銷行為，究竟可以發生多少法律關係。

　(1)傳銷行為的目的在成立買賣契約：依法律關係的構成要件，原則上只要有二個人發生法律行為，即可成立一個法律關係。本案委託售屋的傳銷行為，因為涉及三個人，所以可能發生下列三種法律關係。

　　①屋主與仲介公司：本案黃先生為向仲介公司購買「售屋仲介服務」的消費者，房屋仲介公司為提供仲介售屋服務的企業經營者，故屬於一種消費關係。

　　②仲介公司與買方：本案張先生為向仲介公司購買「購屋仲介服務」的消費者，房屋仲介公司為提供仲介購屋服務的企業經營者，故屬於一種消費關係。

　　③屋主與買方：本案屋主黃先生並非以賣屋為業的企業經營者，買方張先生即使是消費者，仍非屬消費關係，僅為一般買賣關係。

　(2)不同的法律關係，適用不同的法律：所有的法律關係，均受到法律的規範。

　　①一般法律關係：屋主與買方因不屬於消費關係，故應適用「民法」的規定。

　　②消費法律關係：屋主與仲介公司、買方與仲介公司均屬於消費關係，應適用「消費者保護法」的規定。

　(3)本案連鎖業者應負連帶責任：本案甲房屋仲介公司對其信義區 A 連鎖店的行為，應依法負連帶損害賠償責任。

結論：本案如果發生糾紛，可依下列方式處理。

　(1)買方張先生：可以向甲房屋仲介公司及其 A 連鎖店，依據消費者保護法規定主張應有的權益；但是對於屋主黃先

生，則只能依據民法規定主張權益。

(2)買方黃先生：可以向甲房屋仲介公司及其Ａ連鎖店，依據消費者保護法規定主張應有的權益。

補充說明──傳銷行為的方式。

1. **買賣經營方式**：買賣經營的方式，隨著時代的進步，不斷的推陳出新，並已由一元趨於多元，惟不管傳銷方法如何改變，究其本質，實可將其歸納為店頭式買賣及無店頭式買賣兩種，如附表。

傳銷行為及類型的比較			
類型	店頭式買賣		無店頭式買賣
賣場	有固定賣場	(1)單店：例如由同一老板所開設的店面，包括分店在內。 (2)複店：例如由同一個老板開設二個以上同性質的店面，且無本店分店區分者，包括連鎖店、加盟店在內。 (3)異業結盟：例如在原有營業的店面內，容許附帶推銷其他不同營業者的產品。	無固定賣場	(1)純粹無固定賣場的無店頭式買賣：例如以自己的住家（非店面）以電話或網路從事銷售產品的業者。 (2)有固定賣場（店頭）兼營的無店頭式買賣：例如飯店或便利商店推出宅配年菜或母親節蛋糕等的傳銷行為，均屬之。

傳銷方式	以靜態傳銷為主	(1)被動性：店頭式買賣，因其戰場受限於固定賣場，故必須吸引消費者前來該固定賣場選購，其商品始有銷售出去的機會，只能被動地坐以待客。 (2)引誘性：店頭式買賣，須以刊登大拍賣廣告，或買一送一優惠廣告，或可以分期付款廣告等，來刺激消費者購買慾，引誘消費者前來該固定賣場選購。	以動態傳銷為主	(1)主動性：無店頭式買賣，無需坐在固定賣場等待顧客上門，可以主動到固定賣場以外去推銷其產品，販售產品空間不受賣場限制。 (2)侵略性：無店頭式買賣，可以到固定賣場以外尋找顧客推銷，並可以利用更積極性的，甚至於是不當的傳銷行為，極具侵略性，已對消費者自由意志的形成，產生極大的影響。

2.**與傳銷行為有關的法律**：基本上主要有下列三種。

(1)民法：適用於一般法律關係的傳銷行為。

(2)消費者保護法：適用於消費法律關係的傳銷行為。

(3)公平交易法：適用於違反公平交易法規定的傳銷行為。

參考條文──與本案有關的相關法條。

1. **民法**：第345條至第397條（買賣）、第490條至第514條（承攬）、第565條至第575條（居間）。

2. **消費者保護法**：第18條至第21條（特種買賣）。

3. **公平交易法**：第21條（資訊真實條款）、第24條（不正行為概括禁止條款）。

4. **不動產委託銷售契約書範本暨應記載及不得記載事項。**

二、符合消費者保護法規定的要件，才能適用該法「特種買賣」的規定。

> **【案例】買賣契約成立後要求「解約退費」案**
> 台北市的林小姐一向喜歡追求時髦。在94年10月百貨公司週年慶期間，到 A 百貨公司的 B 牌化粧品專櫃購買上萬元的化粧品，回到家後因為聽信友人批評該化粧品業已落伍，次日即前往百貨公司，主張依照消費者保護法「消費者有權利在7日內退貨還錢」的規定，要求辦理退費。

基本解析——並非所有的買賣行為，都屬於消費者保護法的特種買賣。

1. **法律關係解析**：本案主要涉及消費公平問題，故屬於契約上的消費關係。

   (1)本案的企業經營者：A 百貨公司及 B 牌化粧品專櫃（販售化粧品的經銷者）。

   (2)本案的消費者：林小姐（購買化粧品的消費者）。

   (3)本案的客體：化粧品（商品）。

2. **法律問題解析**：本案的關鍵在於是不是任何的買賣行為，消費者均有7日的退貨解約權。

   (1)買賣契約一旦成立，就有一定的效力：依照民法規定，買賣契約在成立以後，就有法定的拘束力，除非買賣的標的物有瑕疵，才可以依據瑕疵擔保責任的規定，向賣方要求更換無瑕疵的產品或是要求退貨解約，否則是不允許買方後悔不買的，故買方在購買前一定要慎重地三思。

   (2)本案屬於消費關係：由於林小姐與百貨公司間成立的化粧品買賣契約，屬於消費關係，故可以適用消費者保護法例

如產品責任、定型化契約等有關規定。

(3)本案不適用消費者保護法7日解約退貨的規定：依照消費者保護法規定，僅有「郵購買賣」及「訪問買賣」的消費者，才可以享有7日解約退貨的權利，並不是所有的買賣行為都可以適用。本案林小姐並不是以「郵購買賣」或「訪問買賣」的方式購買化粧品，故無7日解約退貨的權利。

結論：本案林小姐與 A 百貨公司及 B 牌化粧品專櫃間所成立的化粧品買賣契約，雖然屬於消費關係，但因不是以「郵購買賣」或「訪問買賣」的方式購買，故不得主張消費者保護法7日解約退貨的規定。

補充說明──消費者保護法的「特種買賣」。

1. **消費者保護法上特種買賣的法律關係**：消費者保護法與民法最大的不同，在於消費者保護法僅適用於消費的法律關係，其買賣主體須受下列限制：

(1)出賣人：限為企業經營者。出賣人的出賣行為限為「營業」行為，如果不是以「營業」為目的，例如因缺錢而出賣家中古董，該出賣人即非企業經營者。

(2)買受人：限為消費者。即買受人的購買行為限為「最終消費」行為，如果不是以「消費」為目的，例如買計程車來開業，該買受人即非消費者。

2. **消費者保護法上特種買賣與民法上買賣的比較**：如附表。

契約	買賣名稱		買賣 特 徵	買賣場所	傳銷方式	傳銷型態
民法上的買賣契約	一般買賣		一般係業者在其營業場所進行買賣行為，多由買方（消費者）先行要約，再由賣方（業者）承諾而成立契約（契約在成立時發生效力）。	營業場所	一般廣告	坐等顧客上門
	特殊買賣	試驗買賣	買賣雙方先成立買賣契約，俟買方試用滿意並在一定期間內承認標的物後，契約才發生效力（附停止條件的買賣契約）。	營業場所	一般廣告	坐等顧客上門
		貨樣買賣	在簽訂契約時，出賣人出示貨樣並擔保其交付的標的物與貨樣有同一的品質（附解除條件【擔保品質】的買賣契約）。	營業場所	一般廣告	坐等顧客上門
		分期付價買賣	在簽訂契約時，即約定買賣價金買方可以分三期以上支付的買賣契約。	營業場所	一般廣告	坐等顧客上門
		拍賣	由拍賣人對於多數應買人的出價（要約），依法將拍賣物拍歸出價最高的應買人（承諾），所成立的買賣契約。	拍賣場所	一般廣告	坐等顧客上門
	郵購買賣		(1)企業經營者（賣方）以廣播、電視、電話、型錄、網際網路或其他類似方法，使消費者未能檢視產品而成立的買賣契約。 (2)因係以廣告上的產品為主要訴求，故與「貨樣買賣」類似。	在營業場所外傳銷	廣告直銷	尋找顧客推銷

消費者保護法上的特種買賣契約	訪問買賣	(1)企業經營者未經消費者邀約，在消費者的住居所或其他場所從事銷售，而成立的買賣契約。 (2)因係由推銷員就產品特性加以說明推銷，故與「貨樣買賣」類似。	在營業場所外傳銷	人員直銷	尋找顧客推銷
	現物要約	(1)企業經營者未經消費者要約，逕將商品寄送給消費者，如果消費者願意承諾接受，而成立的買賣契約。 (2)因須經消費者承認的程序，故與「試驗買賣」類似。	在營業場所外傳銷	商品直銷	尋找顧客推銷
	分期付款買賣	(1)買賣契約約定消費者支付頭期款，餘款分期支付，而企業經營者於收受頭期款時，交付標的物予消費者的買賣契約。 (2)因價金可以分期支付，故與「分期付價買賣」類似。	任何場所均可	傳銷方式不限	不限

3. **特種買賣即特種交易**：買賣屬於交易行為的一種方式，在法律用語上，買賣或交易有形的商品，均無不可；但是無形的服務僅能以交易為之，交易的範圍較買賣為廣。因此，為正視聽，102年行政院提出的消費者保護法修正草案將「特種買賣」修正為「特種交易」、「郵購買賣」修正為「通訊交易」、「訪問買賣」修正為「訪問交易」，並增訂第19條之2條文，規定因商品或服務的性質特殊，消費者依第19條第1項規定行使解除權，對企業經營者顯失公平者，中央主管機關得報請行政院核定後，公告排除適用。有關特種交易的修正條文，因尚待行政院公告相關內容，故其施行日期授權行政院定之。

參考條文——與本案有關的相關法條。

1. **民法**：第345條至第383條（一般買賣）、第384條至第397條（試驗買賣、貨樣買賣、分期付價買賣、拍賣等特殊買賣）。

2. **消費者保護法**：第18條至第21條（郵購買賣、訪問買賣、現物要約、分期付款買賣等特種買賣）。

第二章

郵購買賣

三、凡以廣告傳銷方式，且消費者並無檢視產品機會所成立的買賣，為郵購買賣。

> **【案例】**「郵購目錄」傳銷的郵購買賣案
> 民國86年高雄市某國小的甲班學生，為慶祝母親節，依據設址在台北縣三重市（現為新北市三重區）的「方籃子郵購公司」所提供的郵購目錄，然後依據該目錄上的劃撥單將價金劃撥過去的方式，來郵購母親節禮品。惟事後業者一再搪塞，結果乾脆逃之夭夭，經派員實地瞭解該郵購公司現址，已人去樓空，懷疑是蓄意詐財。

基本解析──郵購買賣屬於無店頭式的買賣。

1. **法律關係解析**：本案主要涉及消費公平問題，故屬於契約上的消費關係。

   (1)本案的企業經營者：方籃子郵購公司（販售母親節禮品的經銷者）。

   (2)本案的消費者：甲班學生（購買母親節禮品的消費者）。

   (3)本案的客體：母親節禮品（商品）。

   (4)契約類型：郵購買賣契約。

2. **法律問題解析**：本案的關鍵在於什麼是郵購買賣。

   (1)本案屬於郵購買賣：所謂郵購買賣，係指企業經營者用廣

播、電視、電話、傳真、型錄、報紙、雜誌、網際網路、傳單或其他類似的方法，使消費者未能檢視商品而與企業經營者所為的買賣。本案方籃子郵購公司係利用型錄（郵購目錄）傳銷方法，消費者未能事先看到真正的商品並加以檢視，因而成立的買賣，符合郵購買賣的要件。

(2)郵購買賣是一種無店頭式買賣：不僅讓企業經營者節省販賣所需成本（人事、賣場、倉儲等）的支出，消費者也可享受足不出戶的便利，即可達消費的目的。但是就因為它是一種無店頭式的買賣，並沒有固定的賣場，導致發生糾紛時，消費者常常找不到企業經營者，本案就是此種情形，受害的消費者只好自認倒霉。

(3)郵購消費者自保之道：針對無店頭式買賣的特性，消費者在從事郵購買賣行為時，務必要作好事先對業者的徵信工作，並查證業者的紀錄，以有效避免郵購業者的詐騙行為。

結論：本案雖然符合消費者保護法規定的郵購買賣要件，但是因為企業經營者業已不知去向，購買禮品的甲班學生消費者，只有自認倒霉。

補充說明──郵購買賣的要件。

1. 郵購買賣的要件：消費者保護法規定的郵購買賣，必須具備下列二個要件。

(1)傳銷媒介要件：郵購買賣主要係利用傳銷媒介作為行銷的利器，並非買賣當事人雙方面對面的交易行為，故有人稱為「遠距離交易」。郵購買賣業者主要是利用廣播、電視、電話、傳真、型錄、報紙、雜誌、網際網路、傳單或其他類似的方法，來吸引消費者的注意，作為其傳銷的媒介。

(2)未檢視商品要件：郵購買賣的特色，在於消費者在購買

前，只能透過廣播、電視、電話、傳真、目錄、網路等傳銷方式，對所欲購買的商品有著大概的瞭解，但是卻不是直接看到真正的商品，因為並未拿到真正的商品，故無法獲得實際檢視商品的機會，常常會被業者的廣告內容所誤導，因而買到一些不是符合自己真正想要的產品。

2. **郵購買賣的客體**：包括下列產品。

(1)商品郵購買賣：原則上只要是有形的產品（商品），均可作為郵購買賣的客體，例如蛋糕、水果、年菜、健康食品、衣服、情趣用品、升學錄影帶、語言學習錄音帶、百科全書、雜誌、特考教材、透視眼鏡、藥品、醫療器材、文具用品、飾物等，均可作為郵購買賣的客體。

(2)服務郵購買賣：即使是無形的產品（服務），例如國內外旅遊、醫療行為、金融產品（如電話行銷貸款、簡訊行銷貸款）、保險產品（如電話行銷保單）、會員卡、代購產品服務、代寫論文、函授補習、網路拜拜、點光明燈或安太歲點燈、網購數位產品等，亦可作為郵購買賣的客體。

3. **郵購出賣人負有特別的告知義務**：為避免消費者因郵購買賣受害，依照消費者保護法的規定，郵購買賣的出賣人，對於消費者負有下列特別的告知義務，並負取得消費者已受告知的證明文件，以證明消費者已經合法被告知。

(1)買賣的資訊：買賣的條件及出賣人的姓名、名稱、負責人、事務所或住居所。

(2)特別解約的資訊：買受人有7日的猶豫期間及無條件契約解除權。

4. **郵購買賣即通訊交易**：102年行政院提出的消費者保護法修正案將「郵購買賣」修正為「通訊交易」。

參考條文——與本案有關的相關法條。

1. **消費者保護法**：第2條第10款（郵購買賣的定義）、第18條

至第19條之1（郵購買賣）。

2. 消費者保護法施行細則：第16條至第20條（郵購買賣）。

3. 民法：第345條至第383條（一般買賣）。

4. 公平交易法：第21條（資訊真實條款）、第24條（不正行為概括禁止條款）。

四、郵購買賣的消費者對於購買的產品，有 7 日猶豫期間及無條件解約權。

【案例】「報紙郵購廣告」式的郵購買賣案

黃先生的兒子小明今年高中畢業，正在努力用功準備參加大學聯考，黃先生非常希望小明能夠考取理想的大學。某日黃先生在報紙上看到 A 升學錄影帶公司經銷總複習錄影帶的郵購廣告，於是郵購了一份全套20捲，並劃撥了費用6000元，在94年6月27日收到錄影帶產品後，才發現內容並不如理想。

基本解析——郵購買賣的消費者權益，須受到特別保障。

1. **法律關係解析**：本案主要涉及消費公平問題，故屬於契約上的消費關係。

(1)本案的企業經營者：A 公司（販售升學錄影帶的經銷者）。

(2)本案的消費者：黃先生（購買升學錄影帶的消費者）。

(3)本案的客體：升學錄影帶（商品）。

(4)契約類型：郵購買賣契約。

2. **法律問題解析**：本案的關鍵在於「郵購買賣」的消費者權益，有何保障規定。

(1)郵購消費者有至少7日的猶豫期間：凡是郵購買賣的消費

者，對於所購買的產品，依照消費者保護法的規定，至少有7日的猶豫期間來考慮是否要解除契約，本案亦不例外。

①7日期間的計算：從消費者收到產品的第2天起算，經過7天（如果期間結束日適逢春節等國定假日時，則應順延）。本案在6月27日收到錄影帶，故應從6月28日起算，到7月4日為止。

②7日為法定最低期限：如果業者只同意給消費者3日的猶豫期間，仍應以7日為準；如果業者同意給消費者30日的猶豫期間，則以業者的期間為準。

(2)郵購消費者有無條件契約解除權：凡是郵購買賣的消費者，對於所購買的產品如果覺得不滿意，依照消費者保護法的規定，在猶豫期間內，可以用書面（例如寄存證信函）或直接退回產品的方式解除契約，不必說明理由，也不必負擔任何費用或價錢，這就是所謂的「無條件契約解除權」。本案黃先生如想解除契約，可以在7月4日以前行使其無條件契約解除權。

(3)郵購消費者有必要的產品檢查權：郵購買賣的消費者，因檢查的必要或因不可歸責於消費者自己的事由，導致收受的產品有毀損、滅失或變更的情形，該消費者前述的無條件契約解除權不消滅，仍可解除契約。

結論：本案消費者黃先生所郵購的升學錄影帶，不管滿不滿意，依消費者保護法規定，只要在7月4日以前都可以向 A 升學錄影帶公司用書面通知或退回產品方式，行使其無條件契約解除權。

補充說明──猶豫期間及無條件契約解除權。

1.猶豫期間：這是消費者保護法針對郵購買賣或訪問買賣的特別規定。為平衡消費者在郵購買賣或訪問買賣購買前無法獲得足夠的資料，或並無充足的時間加以選擇，消費者保護法

特別採取將判斷時間延後的猶豫期間制度，亦即所謂的冷卻期間(Cooling Period)。

2. **契約解除權**：這是消費者保護法針對郵購及訪問買賣的特別規定，與民法規定一般買賣的解除權不同（如附表）。

買賣契約成立後，消費者有權退貨解除契約比較表					
買賣類型		解約退貨理由	費用	賠償	備註
一般買賣	產品無瑕疵	有條件解約權：須業者訂有退貨條款，否則不能退貨解約（須說明理由）	須自行負擔運費及交通費等費用	不可請求損害賠償	解除權除斥期間依退貨條款規定
	產品有瑕疵	有條件解約權：須產品有瑕疵，權利瑕疵擔保責任或物的瑕疵擔任責任（須說明理由）	不必負擔任何費用或價款	可以請求損害賠償	解除權為六個月除斥期間
特種買賣	郵購買賣	無條件解約權：產品無需有瑕疵（無需說明理由）	不必負擔任何費用或價款	可以請求損害賠償	解除權為7日除斥期間
	訪問買賣	無條件解約權：產品無需有瑕疵（無需說明理由）	不必負擔任何費用或價款	可以請求損害賠償	解除權為7日除斥期間

(1)解除權行使的時機：郵購買賣契約簽訂後，不管是在「收受商品以後」，或是在「收受商品以前」，均可行使。

(2)解除權行使的方式：消費者行使解除權，依法必須以直接退回商品或是以書面通知企業經營者的方式來解除買賣契約；主要是為表示慎重及存證的必要，以及衡平雙方權利義務。

(3)解除權行使的時限：消費者於收受商品後行使解除權，其

書面通知的發出或退回商品的交運，均應於商品收受後的7日內為之。

(4)解除權行使的理由及費用：為期積極而有效保障消費者權益，消費者保護法特別規定，消費者行使買賣契約的解除權時，無需說明理由及負擔任何費用或價款，所以是一種無條件的解除權。

(5)解除權行使的效果：郵購買賣契約經解除後，該郵購買賣契約的效力因而消滅，買賣雙方互負回復原狀的義務。

3. **郵購消費者的退貨解約權應有一定的限制**：報載對於端午節郵購的粽子，有消費者將宅配到家的粽子吃光後，再以口味不佳，要求依消費者保護法規定退款；另外，黑鮪魚郵購、帝王蟹郵購等，也發生類似情形，主要係因消費者都已知道郵購的商品，在7日內可以無條件解約退款，因此消費者似以涉嫌惡意濫用檢查權方式，造成交易不公平情形，行政院消保會（現改為行政院消保處）已為此訂頒「郵購買賣食品（例如年菜等）定型化契約應記載及不得記載事項指導原則」作為處理準據，採取「剩下多少，比例退費；如已用完，即無法解約退款」原則辦理。另外，102年行政院提出的消費者保護法修正草案，已增訂授權行政院公告針對易腐敗或可複製等具有特殊性質的商品或服務排除適用規定，將來應特別注意。

參考條文──與本案有關的相關法條。

1. **消費者保護法**：第19條（契約特別解除權）。

2. **消費者保護法施行細則**：第17條（必要檢查權）、第18條（商品收受前的解約）、第19條（解除權的行使期限）、第20條（解約後取回商品的期限）。

3. **民法**：第351條（權利的瑕疵擔保責任）第354條（物的瑕疵擔保責任）、第359條（減少價金）、第360條（損害賠償）、第364條（換貨）。

4.郵購買賣食品（例如年菜等）定型化契約應記載及不得記載
　事項指導原則。

五、郵購買賣主要係以廣告傳銷為主，消費者容易受到其廣告的影響。

【案例】郵購廣告「誤導消費者」案
某知名的Ａ電視購物頻道台，正在促銷某種名牌手錶，一
支要價10萬元，業者充分利用電視台設備的「燈光美、氣
氛佳」方式來包裝該手錶，據報載此種促銷手法連已成為
比丘尼的林女都受不了刺激，因一時的衝動，就買了好幾
支手錶，於94年6月5日收到手錶後，發現品質與預期有
落差，向業者要求解約退費。

基本解析——郵購買賣消費者常被郵購廣告所誤導。

1.**法律關係解析**：本案主要涉及消費公平問題，故屬於契約上
　的消費關係。
　(1)本案的企業經營者：Ａ電視購物頻道台（販售手錶的經銷
　　　者）。
　(2)本案的消費者：林女（購買手錶的消費者）。
　(3)本案的客體：手錶（商品）。
　(4)契約類型：郵購買賣契約。

2.**法律問題解析**：本案的關鍵在於郵購買賣，其主要的問題徵
　結何在。
　(1)郵購買賣易生糾紛：主要有下列二個原因。
　　①郵購廣告容易誤導消費者：主要是因為郵購買賣係以郵
　　　購廣告傳銷為主，業者經常以誇大不實的廣告內容來誤
　　　導消費者。本案電視購物頻道台常常利用「視覺效果」

的影響，呈現的商品與現貨當然會有落差情形存在。

②郵購買賣的資訊不完整：主要是因為郵購買賣並非面對面的交易方式，買賣雙方比較容易發生因資訊不完整而彼此又溝通不夠，因而糾紛不斷。例如郵購買賣因「交易資訊溝通不良」影響，導致價格或數量不符等情形較多，也需特別注意。

(2)郵購買賣消費者需要特別保障：郵購買賣的特色，在於企業經營者利用郵購廣告對消費者大力行銷，消費者受到大量郵購廣告的攻擊時，消費者常處在一種被催眠而毫無抵抗力的情形下，就會輕率地與企業經營者締結契約。因此，消費者保護法提供①7日的法定猶豫期間、②無條件的契約解除權等事後的保障規定。

(3)本案郵購消費者可以依法保障其應有權益：本案林女以郵購方式所購買的手錶，只要主觀上覺得不滿意或不必要，依照消費者保護法規定，在94年6月12日以前可以用書面通知或退回手錶方式行使其契約解除權，不必說明理由也不必負擔任何費用或價款。

結論：本案林女可以依照消費者保護法有關郵購買賣規定，要求無條件解除郵購買賣契約，以有效保障其權益。

補充說明——郵購買賣的流程與問題。

1.郵購買賣問題：主要有下列三點。

(1)郵購廣告居於主導地位：在整個交易過程中，郵購廣告均居於主導地位。該郵購廣告可能假藉名義誤導消費者而為推銷；對於商品功能大力吹噓；對於相關的交易條件語焉不詳，且消費者並無實際檢視商品的機會，在此情形下，即與業者成立郵購買賣契約，當然容易吃虧上當。

(2)郵購買賣在消費資訊上的不公平及不公開：郵購買賣係屬一種新興的傳銷行為所成立的買賣契約，通常是在消費者

無法獲得實際而充分的消費資訊（出賣人的資訊、交易的資訊及消費者權益保障的資訊）情形下，成立買賣契約，導致消費者購買到不合意或不需要的商品，卻不知如何去主張自己應有的消費權益。

(3)消費者有一定的檢查權：為彌補郵購買賣消費者在事前未檢視商品之機會，對所收到之商品，自應賦予消費者檢查權。所謂檢查，主要係指依物品之特性、使用方法或交易習慣，不損毀其價值或效用，而對之為功能、效用或品質之檢測而已，逾越此項標準，則非屬檢查範圍。例如網購買手錶，消費者拆開保護膜檢查，係屬必要檢查範圍，業者不得拒絕及要求付「折舊費」。

2.**郵購買賣的流程**：如附表。

郵購買賣的流程表（郵購廣告居於主導的地位）	
業者的 廣告傳銷行為	業者向消費者發送電視廣告、郵購型錄、網路賣場或平面廣告傳單等，吸引消費者注意力，並進而引起消費者購買的興趣（要約的引誘）
消費者的 選擇行為	消費者根據電視廣告、郵購型錄、網路賣場或平面廣告傳單等挑選中意的商品
消費者的 要約行為	消費者透過電話、明信片、信函、傳真、網路等方式，向郵購商訂貨(要約)
業者的 承諾行為	郵購業者收到消費者訂貨單後同意寄送商品(承諾－郵購買賣為諾成契約，契約於此時成立)
業者的 寄送行為	郵購業者寄送商品
消費者的 收受行為	消費者收到商品

參考條文──與本案有關的相關法條。

1.**消費者保護法**：第19條（契約特別解除權）。

2. 消費者保護法施行細則：第17條（必要檢查權）、第18條（商品收受前的解約）、第19條（解除權的行使期限）、第20條（解約後取回商品的期限）。

3. 民法：第354條（物的瑕疵）、第92條（出賣人有詐欺、脅迫）、第88條（買受人有錯誤）、第74條（客觀上有暴利行為）。

六、消費類的網路交易，亦適用郵購買賣的規定。

【案例】「網路購物」受騙案

台北市的陳小姐是個網路購物專家，對於被某一知名網路平台評為優良拍賣網站的當紅賣家「糖果媽媽」，特別信賴有加，於93年1月15日透過網站以一萬五千元的價格向「糖果媽媽」購買 Blueberry 名牌衣服，於同年1月20日收到該衣服。不料，「糖果媽媽」於同年1月30日被主管機關查獲涉嫌販賣假冒 Blueberry，轟動拍賣網，陳小姐才想要解約退費。

基本解析──消費類的網路交易，亦屬於郵購買賣。

1. **法律關係解析**：本案主要涉及消費公平問題，故屬於契約上的消費關係。
   (1)本案的企業經營者：「糖果媽媽」拍賣網站（販售衣服的經銷者）。
   (2)本案的消費者：陳小姐（購買衣服的消費者）。
   (3)本案的客體：衣服（商品）。
   (4)契約類型：郵購買賣契約。

2. **法律問題解析**：本案的關鍵在於網路購物，應適用何種法律規範。

(1)網路購物的型態：主要有①B2B、②B2C、③C2B、④C2C
等四種交易型態，其中僅B2C（消費類的網路購物）為消
費關係，才有消費者保護法規定的適用（詳見壹、十一題
及參、三題的補充說明）。

(2)網路購物的問題：網路購物亦屬於一種無店頭（虛擬店
頭）式的買賣，又是一種非面對面的遠距離交易方式，購
物者在簽約前亦無檢視真正產品的機會，符合消費者保護
法郵購買賣要件的規定。

(3)網路購物的法律規制：主要為下列二種法律規定。

①消費者保護法的契約特別解除權：網路購物的消費者，
有7日的猶豫期間。依照消費者保護法的規定，消費者
在這7日內可以行使無條件的契約解除權。本案陳小姐
在93年1月30日才想解約退費，因為已經超過94年1月
27日的行使期限，故不得行使此種契約特別解除權。

②民法的瑕疵擔保解除權：網路購買的產品有瑕疵時，有
6個月的緩衝期間。依照民法規定，買受人因物有瑕疵
而得解除契約，其解除權於物的交付後六個月間，不行
使而消滅。本案因為仿冒品是屬於有瑕疵的產品，至94
年7月20日為止（6個月的行使期限），均可行使此種瑕
疵擔保解除權。

結論：本案「糖果媽媽」拍賣網站所賣給陳小姐的衣服為仿冒
品，屬於有瑕疵的產品，應負民法上的瑕疵擔保責任。雖然
陳小姐的郵購買賣契約特別解除權的行使期限已經逾期而不
得行使，但是陳小姐仍然可以依照民法規定行使瑕疵擔保解
除權，而要求解約退費。

補充說明——網路購物。

1. 網路購物：所謂網路購物，係指利用網路作為傳銷媒介，以
成立買賣契約的一種交易型態，網路上的商店與傳統交易的

商店不同，一般將其稱為網路商店或虛擬商店。目前盛行的網路購物型態，與電視購物極為相似，網路購物在本質上亦為使消費者未檢視商品而決定的一種買賣型態，在未另訂專法以前，原則上應將其認定屬於郵購買賣，以有效保障消費者權益。鑑於網路購物陷阱甚多，筆者認為建立實名認證制度確有其必要性。下列糾紛為網路購物最常見：

(1)購買的產品名實不符：例如有消費者在網路上購買光碟機，結果送來一盒烏龍茶，主要係因網路匿名的特性，讓消費者在網路購物時，比實體購物多了一分風險。

(2)販賣的產品多為仿冒品：目前拍賣網站已淪為仿冒商品的大本營，不止名牌皮包、衣服、運動鞋、鋼筆、手錶充斥假貨，連飯店住宿券、泡湯券、百貨公司禮券都有仿冒品，消費者不要貪便宜就隨便上網購物。本案即係屬於此種糾紛。

(3)其他：例如近日發生的Google拒絕提供付費ＡＰＰ軟體七天猶豫期、網路賣場標錯價、團購業者嚴重超賣、網購海苔標示誤導（與實重差30克）、網購軟體拆封拒退、購物網退貨索費（紙箱價500）、網路虛擬民宿詐財等網路購物糾紛案例甚多，消費者應特別注意。

2.**依客體分類**：網路購物尚可因遞送方式的不同，分成下列兩種型態。

(1)實物遞送（Off Line）：利用網路購買「實物商品」。例如電腦、印表機等「實物商品」，業者利用網路傳銷，由消費者在線上訂購商品後，業者再以郵寄或專人運送方式將商品送至消費者手中，是一種類似傳統郵購方式的網路購物。實物遞送與電視購物均在販賣實物商品，二者不同的地方，僅在於前者係利用網路傳銷，後者係利用電視傳銷而已。

(2)線上遞送（On Line）：利用網路購買「數位化商品」。例
如音樂 CD、電子書及原本就數位化的電腦軟體、遊戲軟
體等「數位化商品」，業者利用網路傳銷，由消費者在線
上訂購，當商家收到訂單後，業者再利用網路將商品遞送
給消費者。

3. **自保之道**：為確保網路購物消費者的權益，行政院消保會
（現改為行政院消保處）除已研擬發布一些準則，供網路購
物糾紛處理的參考外，並協調經濟部依消費者保護法第17條
規定公告「零售業等網路交易定型化契約應記載及不得記載
事項」以資規範（詳見下題說明），詳細內容請上行政院
（消保處）網站 www.cpc.ey.gov.tw 查看。

(1)電子商務消費者保護綱領。

(2)網路交易定型化契約應記載及不得記載事項指導原則。

(3)郵購買賣食品（例如年菜等）定型化契約應記載及不得記
載事項指導原則。

(4)零售業等網路交易定型化契約應記載及不得記載事項（詳
見肆、七題）。

參考條文——與本案有關的相關法條。

1. **消費者保護法**：第17條（定型化契約的公告）、第18條至
第19條之1（郵購買賣）。

2. **民法**：第351條（權利的瑕疵擔保責任）第354條（物的瑕
疵擔保責任）、第365條（解除權的消滅）。

3. **公平交易法**：第21條（資訊真實條款）、第24條（不正行
為概括禁止條款）。

4. **電子商務消費者保護綱領、網路交易定型化契約應記載及不
得記載事項指導原則、郵購買賣食品（例如年菜等）定型化
契約應記載及不得記載事項指導原則、零售業等網路交易定
型化契約應記載及不得記載事項。**

七、主管機關公告網路交易契約強制規範，建立網路交易新秩序。

> **【案例】網路標錯價應否出貨案**
> 101年6月5日A電腦公司在其官方網站上將每部定價7999元的 B 款電腦標錯價1999元，當日即造成多名網友網路訂購，其中潘小姐訂購1部並選擇貨到付款方式，後A電腦公司雖於同年6月9日寫信道歉並取消訂單，但仍不為消費者潘小姐所接受。

基本解析──業者應對其產品網路標錯價負一定的責任。

1. **法律關係解析**：本案主要涉及消費公平問題，故屬於契約上的消費關係。

   (1)本案的企業經營者：A電腦公司（販售電腦的業者）。

   (2)本案的消費者：潘小姐（購買電腦的消費者）。

   (3)本案的客體：B款電腦（商品）。

   (4)契約類型：郵購買賣契約。

2. **法律問題解析**：本案的關鍵在於網路標錯價，業者應負何種法律責任。

   (1)網路標價的法律本質：主要有下列二種學說，惟以「要約之引誘」為通說。

   ① 要約：將網路賣場視為一個與實際賣場相同的虛擬賣場，凡是在賣場上所為產品的標價，均為要約，均應負民法上要約之責任。即只要相對人同意照要約價購買，賣方無權拒絕。

   ② 要約之引誘：將網路的虛擬賣場與實際賣場有所區隔，凡是在虛擬賣場所為產品的標價，僅為廣告，僅負民法

上要約引誘之責任而已。即對於相對人同意照廣告標價購買，賣方仍可拒絕，必須業者承諾才算數。

(2)網路標錯價的法律責任：主要有下列三種。

　①廣告責任：在消費者與業者未完成交易行為（即簽訂買賣契約）前，業者依民法規定僅負要約引誘之廣告責任。

　②要約責任：要約依民法規定有法律上之拘束力，在相對人未為拒絕要約前，不得撤回；相對人如為承諾時，買賣契約即為成立。

　③契約責任：依零售業等網路交易契約應記載事項規定：消費者依據企業經營者提供之確認商品數量及價格機制進行下單，企業經營者對下單內容，除於下單後二工作日內附正當理由為拒絕外，為接受下單。但消費者已付款者，視為契約成立。一旦契約成立，業者即應負契約責任。

結論：本案業者標錯價固屬要約之引誘，惟既經消費者依價訂購1部（消費者於101年6月5日要約），雖選擇貨到付款方式，但因該業者遲至6月9日（已超過兩個工作天）且未附具任何正當理由拒絕，依上述經濟部公告契約應記載事項規定，即被視為接受下單，業者即應負依約出貨的義務。

補充說明——零售業等網路交易定型化契約應記載及不得記載事項。

1. **原有網路交易規定對消費者不利**：過去對於任何網路交易模式，均認為必須消費者的「要約」與業者的「承諾」一致，網路交易契約才能成立。例如98年戴爾公司電腦標錯價事件，有消費者提出訴訟，並獲致勝負不一的結果，尚無定論。其中已有3個判決判定戴爾勝訴，法律見解將消費者網購解釋成「要約」，決定「承諾」權在業者，業者「不買

單、沒有承諾」，契約就不成立，因而衍生難以解決的網路消費爭議，且對消費者不利。

2. **建立網路交易新秩序**：為確保網路交易消費者的消費公平權益，經濟部依消費者保護法第17條規定於99年06月21日公告「零售業等網路交易定型化契約應記載及不得記載事項（應記載事項十四點、不得記載事項八點）」，並訂於100年01月01日生效實施，俾作為建立網路交易新秩序的依據。惟本項公告僅規範企業的網路銷售，不適用於私人網拍行為（非消費關係）；且僅規範經濟部所轄的零售業等行業，如非屬零售業的旅行社、民宿等的網站標錯價，因其主管機關為交通部等，應由交通部等另訂公告規範，併此敘明。

3. **網路交易契約關鍵問題說明**：網路交易契約如何成立，為本案的關鍵問題，為求突破過去的窠臼，本公告特別規定：未來網購契約交易，從下單到付款完成，即宣告契約生效，並採行下列措施，以為因應解決之道。

(1)須消費者先為要約：業者在網路上的標價等，僅為要約之引誘的廣告，如果消費者沒有先為要約，業者即無從承諾，網路交易契約即無從成立。

　①業者在網路標價為要約之引誘：購物網站內容是針對多數、不特定消費者發送，性質類似廣告，廣告在法律上解釋成「要約之引誘」；廠商將商品照片、價格等資訊「PO」上網，僅是「要約之引誘」而已。

　②消費者須為要約：消費者看到網站上的標價等相關資訊後在網路下單，即為一種要約行為。消費者在要約時，尚可選擇採用立即付款或貨到付款方式為之。

(2)須經業者為承諾：實務運作上，在消費者網路下單（要約）後，消費者都會收到系統回傳的結標頁面，也就是消費通知，惟此僅為一種「確認機制」，實務運作上，認為

此種消費確認時，幾乎都是系統自動回覆，為顧慮業者無法每一筆都仔細確認，特別在契約應記載事項上明確規定：本公告之應記載事項特別將之擬制為下列二種承諾，依有利於消費者解釋的原則，在符合一定要件之條件下，視為成立網路交易契約。

①附條件承諾：若消費者選擇貨到付款，而不是在下單時立即完成付款，業者可在下單後 2 天內出具「正當理由」取消交易。因此，上述消費通知之確認機制，至多僅為一種「附條件」之承諾而已。至於業者可「取消交易」的正當理由，以電腦出錯、駭客入侵等非人為因素為主，但消費者惡意下單，也可以是業者取消交易的正當理由。

②無條件承諾：若消費者選擇在下單時立即完成付款或下單後 2 日內即時完成匯款（即已付款）者，視為契約成立，業者即無在下單後 2 天內出具「正當理由」取消交易權利。因此，上述消費通知之確認機制，此時即成為一種「無條件」之承諾。惟消費者如果逾越企業經營者訂定之數量上限進行下單時，企業經營者僅依該數量上限出貨的有限責任而已。至於所謂付款，解釋上應包括現金付款及刷卡付款二種方式，惟目前產生是否「已付款」最大問題，來自信用卡線上刷卡，因為消費者即使刷了信用卡，就業者角度而言，尚未向銀行請款就等於消費者沒有付款，業者主張交易作業程序尚未完成，不能視為訂單已經完成。因而經濟部傾向認為：使用信用卡的消費者，就無法保障2天內完成交易，因為信用卡公司付款給業者，通常需一周以上時間才完成交易。惟筆者並不表贊同，因為條款並未明定以現金付款為限，且此種解釋將付款風險轉嫁予消費者，明顯對消費者不

利，與消費者保護法規定「條款規定如有疑義，應以有利於消費者的解釋為之」的解釋原則不符。

參考條文──與本案有關的相關法條。

1. **消費者保護法**：第17條（定型化契約的公告）、第18條至第19條之1（郵購買賣）、第21條（廣告的效力）。

2. 零售業等網路交易定型化契約應記載及不得記載事項。

3. 電子商務消費者保護綱領、網路交易定型化契約應記載及不得記載事項指導原則、郵購買賣食品（例如年菜等）定型化契約應記載及不得記載事項指導原則。

第三章

訪問買賣

八、凡由業務員在營業場所以外向消費者進行推銷而成立的買賣，為訪問買賣。

> 【案例】假借瓦斯公司名義檢查瓦斯「上門推銷」安
> 全器材案
> A「瓦斯器材」公司（名稱與 A「瓦斯」公司非常相似）
> 正式行文給住在台北市信義區的張先生，說明該公司在94
> 年5月6日將派員到府檢查瓦斯安全。是日果然有 A「瓦
> 斯器材」公司的人員前來檢查瓦斯，並佯稱瓦斯漏氣，進
> 而推銷其瓦斯安全器材，一個要價新台幣6000元，張先生
> 認為瓦斯安全非常重要，於是成交。事後向A「瓦斯」公
> 司查證，始知受騙。

基本解析──因推銷員的推銷行為而成立的買賣，屬於訪問買賣。

1. **法律關係解析**：本案主要涉及消費公平問題，故屬於契約上的消費關係。

   (1)本案的企業經營者：A「瓦斯器材」公司（販售瓦斯安全器材的經銷者，另外 A「瓦斯」公司則與本案無關）。

   (2)本案的消費者：張先生（購買瓦斯安全器材的消費者）。

   (3)本案的客體：瓦斯安全器材（商品）。

   (4)契約類型：訪問買賣契約。

2.**法律問題解析**：本案的關鍵在於推銷員的傳銷行為，法律究竟如何規範。

(1)訪問買賣：依照消費者保護法的規定，凡是企業經營者未經消費者事先的邀約，其業務人員就逕行在消費者的住居所或其他場所從事銷售行為，因而所成立的買賣，均屬於訪問買賣。本案的傳銷行為，業已符合消費者保護法所規定的訪問買賣的要件。

(2)本案屬於冒名上門推銷的訪問買賣：Ａ「瓦斯器材」公司經常假藉Ａ「瓦斯」公司名義檢查瓦斯是否安全，騙開消費者家的大門，再配合下列行為，進行推銷瓦斯安全器材，此種不當的傳銷行為，在民事上屬於消費者保護法的訪問買賣，在行政管理上可以依照公平交易法規定由公平會予以處分。

①欺騙：佯稱瓦斯漏氣，進而推銷其瓦斯安全器材的行為。本案即屬於此種類型的傳銷行為。

②破壞：故意用剪刀刺破管線後，再宣稱住戶瓦斯總開關漏氣需換瓦斯器材。此種破壞行為，另應依刑法規定負擔刑事責任。

(3)本案消費者保護法提供權益保障規定：消費者保護法為保障訪問買賣消費者權益，比照郵購買賣模式，提供①7日的法定猶豫期間、②無條件的契約解除權等二種規定（內容詳見肆、四題）。本案張先生可以依照消費者保護法規定主張其應有的權益。

結論：本案Ａ「瓦斯器材」公司騙開消費者張先生家的大門，推銷瓦斯安全器材所成立的買賣，符合消費者保護法所規定的訪問買賣。張先生可以在94年5月13日以前行使其無條件契約解除權。

補充說明——訪問買賣。

1. **訪問買賣的構成要件**：訪問買賣須符合下列二個構成要件。

(1)未經邀約要件：所謂邀約，即必須由消費者出面邀請的意思。邀約本身並非屬於法律行為，惟可視為事實通知的準意思表示。鑒於訪問買賣的「邀約」要件，攸關訪問買賣的成立與否，影響消費者的權益甚鉅，故應採嚴格的認定標準。所謂未經消費者邀約，係指事出突然，消費者心理上沒有準備，如果係經消費者邀約，表示消費者事先已有心理上準備，較不容易出差錯。下列情形，可認定屬於未經邀約而可適用訪問買賣規定：

①假藉邀約名義推銷：例如本案瓦斯防爆器材公司（或瓦斯行）假藉瓦斯公司名義到府檢查瓦斯安全，藉機推銷瓦斯防爆器材者，屬之。目前並已發生假「消防檢查」名義行騙（假冒消防員騙換設備）、假「檢修家電」名義行騙（假檢修真破壞推銷家電）、假「保養淨水器」名義行騙（冒名廠商換濾芯——劣品充好貨坑錢）等案例。

②逾越邀約範圍推銷：例如消費者上洗髮店洗髮，業者在洗髮時順便推銷洗髮精者，已超出消費者原定洗髮邀約範圍，屬之。目前並已發生假借傳道推銷偽藥、假藉宣導賣瓦斯防震器、假代訓CPR變推銷（血壓計、血糖機或保健食品）等案例。

(2)傳銷場所要件：訪問買賣的另一特色，是企業經營者不是在自己的營業場所，而是在消費者的住居所或其他場所來進行傳銷行為。大型展覽會場係由許多不同公司的業者參加舉辦展覽，類似百貨公司，解釋上亦屬於各該參展業者的營業場所，故不能成立訪問買賣。不過，企業經營者如果是將消費者騙往其營業場所來進行推銷行為，亦可例外

地成立訪問買賣（詳見肆、九題）。

2. **訪問買賣的客體**：包括商品及服務在內。

(1)商品訪問買賣：與郵購買賣一樣，原則上只要是有形的產品（商品），例如玉蘭花、嬰兒奶粉、健康食品、衣服、情趣用品、升學錄影帶、語言學習錄音帶、百科全書、雜誌、特考教材、透視眼鏡、藥品、醫療器材、文具用品、飾物、拜拜用香火等，均可作為訪問買賣的客體。

(2)服務訪問買賣：即使是無形的產品（服務），例如渡假村會員權證、高爾夫會員權證、健康俱樂部會員權證、靈骨塔位使用權證、生前契約、美容瘦身、健康檢查、有線電視、貸款、保險、清潔服務、除虫服務、代購產品服務、代寫論文等，亦可作為訪問買賣的客體。

3. **訪問買賣即訪問交易**：102年行政院提出的消費者保護法修正草案將「訪問買賣」修正為「訪問交易」。

參考條文 —— 與本案有關的相關法條。

1. **消費者保護法**：第2條第11款（訪問買賣的定義）、第18條至第19條之1（訪問買賣）。

2. **公平交易法**：第21條（資訊真實條款）、第24條（不正行為概括禁止條款）。

3. **刑法**：第177條（漏逸氣體罪）、第306條（侵入住宅罪）。

4. 家用液化石油氣供氣定型化契約範本、家用天然氣供氣定型化契約範本。

九、訪問買賣的消費者對於購買的產品，有 7 日猶豫期間及無條件解約權。

【案例】「騙人到公司」推銷國際渡假村會員卡案
A 海外渡假村會員卡銷售公司未經李先生的邀約，即發函通知李先生已經幸運抽中該公司的住宿免費渡假村券，請李先生於 94 年 4 月 1 日前往該公司領取。李先生即依時前往，在領取住宿免費渡假村券的同時，該公司即向李先生強力推銷會卡，李先生在不好意思推辭之下，勉強買了一張 30 萬元的會員卡，並當場簽約。回到家後，李先生感到後悔，希望解約退費。

基本解析──訪問買賣的推銷，例外包括營業場所在內。

1. **法律關係解析**：本案主要涉及消費公平問題，故屬於契約上的消費關係。
   (1)本案的企業經營者：A 銷售公司（銷售海外渡假村會員卡服務的經銷者）。
   (2)本案的消費者：李先生（購買海外渡假村會員卡服務的消費者）。
   (3)本案的客體：渡假村會員服務（服務）。
   (4)契約類型：訪問買賣契約。
2. **法律問題解析**：本案的關鍵在於在營業場所的推銷，能不能成立訪問買賣。
   (1)傳統的訪問買賣型態：例如企業經營者未經消費者邀約，而在消費者的住居所、工作場所、其他人的住居所、工作場所及公共場所等其他非業者的營業場所主動從事銷售，而發生的買賣行為，均為傳統訪問買賣的型態。如果海外

肆、第三章 訪問買賣

渡假村會員權利等商品或服務,亦採此種銷售型態,當然屬於訪問買賣。

(2)新型的訪問買賣型態:例如企業經營者以下列理由誘導消費者前來公司的營業場所後,在業者的營業場所進行推銷,即為「誘導邀約」,屬於一種新型的銷售型態。因為公司未經消費者邀約,誘使消費者前往該公司所在地接受訪談,並趁機推銷商品,消費者在無心理準備下,發生買賣行為,均可認為屬於訪問買賣。

①贈品:贈送禮品或渡假村住宿免費券,要求消費者前來領取後,再當場推銷產品。本案即係採此種銷售方式,自應成立訪問買賣。

②業者主動邀請:逕發邀請函帖,邀請消費者前來參加後,再當場推銷產品。

③舉辦說明會:邀請消費者前來參加說明會後,再當場推銷產品。

(3)本案消費者的權益保障:消費者保護法提供下列保障規定。

①訪問買賣消費者有7日的猶豫期間:此7日的法定猶豫期間,行政院消保會(現改為行政院消保處)解釋應以消費者接受業者提供的主要服務開始的次日起算,並納入「海外渡假村會員卡(權)定型化契約範本」規定,作為處理之準據。

②訪問買賣消費者有無條件的契約解除權:在前述7日的法定猶豫期間內,訪問買賣的消費者可以直接退回商品或書面通知的方式解除契約,不必說明理由,也不必負擔任何費用或價款。

③訪問買賣消費者有損害賠償請求權:在法院實務上的判決,已認定消費者因契約而受有損害時,除了可以請求

賠償實際損失以外，另外尚可以請求懲罰性賠償金（詳見參、十二題）。

結論：本案屬於消費者保護法所規定的訪問買賣，李先生可以在法定的猶豫期間內，向Ａ海外渡假村會員卡銷售公司行使其無條件的契約解除權，如果因而受有任何損害，尚可請求包括懲罰性賠償金在內的損害賠償。

補充說明——訪問買賣的推銷場所類型。

1. **訪問買賣的場所銷售類型**：主要有下列型態。

(1)到府推銷：所謂到府推銷，係指業者逕行到消費者的住所或居所推銷產品。此種到消費者家裡推銷產品的行為，屬於最典型的訪問買賣。例如到府免費抽血檢查（但抽完血要2千）、到府違法推銷健檢等，屬之。

(2)公共場所推銷：例如辣妹推銷兵團、殘障愛心推銷兵團、信用卡推銷兵團等，大部分均利用火車站、機場、公園、馬路、醫院等大眾得出入的場所，向人推銷產品，原則上均可成立訪問買賣（詳見肆、十題的補充說明3）。

(3)營業場所的臨時推銷：例如海外渡假村會員卡公司或瘦身美容公司以贈品方式，將消費者誘導至業者的營業場所來推銷產品；或是航空公司的空中小姐在飛機內推銷產品、導遊在遊覽車上推銷土產，此種利用其營業場所進行突發性的推銷他種產品等，亦屬於訪問買賣。

(4)利用機會臨時推銷：例如利用「衛教宣導」名義的演講會推銷血壓計、利用「推廣慢性病保健」名義的演講會推銷醫療保健器材、利用廠商個別的「產品說明會」名義推銷產品、利用「健康講座」名義到各鄉下地區遊走的遊牧藥商推銷劣質醫療健康食品等，本質上均係屬於突如其來的推銷，再加上消費者並無比較機會，均可成立訪問買賣。

2. **服務訪問買賣猶豫期間的起算日**：以海外渡假村會員卡為

例，主要有下列三種見解。

(1)服務業者的見解：認為應自海外渡假村會員卡契約簽約日的第二天開始起算，此種見解對消費者最為不利。

(2)法院實務的見解：認為應自消費者收到海外渡假村會員卡的第二天開始起算，惟此時消費者因尚未實際體驗服務的內容，尚無檢視服務產品的機會。

(3)行政院消保會（現改為行政院消保處）的見解：消費者保護法就訪問買賣為保障消費者權益，應給予消費者相當期間，俾實際了解買賣標的的立法意旨，故有關消費者的契約解除權的起算日，宜解為自消費者接受業者提供的主要服務開始的次日起算，此種見解對消費者最為有利，並已納入定型化契約範本規定，俾作為嗣後實務上處理的依據。

參考條文——與本案有關的相關法條。

1. 消費者保護法：第19條（契約特別解除權）。
2. 消費者保護法施行細則：第17條（必要檢查權）、第18條（商品收受前的解約）、第19條（解除權的行使期限）、第20條（解約後取回商品的期限）。
3. 民法：第351條（權利的瑕疵擔保責任）第354條（物的瑕疵擔保責任）、第359條（減少價金）、第360條（損害賠償）、第364條（換貨）。
4. 海外渡假村會員卡（權）定型化契約範本。

十、訪問買賣主要係以人員傳銷為主，消費者容易受到 其傳銷的影響。

> **【案例】日月潭「風景區鏢客」強銷土產案**
> 黃先生自行開車帶著一家四口於94年8月13日前往日月潭風景區遊玩。在欣賞日月潭美麗湖光山色的途中，突然遇到一位要求搭便車的年輕女子甲女，載往住在附近的Ａ姓農家。到了Ａ姓農家即遭到半哄半騙的推銷鹿茸、茶葉，黃先生因而買了3萬元土產。回家後覺得受騙，即向業者要求退貨還款。

基本解析——凡是突襲性的推銷，均屬訪問買賣。

1. **法律關係解析**：本案主要涉及消費公平問題，故屬於契約上的消費關係。

    (1)本案的企業經營者：甲女及Ａ姓農家（販售鹿茸、茶葉的經銷者）。

    (2)本案的企業經營者：黃先生（購買鹿茸、茶葉的消費者）。

    (3)本案的客體：鹿茸、茶葉（商品）。

    (4)契約類型：訪問買賣契約。

2. **法律問題解析**：本案的關鍵在於不當的訪問行銷，應如何確保消費者權益。

    (1)風景區鏢客：所謂鏢客，係指將遊客作為標靶進行兜售商品的業者，此在風景區、醫院或寺廟最為常見。風景區鏢客常利用行騙手法銷售其產品，成立訪問買賣，一直為觀光客所詬病，例如日月潭、溪頭地區鏢客最常推銷鹿茸、茶葉；墾丁地區鏢客最常推銷藥用植物膠及鹿茸、台東地

區鏢客則最常推銷民宿、中藥材（鹿茸）。茲以日月潭鏢客為例，常利用下列行騙手法行銷假鹿茸問題，此種不當傳銷行為，已遭公平會以違反公平交易法予以處分在案。

①鏢客出馬：派年輕美貌女子，在路邊以搭便車為由，將觀光客騙到商店，推銷商品。

②強迫購買：消費者只要買一兩，業者卻快速切下十多兩鹿茸，放入酒甕中，再以「你沒說清楚，切好不能退」為由，強迫消費者購買；或找來彪形大漢讓消費者心生畏懼而購買。

③以假當真：店家甚至會以國外進口一斤只有8百元的廉價鹿茸，冒充台灣「野生鹿茸」，以每兩1千元出售，賺取暴利。

(2)訪問買賣消費者需要特別保障：訪問買賣的特色，在於企業經營者未經消費者邀約，自動找上門來的推銷，消費者常處在一種毫無預期(欠缺事前準備)，且不好意思當面拒絕(礙於情面)，或無從比較其他商品(時間急迫或思慮欠週)的情形下，輕率地與企業經營者締結契約。因此，消費者保護法提供①7日的法定猶豫期間、②無條件的契約解除權等事後的保障規定。

(3)本案訪問買賣消費者可以依法保障其應有權益：本案甲女及A姓農家以訪問買賣方式推銷鹿茸、茶葉，消費者黃先生只要主觀上覺得不滿意或不必要，依照消費者保護法規定，在94年8月20日以前可以用書面通知或退回產品方式行使其契約解除權，不必說明理由也不必負擔任何費用或價款。

結論：本案黃先生可以依照消費者保護法有關訪問買賣規定，要求無條件解除訪問買賣契約，以有效保障其權益。

補充說明——突襲性的推銷。

1. **訪問買賣為突襲性的推銷**：通常係由業者引發消費者的購買意願，但是消費者並未準備或並無預期要成立買賣契約的特性，且消費者通常均未能就該要約內容的品質及價格，與其他要約來互相比較，故屬於突襲性的推銷。

    (1)推銷員居於主導地位：在整個交易過程中，推銷員均居於主導地位，可能假藉名義誤導消費者而為推銷；對於商品功能大力吹噓；對於相關的交易條件，亦如同郵購買賣一樣語焉不詳，消費者在此情形下，即與業者成立訪問買賣契約，當然容易吃虧上當。

    (2)訪問買賣在消費資訊上的不公平及不公開：訪問買賣亦屬一種以新興的傳銷行為(無店頭式交易行為)所成立的買賣契約，通常是在消費者沒有充足的思考時間(思慮欠週)，也沒有同類商品比較的機會下(無選擇性)，加上推銷員對於商品販賣的主導性(礙於情面)，以及相關資訊的不足(不認識性)情形下，成立買賣契約，常使消費者購買到不合意或不需要的商品，卻不知如何去主張自己的消費權益。

2. **訪問買賣的流程**：如附表。

訪問買賣的流程表（推銷員居於主導的地位）	
推銷員的傳銷行為	推銷員逕自前來消費者所在的場所推銷商品(未經邀約)
推銷員的要約行為	推銷員推銷商品（要約）
消費者的承諾行為	消費者同意購買（承諾－訪問買賣為諾成契約，契約於此時成立）
產品的交付行為	推銷員留下商品；或另行寄送商品
消費者的收受行為	消費者收到商品

3. **鏢客案例**：凡是在公共場所進行推銷行為的業者，均為鏢客，並以風景區鏢客為其代表，近日並漫延至其他公共場

所。例如在馬路推銷玉蘭花（馬路鏢客）、在火車站推銷愛心筆（車站鏢客）、在醫院推銷醫藥器材或奶粉（醫院鏢客）、在寺廟推銷金紙（金紙鏢客）等，均為其適例。

參考條文——與本案有關的相關法條。

1. **消費者保護法**：第19條（契約特別解除權）。
2. **消費者保護法施行細則**：第17條（必要檢查權）、第18條（商品收受前的解約）、第19條（解除權的行使期限）、第20條（解約後取回商品的期限）。
3. **民法**：第354條(物的瑕疵)、第92條(出賣人有詐欺、脅迫)、第88條(買受人有錯誤)、第74條(客觀上有暴利行為)。
4. **公平交易法**：第21條（資訊真實條款）、第24條（不正行為概括禁止條款）。

十一、老鼠會多以訪問買賣方式推銷，為不合法的多層次傳銷行為。

【案例】咖啡機「老鼠會」推銷案

A 貿易公司以咖啡機為標的，招攬每人以3千元加入成為會員，再由公司擔保，向銀行申請個人消費性貸款5萬元，公司藉此吸金5百萬元。甲女於94年6月1日繳交會費3000元加入成為會員，並申請個人消費性貸款5萬元，買得5台咖啡機，除其中1台自用外，其餘4台則準備作為向乙男等他人銷售使用。

基本解析——老鼠會多以訪問買賣方式推銷產品。

1. **法律關係解析**：本案主要涉及消費公平問題，故屬於契約上的消費關係。

   (1)本案的企業經營者：主要有下列二種企業經營者。

①Ａ貿易公司（直銷公司）：販售咖啡機的經銷者。

②甲女（直銷員）：販售咖啡機的經銷者。

(2)本案的消費者：主要有下列二種情形，但購買者不一定是消費者。

　①甲女：因為甲女是直銷員，其購買咖啡機的目的，主要係作為銷售之用，即使有自用的部分，亦應由其銷售目的所吸收，故非為消費者。

　②乙男等他人：因為是以消費為目的，故為消費者。

(3)本案的客體：咖啡機（商品）。

(4)契約類型：訪問買賣契約（多層次傳銷）。

2. **法律問題解析**：本案的關鍵在於老鼠會，究竟有何法律上問題。

(1)老鼠會：所謂「老鼠會」，其實是一種未經向公平會申請合法備案的「多層次傳銷」組織，因其組織成員的擴充與老鼠的繁衍一樣，是成等比級數的快速增加，故被稱為「老鼠會」。

(2)本案屬於老鼠會：本案Ａ貿易公司是以介紹會員的方式發放獎金，每一個會員可以有三個第一代下線，每個獎金一萬元；其餘二至九代，每個可以領取一千元；產品獎金方面，銷售咖啡每杯二十元，公司收回十二元，寄賣點三元，會員分得五元，並不是基於其所推廣或銷售商品或勞務的合理市價，違反公平交易法規定，故無法向公平會合法備案而成為老鼠會。

(3)本案的處理依據：有關老鼠會的法律規範，主要有下列三種。

　①公平交易法：針對合法備案公司的多層次傳銷行為、未合法備案老鼠會的傳銷行為主要的規範法律，主管機關為公平會。

②消費者保護法：多層次傳銷公司或老鼠會與其傳銷員間的買賣，因非屬消費關係，並無消費者保護法的適用；另外，因受到直銷者推銷而購買產品消費使用的一般消費者（非傳銷員），由於該直銷行為屬於訪問買賣的型態，當然可以主張消費者保護法有關訪問買賣規定的權利。

③民法：凡是不屬於訪問買賣型態的買賣，均有民法買賣規定的適用。

結論：本案可以依照下列實際不同的情況，分別依法處理。

(1)甲女與 A 貿易公司：甲女購買咖啡機主要係作為銷售之用，即使有自用的部分，亦應由其銷售目的所吸收，故非為消費者。甲女與A貿易公司間並非消費關係，僅能適用公平交易法或民法相關規定。

(2)乙男等他人與甲女及A貿易公司（企業經營者）：因係屬消費關係，且為訪問買賣型態，故消費者可以主張消費者保護法上訪問買賣的無條件契約解除權。

補充說明——多層次傳銷與老鼠會。

1. **多層次傳銷的定義**：依照公平交易法的規定，係指就推廣或銷售的計畫或組織，參加人給付一定代價，以取得推廣、銷售商品或勞務及介紹他人參加的權利，並因而獲得佣金、獎金或其他經濟利益者而言。主要的管理規範如下：

(1)老鼠會禁止條款：依照公平交易法的規定，在多層次傳銷方面，其參加人如果取得佣金、獎金或其他經濟利益，主要係基於介紹他人加入，而非基於其所推廣或銷售商品或勞務的合理市價者，均在公平交易法禁止之列，不得為之。

(2)多層次傳銷管理條款：除了公平交易法有關管理規範以外，公平會並已依照公平交易法授權的規定，訂定多層次

傳銷管理辦法予以專法規範。

2. **多層次傳銷現況**：迄101年12月底止，向公平會報備的多層次傳銷事業計有414家，並以女性參加人為傳銷市場主力。多層次傳銷公司目前是以家庭用品、健康食品、化粧品、健身器材、減肥食品、靈骨塔位、生前契約、網路教學軟體等產品銷售為主。

3. **法律關係分析**：公平會已依法函頒「多層次傳銷管理辦法」予以管理監督，主要在規範多層次傳銷業者與參加人間的傳銷行為，其法律關係尚可分為：

   (1)多層次傳銷業者與參加人間：參加人雖有購買公司產品的行為，但因其目的主要是作為轉售他人（消費者）之用（營業使用），即使其中有部分係供自己使用，仍非屬最終的消費行為，故不是消費關係，僅能適用公平交易法或民法規定。

   (2)多層次傳銷的銷售員與消費者間：屬於消費關係，銷售員對消費者大多採取訪問買賣方式傳銷，與一般訪問買賣並無不同，當然適用消費者保護法有關訪問買賣的規定。

參考條文——與本案有關的相關法條。

1. **公平交易法**：第8條及第23條至第23條之4（多層次傳銷買賣）。

2. **多層次傳銷管理辦法**。

3. **消費者保護法**：第18條至第19條之1（訪問買賣）。

第四章

現物要約

十二、凡業者未經消費者要約即將產品逕寄送給消費者的行為，為現物要約。

【案例】「賀卡」現物要約案

A 殘障協會在掌握每年郵寄賀卡機會，利用今年耶誕節或新年期間尚未到來以前，於94年11月即先行函送殘障朋友的賀卡作品給消費者林先生，並說明如果消費者林先生同意使用後再行付費，如果不同意亦無需寄回。

基本解析——不請自來的產品，均屬現物要約。

1. **法律關係解析**：本案主要涉及消費公平問題，故屬於契約上的消費關係。

    (1)本案的企業經營者：A 殘障協會（寄送賀卡販賣的經銷業者）。

    (2)本案的消費者：林先生（收受賀卡的消費者）。

    (3)本案的客體：賀卡（商品）。

    (4)契約類型：現物要約。

2. **法律問題解析**：本案的關鍵在於此種傳銷行為，可以成立何種法律關係。

    (1)現物要約：依照消費者保護法的規定，凡是未經消費者要約的程序，企業經營者就逕行郵寄或投遞商品給消費者的行為，就是現物要約，也就是所謂的不請自來的產品。

(2)本案屬於現物要約：此種不請自來產品的傳銷行為，僅具有「要約」的性質，尚無任何拘束力，必須再經過消費者的「承諾」（表示同意購買）的意思表示，或「意思實現」（直接拿來使用）的行為，才可以成立買賣契約。本案 A 殘障協會未經消費者林先生要約，即逕寄賀卡（例如口足畫家的畫作賀卡）給消費者，即是屬於典型的現物要約。

(3)本案可以依照消費者保護法處理：主要有下列二種規定。

① 消費者無保管義務：對於以現物要約方式不請自來的產品，消費者保護法特別規定，消費者並無保管產品的義務，也沒有主動退回產品的義務，以避免增加消費者的負擔。

② 業者有取回義務：業者對其以現物要約寄送且未經消費者同意買受的產品，消費者保護法特別規定，寄來的業者有限期取回的義務，如果超過一定期限仍未取回其產品，則視同業者拋棄該產品的所有權。

結論：本案符合消費者保護法規定「現物要約」的要件，林先生可以向 A 殘障協會主張其應有的權益，即使根本不予理會，亦不必負任何法律責任。

補充說明——現物要約。

1. 現物要約的構成要件：主要有下列二個要件。

(1)未經消費者要約要件：現物要約的特色，在於未經消費者「要約」的程序，即將其產品郵寄或遞送給消費者，有點霸王硬上弓的強制推銷意味，讓消費者不知如何處理該不請自來的產品，增加消費者的困擾。

(2)傳銷行為要件：現物要約的另一特色，是業者以逕向消費者郵寄或投遞的商品，作為要約手段的傳銷行為，並在該寄送商品上附加一些消費者同意買受的明示或默示的附款，例如「7日內如未退回，視為同意購買」等附款，讓

消費者不知所措，俾達成其成立買賣契約的目的。

2. **現物要約的客體**：原則上以有形的「商品」為主，例外亦及於數位化商品。

(1)物的範圍：既稱現「物」要約，其客體自應以有形的商品（有體物）為原則，但例外亦及於可以數位化方式寄送的無體物（權利）及無形的商品（服務）在內。例如電信公司以現物要約方式先行寄送免費電話答鈴服務一個月，期滿即要收費者，屬之。

(2)以可以寄送的物為限：依現物要約的傳銷行為來看，該商品並應具有可以郵寄或遞送的性質，故應再限縮為以動產為限，不動產應不包括在內；因為只有動產，始有可能以現物要約方式傳銷。

參考條文──與本案有關的相關法條。

1. **消費者保護法**：第20條第1項（現物要約）。
2. **民法**：第161條（意思實現的承諾）、第345條第1項（買賣契約的要件）。
3. **公平交易法**：第21條（資訊真實條款）、第24條（不正行為概括禁止條款）。

十三、現物要約係以產品逕行寄送作為要約手段，消費者常因而感到困擾。

【案例】雜誌「現物要約」式直銷案

A知名雜誌社經過篩選認為較有可能購買的讀者名單後，在未經消費者要約即將該雜誌逕行寄送給消費者張先生，並在寄送的資料上註明，如果消費者張先生不願購買，應於收到書後1星期內將雜誌寄回，否則將視同購買。結果張先生在1星期後既不表示購買也未將雜誌寄回，雜誌社即向張先生寄出帳單。

基本解析——現物要約，不尊重消費者的意願。

1. **法律關係解析**：本案主要涉及消費公平問題，故屬於契約上的消費關係。

    (1)本案的企業經營者：A 雜誌社（販售雜誌的製造者）。

    (2)本案的消費者：張先生（收到雜誌的消費者）。

    (3)本案的客體：雜誌（商品）。

    (4)契約類型：現物要約。

2. **法律問題解析**：本案的關鍵在於現物要約的附款，有何法律上的效果。

    (1)現物要約的傳銷型態：本案 A 雜誌社先將雜誌逕行寄給未經要約（表示購買）程序的消費者，讓消費者先行閱讀，並附註說明 1 週後如果民眾未寄回，則表示要購買，接著就會收到帳單，或是逕送笑話簡訊，並於簡訊最後一句寫著「如果不想繼續收到笑話，請 3 天內回覆，否則視同訂閱」，符合消費者保護法規定現物要約的要件。

    (2)現物要約不得增加消費者的義務：依照消費者保護法規定，凡是單方面增加消費者下列義務的附款（附加的約定），均屬無效。

    ①消費者應負保管產品的義務：例如約定消費者應妥為保管產品，否則應負損害賠償的附款，無效。

    ②消費者應主動退回產品的義務：例如約定消費者如果不願意購買，應於一定時限內予以退回產品的附款，無效。

    ③消費者負有應買的義務：例如約定消費者在經過一段期間未有任何表示時，即視同消費者同意購買的附款，無效。

    (3)本案業者的附款無效：本案「應於收到書後 1 星期內將雜誌寄回，否則將視同購買」的附款，因為屬於業者單方面增加消費者義務的附款，故為無效。

結論：本案Ａ雜誌社以現物要約方式寄送雜誌給張先生，在寄送資料上的「應於１星期內退回，否則視同購買」附款，無效；張先生依照消費者保護法規定，可以根本不予理會，不必負擔任何法律責任。

補充說明——不請自來的產品。

1.**現物要約為不請自來的產品**：主要有下列問題。

　(1)現物要約已造成消費者處理上的困擾：企業經營者利用各種傳銷行為，以擴展商機，本無可厚非，惟所使用的傳銷行為，如果是無所不用其極，因而造成消費者困擾，甚至侵害到消費者權益時，即應有效加以管制處理，現物要約式的傳銷行為，即其適例。未經消費者要約，企業經營者即以強迫性的寄送商品方式，增加消費者承受額外的負擔或困擾。

　(2)依民法規定處理對消費者不利：消費者對於以現物要約方式寄來的商品，有無保管義務或有無主動退回商品的義務，可否逕予拋棄，有無侵權責任等等，現行民法不是沒有規定，就是規定不夠明確，導致糾紛頻傳，顯見現行法令對現物要約的消費者權益保障不足。

2.**現物要約的流程**：如附表。

現 物 要 約 的 流 程 表（商品要約為主導地位）	
未經消費者要約	消費者並未向業者訂貨，或向業者申請到期續訂的意思表示（要約）
業者寄送商品	業者逕將其商品寄送給消費者，作為業者向消費者要約的手段
消費者收到商品	此即為不請自來的商品
消費者的後續行為	(1)拿來使用（視為承諾），契約即於此時確定成立並生效 (2)拒絕承認，契約即於此時確定不成立

3. **消費者保護法有關規範**：消費者可依照下表的程序，處理現物要約的商品。

消費者對於現物要約寄送物的處理程序表		
處理程序	處理方式	理由
程序一	將寄送物擺在一旁，不必理它即可	(1)消費者無保管義務 (2)消費者無主動退回義務
程序二	寄送的業者必須在一定期間內前來取回寄送物	(1)經消費者訂相當期限通知取回 (2)未經消費者通知，在寄送後一個月內取回
程序三	如寄送的業者在法定期限內取回其寄送物者	(1)消費者得請求損害賠償 (2)消費者亦得請求償還處理寄送物所支出的必要費用
程序四	如寄送的業者未在法定期限內取回其寄送物者	(1)視為寄送的業者拋棄其寄送物的所有權 (2)消費者可依民法「先占」規定取得該寄送物的所有權

參考條文——與本案有關的相關法條。

1. **消費者保護法**：第20條（現物要約）。

2. **民法**：第161條（意思實現的承諾）、第345條第1項（買賣契約的要件）、第802條（無主物先占）。

3. **公平交易法**：第21條（資訊真實條款）、第24條（不正行為概括禁止條款）。

十四、郵包詐騙，係利用現物要約來進行詐騙行為。

【案例】郵包詐騙案

林太太某日上午在家，突然接到由Ａ貿易公司透過郵局的郵差寄來的包裹，收件人為其先生，並說明由郵局代收貨款新台幣1000元。林太太不疑有它，於是代為簽收，並繳付費用。等到林先生下班回家談及此事，林先生表示並未向該公司訂購任何產品，馬上打開包裹一看，內容物為一個兒童用的手錶，市價僅值100元，始知受騙。

基本解析──未經要約寄送郵包，屬於現物要約。

1. **法律關係解析**：本案主要涉及消費公平問題，故屬於契約上的消費關係。

   (1)本案的企業經營者：Ａ貿易公司（寄送包裹詐財的製造者）。至於郵局僅負責郵包的寄送事宜，並非本案的企業經營者。

   (2)本案的消費者：林先生（受騙的消費者，林太太為其日常家務代理人）。

   (3)本案的客體：手錶（商品）。

   (4)契約類型：現物要約。

2. **法律問題解析**：本案的關鍵在於利用現物要約式的郵包詐騙，如何有效防杜。

   (1)本案符合現物要約的傳銷型態：本案Ａ貿易公司未經消費者林先生要約，即逕行用郵包寄送商品（手錶）給林先生，符合消費者保護法規定現物要約的要件，有消費者保護法規定的適用。

   (2)本案屬於不當的行銷手法，應受公平交易法規範：本案Ａ

貿易公司更進一步請郵局的郵差為其代收貨款，減少消費者的戒心，以達成其詐騙消費者的目的，屬於不當的傳銷行為，應由公平會依照公平交易法予以處分。如涉及詐騙行為，則另有刑事責任。

(3)本案郵局不必負責：本案主要的關鍵角色為郵局及其所屬的郵差，如果沒有他們的介入，即不致有人受騙；不過郵局在整個事件當中，充其量只是現物要約商品的寄送工具而已，而且郵局的代收貨款，亦只是依照寄送人的指示而為，並非詐騙公司的共犯，原則上無需負任何法律責任。

結論：本案A貿易公司利用郵局的代收貨款服務的郵包詐騙，受害的消費者林先生除了可以依照消費者保護法現物要約規定，向A貿易公司主張其應有的權益以外，亦可以同時向公平會或司法檢警單位檢舉，以處罰其不當的傳銷行為。

補充說明——郵包詐騙。

1. **郵局代收貨款的必要性**：代收貨款屬於郵政的新型服務，處於今日工商繁忙的社會，人人無法樣樣事情都要自己來做，此種新型的服務確實有其存在的實際需要，雖然有人利用作為郵包詐騙的工具，但是究竟還是少數情形，實在不宜輕言廢除。

2. **郵包詐騙的模式**：主要有下列二種類型。

   (1)空包彈：例如宜蘭縣政府一位員工家屬收到郵差送來包裹，由其代為簽收並交付寄件人委託郵局代收的1000元貨款，但拆開包裹一看，卻只有兩個空盒，遭到歹徒詐騙。

   (2)黑心彈：在年節期間常有歹徒利用郵差代收款項的便利，假借寄送禮品名義進行詐財的事實，例如曾有一名消費者因家人代簽收件，並當場支付1000元貨款，打開「郵寄品」，才發現竟是兩張空白的光碟片，遭到歹徒詐騙。

3. **郵局已採取預防措施**：由於不斷傳出有不肖業者利用郵局代

收貨價郵件的方式詐財，交通部郵政總局（現已改制為中華郵政公司）宣布自89年5月份起，採取下列配套措施：

(1)收件人須當場開驗：民眾領取代收貨款郵件須當場開箱審驗，以明真相，若拒絕拆驗，一旦所寫物品與代收貨價內容不符，則郵局不負任何責任。

(2)查驗寄件人證件：寄件者則須出示公司及個人身分證件，必要時並應出示有關公司營業執照；代寄者也將被比照要求出示有關證件。若寄件人拒絕出示上述證件，為避免事後追查困難，郵局將不予收寄。

(3)郵局暫代為保管貨款：郵政總局援用郵政法第71條及80條，並參考消費者保護法猶豫期間及無條件契約解除權的規定，由郵局代為保管「代收貨款」7天，確定消費者所領取的貨物無問題後，再將貨款交給業者。

參考條文——與本案有關的相關法條。

1. **消費者保護法**：第20條（現物要約）、第19條（郵購及訪問買賣的猶豫期間及無條件契約解除權）。
2. **民法**：第1003條（夫妻互為日常家務代理人）。
3. **郵政規則**：第71條至第93條（代收貨價）。
4. **公平交易法**：第21條（資訊真實條款）、第24條（不正行為概括禁止條款）。
5. **刑法**：第339條至第341條（詐欺罪）。

十五、刮刮樂詐騙，係利用郵件寄送或簡訊傳達等方式進行詐騙行為。

【案例】刮刮樂詐騙案

張先生某日在信箱發現Ａ科技傳播公司寄來的刮刮樂廣告及彩券，廣告上印刷非常精美，除了說明該公司是慈善機構，為了回饋社會、特別與賓士汽車公司、中華航空公司合作舉辦刮刮樂彩券對獎活動，頭獎為賓士500休旅車、貳獎是賓士300轎車、參獎為新台幣100萬元、肆獎為台北往返美國洛杉磯頭等艙機票1張、伍獎為香港來回機票1張；另外附上1張密封的彩券，張先生予以拆開對獎，發現竟然對中了參獎，可以獲得新台幣100萬元，但必須依稅法規定先繳付15％的稅金。張先生本以為發了一筆橫財，迫不急待就去繳了稅金，不料錢沒拿到，卻反而因此被騙了新台幣200萬元。

基本解析——天下沒有白吃的午餐。

1. **法律關係解析**：本案主要涉及消費公平問題，故屬於契約上的消費關係。

    (1)本案的企業經營者：Ａ科技傳播公司（寄送贈獎詐財的製造者）。至於所捏造合作舉辦的賓士汽車公司及中華航空公司，均非本案的企業經營者。

    (2)本案的消費者：張先生（接受贈獎被騙的消費者）。

    (3)本案的客體：現金、汽車或機票（商品及服務）。

    (4)契約類型：現物要約。

2. **法律問題解析**：本案的關鍵在於刮刮樂的詐騙行為，如何有效防杜。

(1)本案符合現物要約的傳銷型態：本案Ａ科技傳播公司未經消費者張先生要約，即逕行寄送刮刮樂彩券，告知張先生中了參獎，這是一種虛擬的產品，故亦可算是屬於一種現物要約的銷售型態，在民事上可以適用消費者保護法相關規定。只不過刮刮樂的目的，主要在詐騙取財，因此一般只追究其刑事責任，甚少討論其民事責任。

(2)刮刮樂詐騙的程序：本案張先生即因而被詐騙了新台幣200萬元。

①以現物要約方式先寄送刮刮樂郵件給消費者：郵件內容除了該公司的相關資訊、彩券資訊以外，並捏造附具了一些與所列中獎獎品有關的知名公司作為合作夥伴，另更捏造列舉了一些見證的消費者及見證的律師或會計師的名字及電話，以取信消費者，並作為消費者查證之用。

②收到彩券的消費者一定會中獎：消費者拆開彩券對獎時，一定會中獎，只不過業者不會讓你刮中「壹獎」或「貳獎」，原則上會讓消費者刮中「參獎」或「肆獎」的現金獎，不會讓消費者覺得中獎太過容易而不願上鉤。

③所列查證的資訊均屬虛構：消費者針對郵件所列的見證律師、會計師或是見證的消費者進行查證時，通常是電話不通，消費者進行查證無法獲得真實的資訊；或是該等人士已與詐騙業者事先串通，讓消費者信以為真。

④預繳稅金的規定是最大關鍵：消費者想領取獎金時，業者即告知消費者，依稅法規定應先行繳納15％的稅金，才可以領取，於是消費者就先繳了15萬元稅金；而繳了稅金以後的消費者，為避免稅金有去無回，只好一再配合業者的要求，因而越陷越深。

⑤業者會以其他理由繼續詐取金錢：消費者繳了稅金以後，業者即知道魚已上鈎，定必會利用其他理由繼續詐騙消費者，一直到消費者被詐乾或終於明白被騙為止。例如不是該公司會員不得參加領獎，故須先加入為會員，入會費是新台幣10萬元；再以你所加入的僅是臨時性的會員，必須再繳新台幣10萬元正式會費才能成為正式會員，才能領取獎金等，如果消費者不再繳納，業者即會以依公司規定，已繳的費用一律沒收，讓消費者血本無歸。

(3)刮刮樂詐騙不易偵破：刮刮樂公司因為居無定所，而且又都以人頭頂替的預付卡手機作為連繫電話，因此雖然不斷犯案，但卻不易偵破，最好的防騙方式，就是消費者不要有任何橫財的貪念。

結論：本案林先生因刮刮樂郵件被Ａ科技傳播公司詐騙了新台幣200萬元，雖然符合消費者保護法現物要約的要件，但因刮刮樂公司居無定所，無從追究，林先生只有自認倒霉。

補充說明——刮刮樂詐騙。

1. 刮刮樂詐騙為現代詐騙的最傳統型態：目前社會上的詐騙手法或方式不斷的推陳出新，例如刮刮樂詐騙、手機簡訊詐騙、電腦郵件詐騙、求職陷阱詐騙、非法家庭代工詐騙、老鼠會詐騙、恐嚇詐騙等等，其中要以刮刮樂詐騙為最傳統的詐騙方法。

2. 刮刮樂詐騙的預防措施：政府機關已協調採取下列措施因應。

(1)教育消費者要戒除貪財的心理：消費者首先要戒除「貪財」的心理，不要利令智昏，也不要妄想得到意外之財；不要輕信廣告宣傳，應事先向主管機關做好查證的工作，而不是依照宣傳單上的號碼查詢，最好的預防之道，就是

不理刮刮樂郵件。

(2)加強警告資訊：郵局已在可疑信件上蓋印「疑似刮刮樂郵件，請小心不要上當」警語、電信公司也在手機上刊載警語，消費者自己應特別小心。

(3)設置165防詐騙專線電話：有關詐騙的服務資訊，請直接撥165專線電話或向內政部（電話0800018110，或網站www.cib.gov.tw）洽詢；亦可向法務部調查局（電話02-2918888或網站 www.mjib.gov.tw）檢舉。

參考條文——與本案有關的相關法條。

1. **消費者保護法**：第20條（現物要約）。

2. **公平交易法**：第21條（資訊真實條款）、第24條（不正行為概括禁止條款）。

3. **刑法**：第339條至第341條（詐欺罪）。

第五章

分期付款買賣

十六、凡消費者可以先享受產品，價金分期支付的契約，為分期付款買賣。

> **【案例】汽車「分期付款買賣」案**
> 台中市黃先生某日在電視上看到Ａ汽車公司的分期付款銷
> 售廣告內容：「只要3萬8千元，就可以把新車開回家，
> 餘款分20期支付，每月每期只要負擔2萬元。」受到該廣
> 告的吸引，於是以分期付款的方式買了一部汽車，作為每
> 日上下班代步使用。

基本解析——先享受後付款的信用交易買賣。

1. **法律關係解析**：本案主要涉及消費公平問題，故屬於契約上
   的消費關係。

   (1)本案的企業經營者：Ａ汽車公司（販賣汽車的製造者）。

   (2)本案的消費者：黃先生（購買汽車的消費者）。

   (3)本案的客體：汽車（商品）。

   (4)契約類型：分期付款買賣契約。

2. **法律問題解析**：本案的關鍵在於「分期付款買賣」，到底有
   何風險。

   (1)本案屬於消費者保護法上的分期付款買賣契約：因為在黃
      先生交付頭期款後，Ａ汽車公司即將新車交付給消費者使
      用，餘款可以分期支付，符合消費者保護法分期付款買賣

「先享受後付款」的要件。

(2)業者應提供分期付款買賣的必要資訊：分期付款依照消費者保護法規定，至少應提供消費者下列必要的消費資訊。

　　①頭期款：第一期應繳多少錢？必須讓消費者知道，也好去妥為準備，以免臨時措手不及。

　　②分期總價款與現金交易的差額：本案如以現金交易的價款是多少？與分期付款的總價款到底相差多少？在未瞭解清楚以前，冒然就用分期付款方式成立買賣契約，可能對消費者不利。

　　③利率及利息：本案的利率到底有多高？以及應付的利息多少？均未告知消費者，消費者有可能因而吃了悶虧。

(3)本案分期付款買賣消費者可以依法保障其應有權益：本案消費者從廣告上僅可以得到①頭期款：3萬8千元、②期數及款項：餘款分20期支付，每期每月2萬元的資訊，並未得到分期付款買賣全部的必要資訊，故黃先生可以依照消費者保護法規定主張其應有的權益。

結論：本案屬於消費者保護法上的分期付款買賣契約，黃先生可以依消費者保護法上的相關規定（詳見肆、十七題的補充說明），向 A 汽車公司主張其應有的權益。

補充說明──分期付款買賣。

1. **分期付款買賣**：主要有二種買賣類型。

(1)一般分期付款買賣：依民法規定，只要價金分期支付，即屬於一般的分期付款買賣，民法稱為「分期付價買賣」。

(2)特別分期付款買賣：尚可歸類為下列二種。

　　①消費者保護法上的分期付款買賣：依照消費者保護法規定，必須約定消費者支付頭期款，餘款分期支付，而企業經營者於收受頭期款時，交付標的物給消費者的買賣契約，也就是一種「先享受，後付款」的買賣方式，屬

於一種信用買賣。出賣人為避免風險，除索取高價（如高額的利息或手續費）外，往往於契約中附加有保障價金債權實現的利己約款，以減少其不利。因此，有關定型化契約的規定，亦有其適用。

②動產擔保交易法上的附條件買賣：依照動產擔保交易法規定，價金可以分期支付，動產也可以先行交給消費者使用，但是業者仍保留該動產的「所有權」，必須等到買方完成一定條件時，所有權才移轉給買方，可稱為「附保留所有權」的分期付款買賣。此種附條件買賣較消費者保護法規定的分期付款買賣，對消費者較為不利，應特別注意。

2. **消費者保護法上分期付款買賣的構成要件**：主要有下列二個要件。

(1)價金的分期應有二期以上：至少應於標的物交付後，仍有二期以上始可，若標的物交付後，隔一定期間，一次支付，或僅餘一期支付的價金者，均非分期付款買賣。

(2)頭期款與標的物應同時交付：這是消費者保護法上分期付款買賣的特色，也是最大的促銷賣點，民法上的分期付價買賣則不必有此條件。例如預售屋的買賣，雖然同樣採取分期付款方式支付買屋價金，不過在買屋消費者支付頭期款時，由於該預售屋尚未興建完成，無法同時交屋給消費者使用，故不屬於消費者保護法上的分期付款買賣，而僅能適用民法上的分期付價買賣的規定。

3. **分期付款買賣的客體**：包括商品及服務。

(1)商品的分期付款買賣：原則上只要是有形的產品（商品），例如汽車、家電、升學錄影帶、語言學習錄音帶、百科全書、醫療器材等商品的費用，均可作為分期付款買賣的客體。

(2)服務的分期付款買賣：即使是無形的產品（服務），例如會員權、生前契約、瘦身美容、終身學習等服務的費用，亦可作為分期付款買賣的客體。

參考條文——與本案有關的相關法條。

1.消費者保護法：第2條第12款（分期付款的定義）、第21條（分期付款買賣）。
2.民法：第345條（一般買賣）、第389條及第390條（分期付價買賣）。
3.動產擔保交易法：第26條（附條件買賣）。
4.汽車買賣定型化契約範本暨應記載及不得記載事項。

十七、分期付款買賣的契約資訊應公開透明化，以保障消費者權益。

【案例】分期付款買賣契約「夾帶本票」案
A百科全書直銷公司的直銷員某甲，固守在台北市重慶南路書店街的走廊，作為其營業的地盤。民國94年8月8日向過往的王姓學生推銷百科全書，並在簽訂分期付款買賣契約時，以夾帶方式讓王姓學生不察而簽下本票，作為將來強制執行的依據。

基本解析——分期付款買賣的資訊，必須公開透明化。

1.法律關係解析：本案主要涉及消費公平問題，故屬於契約上的消費關係。
   (1)本案的企業經營者：A百科全書直銷公司及其直銷員某甲（販售百科全書的經銷者）。
   (2)本案的消費者：王姓學生（購買百科全書的消費者）。
   (3)本案的客體：百科全書（商品）。

(4)契約類型：分期付款買賣契約。

2. **法律問題解析**：本案的關鍵在於分期付款買賣契約，夾帶的本票作用何在。

(1)分期付款的資訊應公開透明化：契約上依法至少應載明下列事項。

①頭期款：俾讓消費者能夠事先酌量自己的財力能否負擔。

②差額：分期總價款（各期價款與其他附加費用合計的總價款）與現金交易價格的差額，俾提供消費者是否採用分期付款買賣的重要參考。

③利率：讓消費者瞭解將來所要負擔的代價是否划算。

(2)本案具有訪問買賣與分期付款買賣的特性：本案係以訪問買賣傳銷方式成立契約，當然有訪問買賣規定（如7日猶豫期間及無條件契約解除權）的適用；另外，本案在付款方面則採用分期付款方式，當然也有分期付款買賣契約規定的適用，二者可以併存。

(3)本案的夾帶本票屬於不當的傳銷行為：以訪問買賣方式成立契約，無論所簽的契約是一次付款契約或是分期付款契約，原則上均不應另行夾帶本票的簽訂，除非事先已向消費者說明清楚並且得到消費者的同意，否則該夾帶本票的行為，屬於不當行銷範圍，不但無效，並且也會受到公平會的處罰。至於所謂本票，係指由發票人本人簽發的一種票據，持有本票的人可以向法院請求作為對發票人強制執行的依據，對本票發票人非常不利。

結論：本案A百科全書直銷公司及其直銷員某甲以訪問買賣方式，向王姓學生推銷百科全書，並簽訂分期付款買賣契約，王姓學生當然可以依照消費者保護法有關訪問買賣及分期付款買賣的規定主張其權利；至於夾帶本票的情形，屬於不當

行銷手法，可向法院主張無效，同時並可向公平會檢舉予以處分。

補充說明──分期付款的利率資訊。

1. **分期付款買賣**：屬於一種信用買賣。

(1)分期付款的利率為風險的保證：消費者可以先享受後付款，對於未付款的部分，等於是用消費者的信用來作擔保，屬於一種無實質擔保的貸款，相關風險由分期付款的業者來負擔。業者於是以利率的規定，作為分擔風險的保證，因而分期付款的利率較高。

(2)分期付款的資訊應公開透明化：尤其是利率等相關資訊不夠透明化，茲以利率為例，列表說明如后。

利率種類表			
利率種類		內容	備註
以期間區分	日利率	以日作為利息計算的比率	以實際經過之日數為準
	月利率	以月作為利息計算的比率	日利率 × 30 ＝ 月利率
	年利率	以年作為利息計算的比率	月利率 × 12 ＝ 年利率
以計算基礎區分	單利計算	僅以原本（即本金）作為基礎來計算其利息	利息 ＝ 本金 × 利率 × 期數
	複利計算（民法第207條）	除了原本（即本金）以外，並得加上到期利息作為基礎來計算其利息	除商業上另有習慣或合乎法定條件外，原則上禁止複利。即利息不得滾入原本再生利息

以利率基礎區分	約定利率 （民法第205條、第206條）	(1)契約自由原則：應付利息的債，由雙方當事人自行約定其利率 (2)契約自由限制：約定利率為避免影響公序良俗，應受右列限制	(1)限制最高利率：約定利率，超過週年20％者，債權人對於超過部分的利息，無請求權 (2)禁止巧取利益：債權人除前條限定的利息外，不得以折扣或其他方法巧取利益
	法定利率 （民法第203條）	應付利息之債，其利率未經約定，即依法律規定之利率	(1)法律有特別規定者 (2)法律亦無規定者，週年利率為百分之五

(3)分期付款應防止業者不當緊縮信用：民法已針對分期付價買賣予以下列特別限制規定，以有效保障消費者的權益。

①期限利益約款：依照民法的規定，分期付價的買賣，如約定買受人有遲延時，出賣人得即請求支付全部價金者，除買受人遲付的價額已達全部價金五分之一以外，出賣人仍不得請求支付全部價金。

②解約扣價約款：依照民法的規定，分期付價的買賣，如約定出賣人於解除契約時，得扣留其所受領價金者，其扣留的數額，不得超過標的物使用的代價，及標的物受有損害時的賠償額。

2.**分期付款買賣的流程**：如附表。

分期付款買賣的流程表	
成立契約	買賣雙方意思表示一致，契約已經成立
消費者應先支付頭期款	價金可以分期支付，消費者所支付的第一期款，即稱為頭期款（免付頭期款者，可將之視為0）

業者應同時交付標的物	業者在消費者支付頭期款時，應同時將買賣標的物交付給消費者使用（同時履行抗辯權）
消費者餘款可以分期支付	除頭期款外，其餘價金消費者可以分二期以上支付（原則上均應附加利息）

參考條文——與本案有關的相關法條。

1. **消費者保護法**：第21條（分期付款買賣）。
2. **民法**：民法第203條（法定利率）、第205條及第206條（約定利率）、第207條（複利）、第389條（期限利益約款）、第390條（解約扣價約款）。
3. **公平交易法**：第21條（資訊真實條款）、第24條（不正行為概括禁止條款）。
4. **套書**（百科全書等）、語言錄音帶及教學錄影帶買賣定型化契約範本。

十八、分期付款買賣契約應附具「分期攤還表」，消費者並有提前清償權。

【案例】分期付款買賣契約的「提前清償」案

台北市的張太太於94年7月7日上午在家時，突有 A 教材公司的直銷員某甲，自稱輔導老師，登門拜訪推銷英文 DVD 教材，張太太同意為其正在就讀高中的女兒購買一套，分24期付款，每月付1期，總價為5萬元，當場簽訂契約，業務員並於當天交貨。張太太在付了10期以後，覺得分期付款實在太麻煩，想要將餘款一次全部付清。

基本解析——分期付款買賣，消費者有提前清償權。

1. **法律關係解析**：本案主要涉及消費公平問題，故屬於契約上的消費關係。

(1)本案的企業經營者：A 教材公司及直銷員某甲（販售英文 DVD 教材的經銷者）。

(2)本案的消費者：張太太（購買英文 DVD 教材的消費者）。

(3)本案的客體：英文 DVD 教材（商品）。

(4)契約類型：分期付款買賣契約。

2.**法律問題解析**：本案的關鍵在於分期付款的提前清償，究應如何處理。

(1)本案屬於訪問買賣契約：張太太為訪問買賣的消費者，依照消費者保護法規定，可以在94年7月14日以前行使無條件契約解除權，如果不行使時，自7月15日起該解除權即為消滅。

(2)本案亦為分期付款買賣契約：張太太為分期付款買賣的消費者，依照消費者保護法規定，在分期付款一段時間以後，如果覺得太麻煩，張太太有提前清償的權利。

①消費者提前清償時，只要繳納未償還的本金，無需繳納未到期的利息。

②消費者提前清償時，業者不得拒絕，且不得加收違約金或手續費。

(3)本案張太太僅須返還未到期的本金：為使分期付款買賣的必要資訊公開透明化，行政院（消保處）已推動要求所有的分期付款買賣契約書應附具分期攤還表，作為雙方權利義務的重要內容，以有效避免爭議的發生。本案張太太已付了10期，依後附的分期攤還表內容，只須償還28559元即可。

結論：本案分期付款買賣契約，張太太依照消費者保護法規定有提前清償權，A教材公司及其直銷員某甲不得拒絕；張太太在10期以後提前清償時，依據分期攤還表的內容，只須償還剩下未付的14期本金28559元即可。

補充說明——提前清償權。

1. **消費者有提前清償權**：買賣的價金以一次付款為原則，分期付款為例外，因此，如果消費者願意一次付清餘款，出賣人不可拒絕。另外業者為避免分期付款買賣被倒債的風險，因此特別提高分期付款的利率作為風險的保證，如果消費者可以一次付清餘款，該分期付款買賣即不再有任何風險存在，故消費者的提前清償，只須付足尚未還清的餘款即可，至於未到期的利息，則不必負擔。另外要特別說明的是：向銀行或融資公司等貸款的分期還款契約，與分期付款買賣契約不同，消費者不可援用辦理。

2. **分期攤還表**：目前汽車買賣定型化契約範本、電器買賣定型化契約範本、套書（百科全書等）、語言錄音帶及教學錄影帶買賣定型化契約範本等，均訂有分期攤還表。經參考經濟部函頒「套書（百科全書等）、語言錄音帶及教學錄影帶買賣定型化契約範本」所附「分期攤還表」的範例如后。

分 期 攤 還 表				
期 數	月 繳 本 息	利息	償 還 本 金	未 償 還 本 金
00	2354.00			50000.00
01	2354.00	500.00	1854.00	48146.00
02	2354.00	481.00	1872.00	46274.00
03	2354.00	463.00	1891.00	44383.00
04	2354.00	444.00	1910.00	42473.00
05	2354.00	425.00	1929.00	40544.00
06	2354.00	405.00	1948.00	38596.00
07	2354.00	386.00	1968.00	36628.00
08	2354.00	366.00	1987.00	34641.00
09	2354.00	346.00	2007.00	32634.00

分 期 攤 還 表				
期 數	月繳本息	利息	償還本金	未償還本金
10	2354.00	326.00	2027.00	30606.00
11	2354.00	306.00	2048.00	28559.00
12	2354.00	286.00	2068.00	26491.00
13	2354.00	265.00	2089.00	24402.00
14	2354.00	244.00	2110.00	22292.00
15	2354.00	223.00	2131.00	20162.00
16	2354.00	202.00	2152.00	18010.00
17	2354.00	180.00	2174.00	15836.00
18	2354.00	158.00	2195.00	13641.00
19	2354.00	136.00	2217.00	11423.00
20	2354.00	114.00	2239.00	9184.00
21	2354.00	92.00	2262.00	6922.00
22	2354.00	69.00	2284.00	4638.00
23	2354.00	46.00	2307.00	2330.00
24	2354.00	23.00	2330.00	0.00

備註：（單位元）

1. 年利率 ＝ 12％
2. 貸款月數 ＝ 24個月
3. 期（月）繳金額 ＝ 貸款本金 × ｛（年利率 ÷ 12）÷ 〔1 －（1 ÷〈1＋年利率 ÷ 12〉的 n 次方）〕｝（其中 n 為貸款月數）
4. 期繳利息 ＝ 上一期未償還本金 × 年利率 ÷ 12
5. 償還本金 ＝ 本期本息 － 本期利息
6. 未償還本金 ＝ 上一期未償還本金 － 本期還還本金
7. 差額＝20000元（分期總價50000元－現金價30000元＝差額20000元）
8. 消費者有提前還款權利：
(1)消費者提前清償時，只要繳納未償還的本金，無需繳納未到期的利息
(2)消費者提前清償時，業者不得拒絕，且不得加收違約金或手續費

——與本案有關的相關法條。

1. 消費者保護法：第21條（分期付款買賣）。

2. 消費者保護法施行細則：第22條（各期價款、利率、附加費用）。

3. 公平交易法：第21條（資訊真實條款）、第24條（不正行為概括禁止條款）。

4. 汽車買賣定型化契約範本、電器買賣定型化契約範本、套書（百科全書等）、語言錄音帶及教學錄影帶買賣定型化契約範本。

十九、分期貸款買賣不是分期付款買賣，消費者要特別注意。

【案例】買冷氣「分期付款變分期貸款」案

消費者廖先生於94年7月8日到Ａ連鎖大賣場新店店購買冷氣機，業者打著6期零利率的旗幟，但根本是以信用貸款方式分期，消費者廖先生以為是一般的分期付款買賣，因而購買了一台冷氣機，事後發生爭議，因在廣告上未予註明，業者自認理虧致歉退費。

基本解析——分期付款，不是分期貸款。

1. **法律關係解析**：本案主要涉及消費公平問題，故屬於契約上的消費關係。

   (1)本案的企業經營者：Ａ連鎖大賣場新店店（販賣冷氣機的經銷者）。

   (2)本案的消費者：廖先生（購買冷氣機的消費者）。

   (3)本案的客體：冷氣機（商品）。

   (4)契約類型：分期貸款契約。

2. **法律問題解析**：本案的關鍵在於分期付款與分期貸款，有何不同。

(1)分期付款買賣：係指消費者支付頭期款，餘款分期支付，而企業經營者於收受頭期款時，交付產品給消費者的買賣契約。分期付款買賣契約，當事人僅有產品出賣人（同時也是分期付款買賣的業者）及購買的消費者（同時也是分期付款買賣的消費者）二方而已，只存在一種買賣的契約關係。

(2)分期貸款買賣：係指消費者購買產品時，該產品的價款是向他人（如銀行、融資公司等）貸款，並將所貸的金額一次支付給產品出賣的業者，而由買受的消費者分期向提供貸款的業者支付，所成立的買賣契約。分期貸款買賣契約，當事人包括消費者、產品出賣人及貸款人等三方關係，事實上係由下列二種契約關係所組成。

①產品買賣契約：產品的出賣人與購買的消費者，成立買賣契約。

②貸款契約：貸款的消費者與提供貸款的業者，成立貸款契約。消費者向銀行貸款如果發生爭議，尚可適用金融消費者保護法規定，併此敘明。

(3)本案分期貸款買賣對消費者較為不利：二者均屬先享受後付款的信用買賣。

①分期付款買賣契約對消費者較有保障：例如汽車、電器等分期付款買賣契約，該買賣的主體，只有產品出賣的企業經營者與產品買受的消費者，法律關係甚為單純。除了業者應負起與該買賣有關的全部責任以外，依照消費者保護法規定，消費者尚有提前清償權。

②分期貸款買賣契約對消費者較為不利：分期貸款契約與分期付期契約不同，例如購車、購屋等貸款契約，該買

賣的主體，除了產品出賣的企業經營者及產品買受的消費者以外，尚還有貸款業者，法律關係較為複雜。原則上業者僅就該產品本身負起其應有責任，至於買賣價款的支付問題，則全由貸款業者負責，而且消費者對於分期貸款買賣並無提前清償權。為確保消費者權益，主管機關已公告個人購車及購屋貸款定型化契約範本暨應記載及不得記載事項，以資處理依據。

結論：本案業者因在廣告上未予註明為新型的分期貸款買賣，致使消費者誤認為傳統的分期付款買賣，對消費者可能造成不利的結果，因此消費者依法有權解除契約或另訂分期付款買賣契約。

補充說明——分期貸款。

1. **分期變信貸的陷阱**：坊間出現「假分期真貸款、假分期真辦卡」的新型行銷糾紛。業者在推銷商品時，聲稱所賣商品為分期付款契約，簽約時卻夾帶消費性貸款契約書，消費者只要沒有詳細閱覽簽名以後，「分期付款」就變成「分期貸款」；或是辦理分期付款時，交付個人資料與身分證給業務員，結果多了一張信用卡或現金卡，產生糾紛。所謂「假分期、真貸款」係指消費者向商家購買商品時，形式上是消費者跟商家約定以分期付款之方式付款，實際上卻是業者以消費者名義向銀行辦理信用貸款，銀行一次付款給業者，消費者再分期繳付貸款給銀行。因此，貸款期間消費者除了負擔額外利息外，一旦業者倒閉，消費者非但無法取得商品（或服務），卻仍必須繼續支付貸款金額。例如過去發生的山基電信倒閉事件，以及96年發生的亞歷山大健身房倒閉事件，大部分的消費者即屬於此種受害情況。另外，最近有些職訓補習班亦採用此種「假分期、真貸款」模式，消費者如果中途解約，除了須賠給補習班違約金外，還需要向銀行償還貸

款與帳管費，必須特別注意。

2. **分期付款模式的比較**：如附表。

分期付價買賣、分期付款買賣、附條件買賣的比較表		
買賣類型	分期付價買賣	分期付款買賣	附條件買賣
法律依據	民法	消保法（民法的特別法）	動產擔保交易法（民法的特別法）
規範性質	社會立法	社會立法	經濟立法
規範目的	保護買受人權益	保護消費者權益	保護出賣人權益
標的物範圍	物及權利	商品及服務	僅限特定的動產
買賣成立方式	不要式行為	要式行為	要式行為，並應經登記
價金支付方式	分期付價	分期付價	不限於分期付價
標的物交付時機	不限何時交付	限於頭期款交付時為之	不限何時交付
是否保留所有權	不以出賣人保留所有權為限	不以出賣人保留所有權為限	以出賣人保留所有權為限
能否對抗善意第三人	該保留的所有權無對抗善意第三人的效力	該保留的所有權無對抗善意第三人的效力	該保留的所有權得對抗善意第三人

3. **分期貸款的處理機制**：行政院消保會（現改為行政院消保處）已要求金管會建立下列處理機制。

　(1)督促各銀行於96年7月1日起，落實「遞延（預付）型商品或服務無法提供時之消費性貸款處理機制」（即銀行與商店合作辦理遞延（預付）型商品之消費性貸款時，如果發生商店無法提供之遞延（預付）型商品或服務的情形，消費者將得檢具相關證明文件，向銀行請求停止繼續支付貸款）之相關規定。

(2)就 96 年 7 月 1 日前已確定業者倒閉之是類消費性貸款糾紛，持續督導銀行協助消費者解決困擾。

參考條文——與本案有關的相關法條。

1. 消費者保護法：第 21 條（分期付款買賣）。
2. 民法：第 345 條（一般買賣）、第 389 條及第 390 條（分期付價買賣）。
3. 動產擔保交易法：第 26 條（附條件買賣）。
4. 公平交易法：第 21 條（資訊真實條款）、第 24 條（不正行為概括禁止條款）。
5. 金融消費者保護法。
6. 個人購車及購屋貸款定型化契約範本暨應記載及不得記載事項。

伍、消費資訊

《 重 點 提 要 》

一、消費資訊權：屬於消費權的重要內容之一，政府、企業經營者及消費者都應致力充實消費資訊。

二、廣告：凡可使不特定人知悉其內容的傳播，屬之。

　　(一)法律效果：依據消保法規定，簽約後的廣告成為契約內容，發生拘束力。

　　(二)不實廣告：以有無誤導消費者作其認定標準。

　　(三)連帶責任：媒體業者應與廣告業者負連帶責任。

　　(四)信用廣告：業者應於信用廣告上，明示應付所有總費用的年百分率。

　　(五)薦證廣告：廣告代言人（含部落客）明知或可得而知該廣告不實而仍為薦證者，即須為其代言行為負責。

三、標示說明：產品的法定身分證。

　　(一)文字：內容應依法為中文的標示說明。

　　(二)內容：除了一般的標示說明外，如有危險，並應為警告的標示說明（含緊急危險的處理方法，或必要的人潮管制措施）。

　　(三)服務業的標示說明方式：服務業如無法為書面的標示說明時，應改以口頭告知說明方式為之。

四、保證：產品的書面保證與口頭保證。

　　(一)書面保證：業者應負一定的品質保證責任。

　　(二)口頭保證：與書面保證效力相同。

五、包裝：產品的包裹與裝飾。

　　(一)必要包裝：應為防潮、防塵、防震等必要包裝。

　　(二)誠信包裝：不可過度或誇大包裝。

第一章
消費資訊權

一、消費資訊權，屬於消費者在消費關係上非常重要的權利。

> **【案例】「素食含葷」案**
>
> 楊小姐有心向佛，自20歲起開始吃素，並固定向 A 素食店購買其製造販賣的素食食材使用。某日看到報載市售素食6成含葷，經過查證結果，發現A素食店因未加以必要的品質控管，隨便向人購買材料予以加工，所賣的素食食材果然含葷，使她多年修行毀於一旦，甚為傷心。

基本解析——消費者有知的權利。

1. **法律關係解析**：本案主要涉及消費安全問題，故屬於使用上的消費關係。

   (1)本案的企業經營者：A 素食店（販賣素食食材的製造者）。

   (2)本案的消費者：楊小姐（購買素食食材使用受害的消費者）。

   (3)本案的客體：素食食材（商品）。

2. **法律問題解析**：本案的關鍵在於消費資訊，與消費者權益息息相關。

   (1)消費資訊權：消費者的生活受到消費資訊所左右，為使消費者免於被那些欺騙的、虛偽的或明顯誤導的資訊、廣

告、標示或其他的作為所誤導，進而消費者應被告知其作成適當的選擇時，所需知道的事實，才能作出正確的決定，這就是消費者知的權利，也就是明瞭事實真相的權利，筆者特別稱為「消費資訊權」。

(2)消費資訊權的強制性：政府、企業經營者及消費者都應致力充實消費資訊，避免消費爭議或是消費受害的發生，否則即應負下列的責任。

①政府機關：例如對於2011年間發生的食品含塑化劑、日本311大地震等重大事件未能妥為發布消費資訊，導致有民眾因而受害，即可向該政府機關請求國家賠償。本案有關素食問題，依據衛生署公告「包裝食品宣稱為素食之標示規定」，凡宣稱為素食之包裝食品，均須於產品外包裝上標示「全素或純素」、「蛋素」、「奶素」、「奶蛋素」及「植物五辛素」等五種字樣。如有需要，衛生署並擬有「素食標示Q&A」，可逕行前往衛生署食品資訊網／常見 Q&A（food.doh.gov.tw）及中華民國廚師資訊管理系統/政府公告（chef.doh.gov.tw）該二網站下載。

②企業經營者：例如本案 A 素食店在製造販賣素食食材時，即應妥為瞭解上游業者的相關資訊，以維護其食材應有的品質，否則該產品如有瑕疵，即應對受害的消費者，負消費者保護法的損害賠償責任。

③消費者：應蒐集必要的消費資訊，並應遵照使用，尤應特別注意警告的標示說明，以有效避免消費受害事件發生。例如藥袋上已註明「飯後使用一粒」，如有消費者為求加倍效果，自行更改為「飯後使用二粒」，則為明顯的不當使用情形，因而發生任何損害，應由消費者自行負責。

(3)本案可以請求懲罰性賠償金：消費者因使用消費關係而受害，可以請求懲罰性賠償金。

結論：本案 A 素食店所販賣的素食食材有瑕疵，造成吃素的楊小姐受有損害，楊小姐可以依據消費者保護法規定，請求損害賠償及懲罰性賠償金。

補充說明──消費資訊權。

1. **消費資訊權**：所謂消費資訊權，係指消費者在從事消費行為時，避免因資訊不對稱而受害，應有被告知相關消費資訊的權利，即消費者知的權利，其內容至少應包括三種資訊（如附表）。

消費資訊權		
名稱	主要內容	違反責任
交易上的消費資訊	包括商品或服務的價格、締約的條件、定型化契約的條款、特種買賣等，如有爭議，適用民法一般買賣，或消費者保護法定型化契約及特種買賣的規定	企業經營者對因契約關係受害之消費者，應負契約上的損害賠償責任
產品上的消費資訊	包括商品或服務的內容、廣告、標示、包裝等，如有爭議，適用消費者保護法或其他相關法令的規定	企業經營者對契約及使用受害的消費者須兼負(1)契約責任(2)產品責任
其他消費資訊	包括商品或服務有問題的服務電話、消費警訊、消費詐害與消費申訴資訊、消費法規資訊等，如有爭議，適用消費者保護法、民法或國家賠償法等相關法令的規定	(1)企業經營者提供不足者，應兼負契約及產品責任(2)政府機關提供不足者，可構成國家賠償之事由

2. **消費資訊的義務及責任**：無論是政府、企業經營者或是消費者，都負有致力充實消費資訊的義務（如附表），否則即應

負其應有的責任。

主體	消費資訊的義務	消費資訊的責任
政府	(1)應善盡消費資訊行政監督的責任 (2)應積極提供或發布必要的消費資訊 (3)應提供必要消費資訊供消費者運用	主管機關如有違反，應對受害的消費者，負國家賠償責任
企業經營者	(1)應提供消費者充分的消費資訊 (2)應提供消費者正確的消費資訊 (3)應提供必要消費資訊供消費者運用	企業經營者如有違反，對受害的消費者應負消費者保護法上的損害賠償責任
消費者	(1)應蒐集必要的消費資訊 (2)應充分瞭解必要的消費資訊 (3)應依據消費資訊，採取正確合理的消費行為	消費者如有違反，因不當使用行為所造成的損害，應由消費者自負其責

參考條文──與本案有關的相關法條。

1. **消費者保護法**：第3條（政府應為的義務）、第4條（企業經營者的義務）、第5條（致力消費資訊的義務）、第22條至第26條（消費資訊的規範）。

2. **消費者保護法施行細則**：第23條至第26條（消費資訊的規範）。

3. **國家賠償法**：第2條及第3條（國家賠償責任）。

4. **包裝食品宣稱為素食之標示規定**。

二、消費資訊的充實，可以有效保障消費者的消費安全與消費公平權益。

【案例】預售的「夾層屋廣告」案

劉小姐利用假日前往位於台北市東區的 A 建設公司的建築工地展示現場看屋。業務人員某甲即提供印刷精美的房屋廣告，並配上令人心動的「創意空間、想像無限」、「買一層，用二層，最划算」等誘人的廣告用語，以及規劃非常精緻的樣品屋，讓劉小姐有點心動；某甲在說明時只是強調不論是保值或自用，非常值得購買，就是不願說明「夾層屋」有何問題，再加上現場刻意製造的購買熱烈氣氛，使得劉小姐在被連哄帶騙的情形下，於是簽約買了一間，等到交屋時才發現與原來的期望不符，因而產生了消費糾紛。

基本解析——業者應確保其消費資訊真實的義務。

1. **法律關係解析**：本案主要涉及消費公平問題，故屬於契約上的消費關係。

   (1)本案的企業經營者：A 建設公司（販賣預售夾層屋的製造者）。

   (2)本案的消費者：劉小姐（購買預售夾層屋的消費者）。

   (3)本案的客體：預售夾層屋（預售的商品）。

2. **法律問題解析**：本案的關鍵在於業者的不實消費資訊，應負何等責任。

   (1)本案業者係以詐術（隱瞞事實）使消費者陷於錯誤：業者係以夾層屋的設計為其銷售策略，其現場銷售人員自亦本於此原則推銷房屋，且隱瞞未表明樣品屋的裝潢為不合

法，足認業者係以詐術使消費者陷於錯誤。

(2)本案預售屋的廣告，在簽約後即成為契約的內容，並發生下列的效力；如果業者另以定型化契約方式排除廣告效力的條款，無效。

①廣告不得僅供參考：在廣告中記載「僅供參考」等字，即在減輕或免除其所負的義務或責任，依法該「僅供參考」的記載為「無效」。

②廣告因簽約而成為契約的內容：該廣告文宣、樣品屋，雖未附於買賣契約之內，亦已成為買賣契約的內容，而非單純的「要約的引誘」而已。

③廣告具有最低效用保證：業者既於廣告並配合現場樣品屋表明其建造的房屋，可為夾層使用，自應視為該契約重要的預定效用。

(3)本案可以請求懲罰性賠償金：消費者因契約消費關係而受害，可以請求懲罰性賠償金。

結論：本案消費者如果不願購買該夾層屋，可以依照消費者保護法規定，向Ａ建設公司請求解除契約，如果消費者因此而受有損害，亦可以請求損害賠償及懲罰性賠償金。

補充說明——消費資訊的責任。

1.**消費資訊規範的必要性**：我國消費者保護法為促進消費資訊的透明化，除於第一章的第4條及第5條為原則規定外，另於第二章第四節分別就企業經營者的廣告、標示說明、品質保證及包裝等四種，與消費資訊重大有關的事項加以具體規範，課以企業經營者相關消費資訊的責任，以有效減少消費資訊不對稱問題，俾落實保障消費者的安全與公平的權益。

2.**預售夾層屋的業者，應提供下列必要的消費資訊：**

(1)交易上的消費資訊：例如該屋的價格、付款的方式、締約的條件、違約的處罰等，簽約前並應給予消費者至少5日

的合理審閱期間。

(2)產品上的消費資訊：例如該屋為預售屋（新屋）或成屋
（中古屋）、是否為「夾層屋」、是否屬於「工業住
宅」、權狀的「坪數」與買賣的坪數是否相符、所附的
「停車位」屬於法定停車空間、自行增設停車空間或獎勵
增設停車空間的平面式停車位或機械式停車位、使用的建
材及保固期間等，為避免糾紛，均須說明清楚。

(3)其他消費資訊：例如將來發生糾紛時，可以到那裡申訴；
如果要訴訟時，應由那裡的法院管轄等，亦應提供給消費
者瞭解及使用。

3.**違反消費資訊的業者，對因而受害的消費者，即應負民事上
的損害賠償責任**。其違反的情形，包括：

(1)交易資訊的提供不足：企業經營者對具有契約關係的消費
者，可能構成締約上的過失，進而影響契約的公平性，因
而所造成的損害，應負契約上的損害賠償責任。例如往年
福袋爭議，主要都在內容與部分民眾預期不符，為確保交
易資訊充足提供，主管機關經濟部已公告「零售業販售福
袋定型化契約應記載及不得記載事項」，要求業者須於販
售現場公告福袋內容物、明確告知遊戲規則、同時要有第
三公證人確保獎項屬實，但如果福袋內物件出現瑕疵，業
者應接受退換貨。

(2)產品資訊的提供不足：企業經營者須兼負契約及產品責
任。

①契約責任：對於具有契約關係的消費者，可能構成締約
上的過失，所造成的損害，應負契約上的損害賠償責
任。

②侵權責任：對於具有使用關係的消費者，如果造成任何
生命、身體、健康或財產上的損害，應負侵權行為的損

害賠償責任。

<u>參考條文</u>——與本案有關的相關法條。

1. **消費者保護法**：第4條（企業經營者的義務）、第5條（致力消費資訊的義務）、第22條至第26條（消費資訊的規範）。

2. **消費者保護法施行細則**：第23條至第26條（消費資訊的規範）。

3. **公平交易法**：第21條（資訊真實條款）、第24條（不正行為概括禁止條款）。

4. **預售屋買賣定型化契約範本暨應記載及不得記載事項。**

5. **零售業販售福袋定型化契約應記載及不得記載事項。**

第二章

廣告

三、廣告屬於企業經營者促銷產品的主要手段，應予適當規範。

【案例】「買一送一」的促銷廣告案

邱小姐為某一品牌化粧品的愛用者，某日在電視上看到 A 大百貨公司正在舉辦該品牌化粧品「買一送一」的促銷活動，認為機會難得，於是一口氣買了 10 瓶該品牌 100 cc 容量的香水，結帳時才發現只贈送 10 瓶不同品牌 10 cc 容量的香水，與促銷廣告內容不符，邱小姐甚為不滿。

基本解析——廣告應受規範。

1. **法律關係解析**：本案主要涉及消費公平問題，故屬於契約上的消費關係。

   (1)本案的企業經營者：A 大百貨公司（販賣化粧品的經銷者）。

   (2)本案的消費者：邱小姐（購買化粧品的消費者）。

   (3)本案的客體：香水（商品）。

2. **法律問題解析**：本案的關鍵在於廣告的效力為何，有何規範。

   (1)廣告的必要性：廣告的時代已然來臨。

   ①廣告屬於一種消費資訊：廣告對於消費者而言，其為有關商品、服務的一種資訊，往往是消費者從事消費行為

的重要判斷依據。

②廣告為促銷手段：廣告對於企業經營者而言，則為其產品的促銷手段，且為主要的促銷手段，因為沒有廣告，產品即無法大量促銷。

(2)本案屬於廣告不實：在消費者保護法公布施行以前，所有廣告的問題，均依民法規定予以處理。民法認為廣告主要在激發消費者前往賣場購買的誘因，故將其視為「要約的引誘」，並不具有法律上的拘束力，僅供參考，故廣告的業者可以不受廣告內容的拘束，形成不實廣告泛濫的主因。本案Ａ大百貨公司所為「買一送一」的促銷廣告，屬於不實廣告，其理由為：

①「買一送一」的「一」，指的應該是「同樣大小」的產品，而且「買大送小」對消費者不利，故屬於不實廣告。

②「買一送一」的「一」，指的應該是「同一品牌」的產品，如果是不同品牌，亦屬於不實廣告。

(3)本案業者應負廣告責任：消費者保護法公布施行以後，為有效防制不實廣告的泛濫，特別規定廣告在簽約後成為契約內容的一部分，即有拘束力。本案「買一送一」的促銷廣告，在邱小姐購買後即成為買賣契約的內容，不再是「要約的引誘」而已，依照消費者保護法規定，Ａ大百貨公司即負有不得低於廣告內容的履行義務。

結論：本案邱小姐可以依照消費者保護法規定，向Ａ大百貨公司請求依「買一送一」促銷廣告內容，贈送10瓶同一品牌100 cc的香水。

補充說明——產品的廣告。

1. **廣告的意義**：廣告是一種創意的表現，屬於表現自由的一種，而且是產品最主要的促銷方式。所謂廣告，應係指利用

媒介來宣傳其內容，而使不特定多數人可以知悉其宣傳內容的一種傳播。

2. **廣告的分類**：廣告重在傳播的內容，而不是傳播的方式，可以分類如附表。

廣告的分類表		
分類	名稱	內容
以傳播形式分類	言語傳播	例如口碑廣告，最初的廣告，多利用自己的員工或藉著顧客的口碑來進行行銷，影響層面相當有限。
	文字傳播	例如平面廣告，在印刷術發明以後，業者即利用平面媒體大量印製廣告散發，以促銷其產品。
	聲光傳播	例如聲光廣告，隨著時代的演進，由於聲光技術的改良，行銷逐漸演變為非人員的方式，影響層面加大。
以傳播媒體分類	平面媒體	例如報紙、雜誌、傳單、海報、招牌、牌坊、名片、贈品等，凡是以平面印刷為廣告者，均屬之。
	聲光媒體	例如電視、廣播、影片、幻燈片、電話傳真、電子視訊、電子語音、網路等，凡係以聲光表現廣告者，均屬之。
	其他	例如人體、實物、汽球、活動等，凡不以平面媒體或聲光媒體表現廣告者，均屬之。
以成立要件分類	一般廣告	一般的廣告僅在激發消費者購買興趣，其作用在喚起他人向業者為要約，故廣告屬於民法規定的「要約的引誘」，必須再經業者承諾，契約才能成立。
	郵購廣告	消費者保護法規定的郵購買賣，係指以廣播、電視、報紙、型錄等郵購廣告促銷，除了激發消費者購買興趣外，該郵購廣告附有訂貨專線或郵政劃撥單，吸引消費者心動不如馬上行動，使消費者在簽約前未能檢視商品，而成立買賣契約。
	懸賞廣告	民法規定的懸賞廣告，係指以廣告聲明對完成一定行為的人給與報酬的意思表示。亦即廣告人以廣告方式對不特定人為要約，其完成指定行為的人，即係就該要約而為承諾。

3. 廣告的規範效果：主要有司法規範及行政規範兩種。

(1)司法規範的效果：由法院作為下列應否負民事責任的依據。

①將廣告視為「要約的引誘」者：民法採之。此時的廣告，僅供參考，廣告主無需負廣告內容的民事責任。

②將廣告視為「契約的內容」者：消費者保護法採之。廣告在消費者未簽約以前，依民法規定，仍屬「要約的引誘」性質，僅供參考；但當消費者簽約以後，依消費者保護法規定，廣告即成為契約內容的一部分，不再僅供參考，此時廣告主應負廣告內容的民事責任。

(2)行政規範的效果：由行政主管機關作為下列行政處分的依據。

①對廣告的相關業者：依行業性質，例如食品誇大不實的廣告，可由該食品業的主管機關行政院衛生署，依其主管法令予以適當的行政處分；或是由公平會依公平交易法規定予以適當的行政處分。

②對廣告的相對人或消費者：因不屬於行政處分的效力所及範圍，例如因誇大不實的食品廣告受到損害，必須由消費者另行向法院起訴，由法院依據民法或消費者保護法規定，以裁判業者應負損害賠償責任方式，來保障其應有的權益。

参考條文——與本案有關的相關法條。

1. **消費者保護法**：第2條第10款（郵購買賣）、第22條（廣告內容真實的義務）。

2. **消費者保護法施行細則**：第23條（廣告的定義）、第24條（廣告真實性的舉證）。

3. **民法**：第154條第2項（要約的引誘）、第164條（懸賞廣告）。

4. **公平交易法**：第21條（資訊真實條款）、第24條（不正行為概括禁止條款）。

四、企業經營者對其產品的不實廣告，應負一定的廣告責任。

【案例】預售屋不實廣告案

袁先生一直在尋找理想的家居場所，某日看到報紙上Ａ建設公司的預售屋廣告：有千坪的中庭花園、溫水游泳池、還有到台北市東區車程只要10分鐘，頗為中意，於是前往訂購一戶40坪，總價新台幣1000萬元。等到交屋時，才發現千坪的中庭花園縮水變成不到50坪的小花園，溫水游泳池變成不能使用的「景觀」游泳池，至於到台北市東區車程只要10分鐘，只有在晚上12點至清晨6點才有可能。袁先生甚為失望，於是到法院打官司，要求依消費者保護法規定解除契約及請求損害賠償。

基本解析——不實廣告的業者，應負損害賠償責任。

1. **法律關係解析**：本案主要涉及消費公平問題，故屬於契約上的消費關係。

   (1)本案的企業經營者：Ａ建設公司（販賣預售屋的製造者）。

   (2)本案的消費者：袁先生（購買預售屋的消費者）。

   (3)本案的客體：預售屋（商品）。

2. **法律問題解析**：本案的關鍵在於不實的廣告，應負何種法律責任。

   (1)本案的廣告已成為契約的一部分：為避免誇大不實的廣告欺騙消費者，消費者保護法特別規定，企業經營者應負不得低於廣告內容的履行義務。本案在袁先生簽約後，該廣告內容即成為契約內容的一部分，Ａ建設公司應負依約履

行的責任。

(2)本案屬於不實廣告：因為下列廣告內容誤導了消費者的判斷。

　　①中庭花園部分：千坪的中庭花園一下子縮水成不到50坪，對居住的環境、房地產的價值影響很大，與原來廣告的內容大有不同。

　　②游泳池：連冬天都可以游泳的溫水游泳池，變成不能使用的「景觀」游泳池，實在不能相提並論。

　　③車程部分：到台北市東區由原來的車程只要10分鐘，變成只有深夜及清晨才有可能，與消費者的期待相差甚大。

(3)消費者受害可以請求懲罰性賠償金：本案消費者因受Ａ建設公司的不實廣告誤導而簽訂契約，消費者如果因而受有損害，依消費者保護法規定，可以請求損害賠償（以已經繳交的金額1000萬元作為實際損失）及懲罰性賠償金（因係業者故意以誇大不實廣告來欺騙消費者，故應加賠3倍即3000萬元的懲罰性賠償金），合計4000萬元的損害賠償總額。

結論：本案消費者袁先生與Ａ建設公司在簽訂契約後，廣告即成為契約的一部分，Ａ建設公司即應依約履行。如果Ａ建設公司違約不履行時，袁先生即可依消費者保護法規定，要求解除契約及4000萬元的損害賠償。

補充說明——廣告主的廣告責任。

1. **廣告的責任**：廣告因其內容不實或不當，在法律上應負不同的責任，至於廣告的責任，主要係由廣告主負責。消費者保護法所規定廣告責任的類型，如附表。

消費者保護法上廣告責任的類型		
	不 實 廣 告	不 當 廣 告
責任主體	廣告主及媒體業者	廣告主及媒體業者
權利主體	契約關係的消費者	使用關係的消費者
保護權益	契約上的消費公平權益	使用上的消費安全權益
責任類型	契約責任	產品責任（侵權責任）
責任本質	過失責任	無過失責任

2.**廣告主的廣告責任**：即刊登廣告企業經營者的民事責任。為保護消費者知的權利，免因企業經營者以不實廣告侵害消費者權益，消費者保護法將契約責任擴張及於廣告的內容，故規定企業經營者對消費者所負的義務，不得低於廣告的內容。其內容包括

(1)企業經營者應負確保廣告真實的義務：企業經營者對於廣告，除所負的義務不得低於廣告的內容外，尚須負廣告真實的義務。

①不得為不實廣告的義務：此為廣告主的消極義務。廣告不實屬於不公平競爭的一種類型，依照公平交易法規定，廣告不可「虛偽不實或引人錯誤」，但廣告是否違法，仍須由主管機關予以具體認定。

②證明廣告真實的義務：此為廣告主的積極義務。如果主管機關認為企業經營者的廣告內容誇大不實，足以影響消費者權益的可能時，依照消費者保護法施行細則規定，得令企業經營者證明該廣告的真實性。

(2)企業經營者應負不得低於廣告內容的履行義務：此為廣告主的法定義務。為防止誇大不實引人錯誤的廣告侵害消費者權益，依照消費者保護法規定，企業經營者應確保廣告內容的真實，其對消費者所負的義務，不得低於廣告的內容。因

此，「廣告僅供參考」的定型化契約條款無效。

參考條文——與本案有關的相關法條。

1. **消費者保護法**：第22條（廣告內容真實的義務）、第51條（懲罰性賠償金）。

2. **消費者保護法施行細則**：第24條（廣告真實性的舉證）。

3. **公平交易法**：第21條（資訊真實條款）、第24條（不正行為概括禁止條款）。

4. **預售屋買賣定型化契約範本暨應記載及不得記載事項**。

五、媒體經營者明知或可得而知廣告不實而仍予刊登，應負連帶賠償責任。

【案例】「透視眼鏡」郵購廣告案

吳先生在甲報社的報紙上，看到一則Ａ郵購公司刊登的透視眼鏡的郵購廣告：「透視眼鏡：凡購買特製眼鏡，附送特製藥水，包你能看穿３層衣物。欲購者請速劃撥Ａ郵購公司帳號。」吳先生甚感新奇，在好奇心的驅使下，於是依廣告劃撥匯款購買一隻，並於94年4月1日收到透視眼鏡。只是依照說明書的程序，在眼鏡上擦了特製藥水，仍然無法發生所謂任何的透視效果。請教專家確認只是普通平光眼鏡及自來水而已，才知道受騙。

基本解析——媒體業者對所刊登的不實廣告，亦應負責任。

1. **法律關係解析**：本案主要涉及消費公平問題，故屬於契約上的消費關係。

   (1)本案的企業經營者：包括下列二種業者。

   ①廣告主（即商品出賣人）：Ａ郵購公司（刊登廣告販賣透視眼鏡的經銷者）。

②廣告的媒體業者（媒體經營者）：甲報社（刊登郵購廣告的媒體業者）。

(2)本案的消費者：吳先生（受到郵購廣告吸引而購買透視眼鏡的消費者）。

(3)本案的客體：透視眼鏡（商品）。

(4)契約類型：郵購買賣契約。

2.**法律問題解析**：本案的關鍵在於媒體業者，應負何種廣告責任。

(1)本案為不實廣告：本案至少屬於下列第二種的不實廣告。

①屬於明知的不實廣告：例如該透視眼鏡業經主管機關認定為不實廣告的情形，屬之。

②屬於可得而知的不實廣告：例如該透視眼鏡並未提出確切證據證明，而依照常理目前僅有 X 光才有透視效果，因而即可判斷該透視眼鏡極有可能屬於誇大不實廣告的情形，屬之。

(2)本案媒體業者並未盡責：為避免不實廣告的泛濫，依照消費者保護法的規定，媒體經營者應負審查廣告內容真實性的下列義務。本案的廣告，依常理即可判斷為不實廣告，惟甲報社仍准其刊登，顯見本案甲報社並未善盡其應有的審核廣告義務。

①消極的義務：媒體經營者不得刊登或報導不實的廣告，以免助紂為虐。

②積極的義務：媒體經營者應負審核廣告的社會責任，以有效防杜。

(3)本案媒體業者應負連帶責任：依照消費者保護法規定，本案甲報社（媒體經營者）明知或可得而知廣告內容與事實不符，而仍予以刊登或報導，對信賴該廣告因而受害的消費者，應與 A 郵購公司（企業經營者）負連帶損害賠償責任。

：本案「透視眼鏡」的郵購廣告，屬於可得而知的不實廣告，甲報社仍同意刊登，因此，因為信賴該廣告的消費者吳先生因此所受到的損害，即可依照消費者保護法規定，要求A郵購公司及甲報社負連帶損害賠償責任。

補充說明——媒體經營者的廣告責任。

1. **媒體經營者的責任**：原則上廣告資訊，必須是有助於消費者自主且提供合理選擇的資訊。消費者常因媒體的廣告而為消費行為，故媒體的經營者對廣告所致消費者損害，亦應負連帶責任，以使媒體在接受廣告刊登時，知所節制，以免消費者受害。

2. **廣告審查義務**：消費者保護法為期廣告資訊透明化、公開化、真實化，特別規定媒體經營者應負下列審查廣告內容真實性的義務。

   (1)媒體經營者不得刊登或報導不實的廣告：避免媒體助紂為虐，廣告因媒體而產生更大的影響力。媒體有其社會責任，其主要用途在於傳遞正確的資訊，而非為企業不實宣傳的幫凶。

   (2)審核責任：媒體應負審核廣告的社會責任。媒體經營者既然收受廣告費用而播放、刊登廣告，就應對該廣告的內容負責，不得以播放的廣告太多，無法一一審查為理由，主張免其責任。例如藥品廣告，由於對人體健康影響甚大，在播放以前，媒體經營者必須要求企業經營者提供衛生主管機關核准播放廣告的證明文件後，才可播放，否則難脫責任。

3. **連帶責任**：媒體經營者應與企業經營者負連帶責任。媒體應負下列連帶損害賠償責任，此種連帶的損害賠償責任，並不得預先約定限制或拋棄。

   (1)依照消費者保護法第23條規定，媒體經營者應負下列的連

帶責任：

①明知不實廣告：例如業經主管機關認定是不實廣告，媒體經營者仍予刊登；或是依法應先得到主管機關核准始可刊登的廣告，在未得到主管機關核准以前即予播出，屬之。

②可得而知不實廣告：沒有確切證據證明，而依照常理即可判斷其為不太可能的情形，例如誇稱可以「點石成金」、「保證中獎」、「保證飆股」等超乎常情的廣告用語，媒體經營者應予查證有否廣告不實，否則即屬可得而知不實廣告的範圍。

(2)依照公平交易法第21條規定，媒體業者應負的連帶責任：廣告媒體業在明知或可得而知其所傳播或刊載的廣告有引人錯誤的可能，仍予傳播或刊載，亦應與廣告主負連帶賠償責任。

(3)廣告代言人亦有處罰規範：廣告代言人於廣告中以言詞或其他方式表達其對該商品或服務的意見、信賴或親身體驗等結果者，即為薦證廣告代言人，依法即須為其代言行為負責（詳見伍、六題）。

參考條文——與本案有關的相關法條。

1. **消費者保護法**：第2條第10款及第18條至第19條之1（郵購買賣）、第22條（廣告內容真實的義務）。

2. **消費者保護法施行細則**：第23條（廣告的定義）、第24條（廣告真實性的舉證）。

3. **公平交易法**：第21條（資訊真實條款）、第24條（不正行為概括禁止條款）。

4. **民法**：第185條（共同侵權行為）。

5. **行政罰法**：第14條（違反行政法義務的處罰）。

六、薦證廣告如有不實,其廣告代言人(名人或素人、部落客)應負連帶賠償責任。

> 【案例】護髮產品見證人戴假髮混充生髮廣告案
> A公司為了促銷其護髮產品,於93年特別請來藝人李○○拍攝薦證廣告代言,結果一炮而紅,某甲受該廣告影響,多年來均在購買使用該護髮產品,卻毫無任何廣告所強調的效果。A公司援用該廣告迄今,某甲於101年5月1日看到報紙報導該廣告是李○○戴上假髮所製造出來的效果,才知道受騙。

基本解析——廣告代言人對其不實的薦證廣告,亦應負責任。

1. **法律關係解析**:本案主要涉及消費公平問題,故屬於契約上的消費關係。

   (1)本案的企業經營者:包括下列二種業者。

   ①廣告主(即商品出賣人):A公司(刊登薦證廣告販賣護髮產品的業者)。

   ②廣告代言業者(即薦證廣告的代言人):藝人李○○(代言薦證廣告的業者)。

   (2)本案的消費者:某甲(受到薦證廣告吸引而購買使用產品的消費者)。

   (3)本案的客體:護髮產品(商品)。

2. **法律問題解析**:本案的關鍵在於廣告代言業者,應負何種廣告責任。

   (1)本案為不實廣告:本案廣告是李○○戴上假髮所製造出來的效果(明知其為不實),並業經主管機關認定為不實廣告的情形,故為不實廣告。

(2)不實薦證廣告之民事法律責任：公平交易法於99年修正後，始於第21條增列名人或素人代言不實需負連帶損害賠償責任（詳見補充說明），可作為嗣後追究薦證廣告不實代言人民事責任的法律依據，受害的消費者即可因此而請求民事損害賠償。換言之，依法律不溯及既原則，名人或素人代言不實的情事，如係發生在99年公平交易法修正之前，該代言人即無需負連帶損害賠償責任。

結論：雖然公平交易法於99年修法通過名人或素人代言不實需負連帶損害賠償責任，但因本案A公司護髮產品案的代言行為係於93年發生，依法律不溯及既往原則，某甲難主張公平交易法向代言人李〇〇求償，但依法仍可向廣告主的A公司請求損害賠償。

補充說明——薦證廣告代言業者的廣告責任。

1. **薦證廣告代言業者之適用範圍**：依公平交易法第21條第5項規定：「前項所稱廣告薦證者，指廣告主以外，於廣告中反映其對商品或服務之意見、信賴、發現或親身體驗結果之人或機構。」換言之，凡是於廣告中以言詞或其他方式表達其對該商品或服務之意見、信賴或親身體驗等結果者，即為薦證廣告代言人，該代言人不以名人（係指知名公眾人物、專業人士或機構等之代稱）為限，非名人代言之素人及部落格代言之部落客等，亦包括在內。薦證廣告代言人，須為其代言行為負責。

2. **不實薦證廣告代言業者責任成立要件**：薦證廣告代言人，依公平交易法第21條第4項後段規定，須就下列二種不實薦證廣告，負其法律責任。

(1)屬於薦證廣告代言業者明知的不實廣告：薦證廣告代言業者明知廣告不實仍同意為薦證代言者，例如本案廣告是李〇〇戴上假髮所製造出來的效果（明知其為不實），並

業經主管機關認定為不實廣告的情形，屬之。

(2)屬於薦證廣告代言業者可得而知的不實廣告：薦證廣告代言業者在沒有確切證據證明前，而依照常理即可判斷其為不太可能的情形，仍同意為薦證代言者，例如某種壯陽咖啡並未提出確切證據證明，而依照常理目前僅有類似威而鋼等藥品才有壯陽效果，該咖啡並未含有類似成分，因而即可判斷該壯陽咖啡極有可能屬於誇大不實廣告的情形，屬之。

3.**不實薦證廣告業者應負法律責任的依據**：主要有下列四種法律。

(1)民法：薦證廣告亦屬一種「要約之引誘」，僅供參考，廣告主及薦證廣告業者依民法規定，均無須負廣告（民事）責任；但受害的消費者，仍可依其他理由請求損害賠償，惟須由法院為最後決定。

(2)消費者保護法：薦證廣告雖亦屬廣告的一種，惟消費者保護法卻未針對薦證廣告業者的責任加以規範，故無法以消費者保護法的規定來追究其廣告（民事）責任。

(3)行政罰法：行政法上規定廣告應確保其真實的義務，如有違反，對於廣告主及薦證廣告代言業者的共同實施行為，可依94年公布的行政罰法第14條第1項規定：「故意共同實施違反行政法上義務之行為者，依其行為情節之輕重，分別處罰之。」處理。惟此為行政罰（行政責任），並非民事責任的規定，受害的消費者尚不能因此而得到民事賠償。

(4)公平交易法：99年修正公平交易法於第21條第4項增列後段：「……廣告薦證者明知或可得而知其所從事之薦證有引人錯誤之虞，而仍為薦證者，與廣告主負連帶損害賠償責任。但廣告薦證者非屬知名公眾人物、專業人士或機

構，僅於受廣告主報酬十倍之範圍內，與廣告主負連帶損害賠償責任。」作為民事責任處理的依據。

4. **不實薦證廣告代言業者的民事法律責任**：目前對於不實廣告之薦證代言人，各主管機關除援引行政罰法第14條之規定加以處罰外，其民事責任則依99年修正後的公平交易法第21條第4項後段作為處理依據如下：

(1) 名人薦證廣告責任：例如名人代言如果不實或引人錯誤，受害消費者要求100萬元的損害賠償時，消費者可將薦證廣告業者與廣告主同列為被告，要求兩個業者互負連帶損害賠償責任。

(2) 素人薦證廣告責任：例如非名人代言如果不實或引人錯誤，因該素人僅獲得1萬元報酬，而受害消費者要求100萬元的損害賠償時，消費者亦可將該素人與廣告主同列為被告，要求兩個業者互負連帶損害賠償責任，但素人最多僅負10萬元（以報酬10倍以內為限）的連帶損害賠償責任。

(3) 部落客薦證廣告責任：原則上準用前述素人薦證廣告責任規定辦理。

参考條文——與本案有關的相關法條。

1. **消費者保護法**：第22條（廣告內容真實的義務）。
2. **消費者保護法施行細則**：第23條（廣告的定義）、第24條（廣告真實性的舉證）。
3. **公平交易法**：第21條第4項後段及第5項（薦證廣告代言責任條款）、第24條（不正行為概括禁止條款）。
4. **民法**：第185條（共同侵權行為）。
5. **行政罰法**：第14條（違反行政法義務的處罰）。

七、消費信用貸款的廣告，應力求公開透明化。

> **【案例】貸款「零利率廣告」案**
> 黃先生需錢裝潢住宅，某日看到電視上Ａ銀行的「貸款零利率」廣告，立即申貸並簽訂貸款契約後，始知貸款雖然是免繳利息，但是在每年每月還款時，需要加收一筆手續費，係以貸款總額的1％計算，一年下來就要繳納等同貸款年利率12％的利息，黃先生大歎上了賊船。

基本解析——貨比三家不吃虧。

1. **法律關係解析**：本案主要涉及消費公平問題，故屬於契約上的消費關係。

   (1)本案的企業經營者：Ａ銀行（提供金融貸款服務的製造者）。

   (2)本案的消費者：黃先生（接受金融貸款服務的消費者）。

   (3)本案的客體：金融貸款服務（服務）。

2. **法律問題解析**：本案的關鍵在於信用貸款廣告資訊，應如何公開透明化。

   (1)本案為不實廣告：本案「貸款零利率」廣告的內容，並未充分公開透明化，裡面藏有陷阱，假「零利率」的廣告，卻用「手續費」名義來取代應有的實質利率收入，故為不實廣告。

   (2)本案信用貸款業者並未盡責：依照消費者保護法規定，企業經營者對消費者從事與信用有關的交易時，應於廣告上明示應付所有總費用的年百分率。本案Ａ銀行在與黃先生從事貸款交易時，並未在廣告上明示應付所有總費用的百分率，極易誤導消費者誤信貸款無負擔，甚而掉入信用破

產的結果。

(3)本案的處理方式：由於本條並未進一步規定其違反的效果，建議循下列管道擇一處理。

①司法解決：消費者可以向法院起訴，要求依照金融消費者保護法第8條（廣告等責任）、或是依照民法第71條（違反消費者保護法第21條規定的強制法規，無效）、或是依照民法第74條（屬於暴利行為，撤銷該法律行為或減輕其給付）予以裁判解決。

②行政處理：建議消費者優先利用金融消費者保護法規定的申訴、評議等行政協助管道，或是利用消費者保護法規定的申訴、調解等行政協助管道，尋求行政主管機關協助解決相關消費糾紛。

結論：本案A銀行違反消費者保護法第22條之1及金融消費者保護法第8條規定，消費者黃先生可以向法院起訴或向主管機關申訴等管道尋求解決。

補充說明——消費信用廣告。

1. **信用交易業務日漸增多**：根據中央銀行與金管會銀行局的統計，93年5月消費者貸款餘額（包含房屋貸款、汽車貸款等）約為5.17兆元，此外93年6月金融業者所發行的現金卡放款額度，與信用卡當月預借現金餘額，分別達1934億元與176億元，顯見民眾對於中長期貸款及短期借款均已增加，而相關利息收入及各項手續費用，並已成為金融服務業者或從事放款業者營業收入的重要來源之一。業者為吸引消費大眾，廣告上時有誇大不實情形，或怠忽告知消費者借款總成本與融資要件，致增加消費者沈重負擔以及衍生消費爭議，因此需予特別重視。另外，政府並於100年6月29日頒布金融消費者保護法，俾特別保障金融消費者權益，併此敘明。

2. **信用交易業者的廣告責任**：消費者保護法第22條之1對此予

以特別規定。

(1)立法理由：鑒於坊間的融資廣告，有關融資條件與利率表現方式，常存有若干陷阱，易導致消費者有誤認誤信的可能，故在本法上予以明定。例如目前市面上存在的各類消費信用廣告，經常利用「零利率」或「利率優惠」等專案作為廣告訴求，實則往往同時搭配收取例如手續費、開辦費、徵信費或其他各種名目的費用，極易誤導消費者誤信貸款無負擔，甚而掉入信用破產的結果。本條即要求業者將每月手續費或其他費用，轉換為以年百分率表達，讓消費者有比較的基礎，進而為正確的選擇，其權益即能獲得有效保障。

(2)配套措施：配合本條的公布實施，有關總費用的範圍及年百分率計算方式，業經行政院消保會（現已改為行政院消保處）督導經濟部研訂「租賃業辦理消費者融資租賃業務廣告應揭示總費用範圍及年百分率計算方式標準」、金管會研訂「銀行業【包括信用合作社、信託投資公司及信用卡公司在內】暨保險業【包括郵政機構之簡易人壽保險業務在內】辦理消費者信用交易廣告應揭示總費用範圍及年百分率計算方式標準」、農委會研訂「農業金融機構辦理信用交易應揭示之總費用範圍及年百分率計算標準」，均採「內部報酬率法」方式計算，並均自95年1月1日施行。

3. **信用貸款的年百分率**：茲以上述金管會的規定為例，說明年百分率的計算方式如下：

(1)內部報酬率法計算方式：

$$\sum_{k=1}^{m} \frac{AK}{(i+1)^{tk}} = \sum_{k`=1}^{m`} \frac{A`K`}{(i+1)^{t`k`}}$$

該公式以一方為借款與另一方為分期清償支付及費用之等式表達。

K：借款撥付之連續期數。

K`：利息費用償還之連續期數。

Ak：K 期數所撥付借款之數額。

A`k`：K`期數所分期清償或支付費用之數額。

Σ：總合記號。

m：最後撥付借款或部分借款之連續期數。

m`：最後分期清償支付或支付費用之連續期數。

t k：以年或構成年的單位表達第一期撥付借款之時點與其後的第二期至第 m 期撥付借款之時點之期間間距，第一期為零。

t`k`：以年或構成年的單位表達第一期撥付借款之時點與第一期至第 m`期分期清償或支付費用時點之時間間距。

i：年百分率。

(2)年百分率應四捨五入至小數點後第二位。

(3)分期還款金額應先抵沖借款費用，次沖利息，再沖銷借款本金。

(4)還款期數，係以一年（三百六十五天）、五十二週或十二個月計算。

(5)非分期還本之授信交易，應以到期一次清償本金作為年百分率之核算基礎。

(6)為計算之目的，某一授信交易契約額度如包含其他已存在之授信契約額度，仍應視為一新成立之授信交易。

(7)如有保留變更年百分率之計價因子（因素），應併同說明可能變動情況。

(8)未約定清償時間表且該時間表亦無法由契約約定或付款方

式中得知者，授信期間以一年計算。

(9)未約定貸款或信用額度上限時，額度以新臺幣十萬元計算。

(10)信用交易款項之撥付或清償如有多種期限可供適用，除另有約定外，應以最短期限計算。

4. **其他費用**：上述標準的計算，係以負面表列的方式呈現，即應列入年百分率計算的總費用，不包括下列費用：

(1)消費者未依約履行其契約責任所生應負擔的費用（如逾期還款違約金等）。

(2)非屬銀行業或保險業要求且消費者有選擇自由的費用（如代書費等）。

(3)與清償貸款有關且以消費者為直接受益人的費用（如擔保物的火險費、地震險費、擔保物設定費等）。

(4)非屬消費者為取得或清償貸款而必要支出的費用（如非銀行強制要求的信用保險費、使用自動櫃員機還款的跨行匯款手續費、卡片遺失申請補發手續費等）。

參考條文──與本案有關的相關法條。

1. **消費者保護法**：第22條之1（消費信用廣告）。

2. **民法**：第71條（強制法規）、第74條（暴利行為）、第205條（最高利率的限制）、第206條（巧取利益的禁止）。

3. **公平交易法**：第21條（資訊真實條款）、第24條（不正行為概括禁止條款）。

4. **金融消費者保護法**：第8條（廣告等責任）、第三章（金融消費爭議處理）。

八、如何判斷不實廣告，以有效保障自己權益。

```
【案例】瘦身美容的「真人實證廣告」案
A 瘦身美容公司在電視上大打「A 罩杯升級到 D 罩杯」的
廣告：以真人實證的廣告方式，由4名見證人強調在參加
該公司的豐胸課程以後，產生乳房由 A 到 D 罩杯的實質
成長，讓林小姐心動不已。於是參加該公司的豐胸課程，
並繳了50萬元的費用，但是一年下來林小姐的罩杯並無任
何成長。
```

基本解析——消費者不能輕信廣告。

1. **法律關係解析**：本案主要涉及消費公平問題，故屬於契約上
   的消費關係。
   (1)本案的企業經營者：A 瘦身美容公司（提供瘦身美容服務
   的製造者）。
   (2)本案的消費者：林小姐（接受瘦身美容服務的消費者）。
   (3)本案的客體：瘦身美容服務（服務）。

2. **法律問題解析**：本案的關鍵在於何種情形，才是不實廣告。
   (1)不實廣告的判斷標準：應以有無誤導消費者作為判斷標
   準。凡是廣告的內容不會誤導消費者，不管該廣告如何表
   現，均不是不實廣告；如果廣告的內容會誤導消費者，即
   為不實廣告。業者不得以「廣告僅供參考」免責。
   (2)非不實廣告的案例：下列廣告的內容因為不會誤導消費
   者，業經公平會認定不是不實廣告。
   ①速食麵辣得噴火：因「食用速食麵後，口中會噴出火
   來」的廣告，雖然是屬於誇大型的廣告內容，但是一般
   的消費者並不會信以為真受到誤導而陷於錯誤，故未達

反公平交易法規定。

②台北「市」汐止「鎮」（現為新北市汐止區）：廣告上雖然載明其工地的地址為台北「市」汐止鎮大同路一段，其實該工地實際應為台北「縣」汐止鎮。因該廣告的內容主要係以「汐止鎮」為其廣告的資訊基礎，不致有引人錯誤之虞，消費者並不會因此而受到誤導。

(3)本案為不實廣告：本案的廣告無法證實案內4名見證人確係因參加豐胸課程，而產生乳房由 A 到 D 罩杯的實質成長，且其中見證人楊君原係穿戴 B 罩杯、李君原已穿戴 C 罩杯，並非均以A罩杯的尺寸參加豐胸課程，故廣告所提出真人實證部分，為虛偽不實及引人錯誤的表示，業經公平會以違反公平交易法第21條規定予以處分在案。

結論：本案 A 瘦身美容公司的真人實證廣告為不實廣告，林小姐受到該不實廣告的誤導，如果有受到任何損害，可以依照消費者保護法規定，要求損害賠償及懲罰性賠償金。

補充說明──不實廣告。

1.**不實廣告的手法類型**：不實廣告，原則上係以廣告內容是否會對消費者產生誤導，作為判定標準，其慣用手法的主要類型如附表。

產品種類	不實廣告慣用手法
減肥產品	(1)移花接木法：利用拍攝技巧，如電腦剪接或合成，產生減肥特效。 (2)以假亂真法：尋找面容相似但體型有差距者。 (3)視覺誤差法：如利用哈哈鏡產生視覺誤差特效。 (4)倒果為因法：先拍攝減肥後的照片，增肥後再拍攝減肥前，使消費者誤認產品有減肥效果。

豐胸產品	(1)移花接木法：利用拍攝技巧，如電腦剪接或合成，產生豐胸特效。 (2)以假亂真法：尋找面容相似但胸部外觀有差距者。 (3)隆乳手術法：見證者進行隆乳手術，非使用產品達到的效果。 (4)隱形胸罩法：以隱形胸罩或墊片推擠腋下兩旁之肌肉，使其集中於胸部，造成視覺效果。 (5)先緊後鬆法：先束緊胸部後穿衣以拍攝產品使用前，再以調整型內衣托胸，達到豐胸效果。
增高產品	(1)移花接木法：利用拍攝技巧，如電腦剪接或合成，產生增高特效。 (2)以假亂真法：尋找面容相似但體型有差距者。 (3)視覺誤差法：如利用不同角度拍攝造成視覺誤差。
壯陽產品	(1)偽證法：假的產品見證者。 (2)冒用法：冒用衛生署公文文號充當衛生署核准文號。 (3)添加法：添加不法的藥物。

2. **瘦身美容其他不實廣告案例**：下列瘦身美容的廣告，業經公平會認定屬於不實廣告而予以處分。

(1)「8100元瘦到底」不實廣告：由於8100元服務價格的10堂瘦身美容課程，顯然無法達到系爭廣告所刊「瘦到底」的效果，其廣告上的服務價格有虛偽不實及引人錯誤的情事，違反公平交易法第21條規定。

(2)「修身價13800元」不實廣告：廣告中並未明言限「西洋梨型身材」適用，並不適用於「中廣型」等其他身材，係先以低價引誘消費者參加，嗣再另增名目加收消費者無法預期的費用，違反公平交易法第24條規定。

3. **不實薦證廣告代言人亦有處罰規範**：廣告代言人對於所薦證之不實廣告，依法亦應負一定的責任（詳見伍、六題），以避免其助紂為虐。

參考條文——與本案有關的相關法條。

1. **消費者保護法**：第22條（廣告內容真實的義務）。

2. **消費者保護法施行細則**：第24條（廣告真實性的舉證）。

3. **公平交易法**：第21條（資訊真實條款）、第24條（不正行為概括禁止條款）。

4. **民法**：第185條（共同侵權行為）。

5. **行政罰法**：第14條（違反行政法義務的處罰）。

6. **瘦身美容定型化契約範本暨應記載及不得記載事項**。

第三章

標示說明

九、標示說明為產品法定的身分證。

> ### 【案例】「麻豆文旦」的標示說明案
>
> 黃先生對台南縣麻豆鎮（現為台南市麻豆區）老欉的麻豆文旦情有獨鍾，94年依例向麻豆鎮的 A 水果行購買麻豆文旦。誰知94年由於颱風頻繁侵台，麻豆鎮數度淹水，導致老欉的文旦樹不是淹死就是欠收，無法供應市場需要。A 水果行於是向外地購買麻豆文旦混充，並自行黏貼「麻豆老欉文旦」的標籤向黃先生交貨，結果因為品質不佳，導致發生糾紛。

基本解析——不同的產地，生產不同品質的產品。

1. **法律關係解析**：本案主要涉及消費公平問題，故屬於契約上的消費關係。

    (1)本案的企業經營者：A 水果行（販賣麻豆文旦的經銷者）。

    (2)本案的消費者：黃先生（購買麻豆文旦的消費者）。

    (3)本案的客體：麻豆文旦（商品）。

2. **法律問題解析**：本案的關鍵在於同樣是麻豆文旦，到底要如何辨識。

    (1)產品應有身分證：商品或服務的標示說明，可以說是該商品或服務的身分證，除了對消費者在買賣方面的選擇甚關

緊要以外，又是維護消費安全與消費公平的重要手段。因此，與產品有關的標示說明資訊，屬於消費者一種知的重要權利。

(2)標示說明應有的內容：商品或服務的標示說明內容，原則上應依商品標示法規定辦理，如有特別的法律規定，如化粧品衛生管理條例、農藥管理法等，對於化粧品、農藥等屬於該特別法規範的商品，須優先依該特別法的規定辦理標示說明，否則均屬標示說明的不合法。至於標示說明的文字，應以中文為之；標示說明的方式，主要可分為標示、說明書及警告等三種。

(3)本案違反標示說明的規範：由於「麻豆文旦」係為文旦的一個「品種」名稱，只要是麻豆文旦的品種，無論在何地種植生產，均可稱為麻豆文旦，因而「產地標示」就成為選購的重要指標。本案黃先生指定要的是在「麻豆鎮」的老欉文旦樹所生產的「麻豆文旦」，並非一般的「麻豆文旦」，本案Ａ水果行以一般「麻豆文旦」混充，並自行黏貼「麻豆老欉文旦」的標籤，違反標示真實的義務。

結論：本案Ａ水果行違反標示真實的義務，以一般麻豆文旦混充「麻豆老欉文旦」交貨，黃先生有權解除契約，如因而受有損害，依照消費者保護法規定，尚可請求損害賠償及懲罰性賠償金。

補充說明──產品的標示說明。

1. 標示說明的定義：「標示說明」一般均簡稱為「標示」，「標」係指一種標誌或表記；「示」則為一種指示或表示。因此，所謂標示，係指企業經營者於產品本身、內外包裝、說明書上，就產品的名稱、內容用法或其他有關事項所為的「表示」或「表徵」。標示說明的目的在於：

(1)確保消費安全：標示說明的主要目的，還是在確保消費商

品或服務的使用上的安全，如果因為標示說明不周延，因而造成消費者受害者，業者應負使用消費關係上的產品（指示瑕疵）損害賠償責任。例如為確保食用進口美國牛肉安全問題，衛生署於2012年9月6日公告「有容器或包裝之食品原產地標示相關規定」、「散裝食品標示相關規定」、「直接供應飲食之場所供應含牛肉及牛可食部位原料食品標示原產地相關規定」，所有賣場都必須依照規定標示牛肉原料的原產地（國）。自9月20日起，生產製造含有牛肉的包裝食品（如牛肉乾、牛肉泡麵等），也都必須清楚標示牛肉原料來自哪個國家。

(2)確保消費公平：良好的標示，可以提供必要的消費資訊，作為消費者正確選擇判斷的參考依據，攸關消費公平甚鉅。業者如有不實的標示說明，應就其誇大的標示說明誤導消費者部分，負契約消費關係上的損害賠償責任。例如為確保泡麵消費公平問題，依照衛生署於2011年公告「包裝速食麵標示相關規定」，自7月1日之後製造的泡麵，如果只有麵塊及調味粉包、沒有食材包者，包裝上只能稱某種口味的麵、或風味麵、湯麵等；有真材實料才能稱為牛肉麵、海鮮麵、鴨肉麵等。

2. **標示說明的內容**：依其作用，可歸納為說明及警告兩種。

(1)說明性標示：一般的標示及說明書，包括商品或服務與廠商名稱、內容、成分、數量、等級、使用方法等，其目的在增進商品的用益性。

(2)警告性標示：特別揭露與該商品或服務可能發生的相關危險資訊，包括危險的標明、危險發生時的處理方法、特別指示等，其目的在提醒消費者注意，以避免發生損害的結果，俾加強商品或服務的無害性。警告標示與提醒標示不同，應讓一般消費者足以知悉該商品或服務具有一定的危

險，而知所迴避為必要，為達此目的，其表示或警告必須明確、易解及周延。

3. 我國有關標示說明的規範內容簡表

種類	一般商品標示	食品標示	藥物標示
商品資訊	商品的名稱、原產地、主要成分或材料、重量、容量、數量或度量	品名；內容物名稱及重量、容量或數量（如為二種以上混合物時，應分別標明食品添加物名稱）	品名及主要成分含量、用量、用法
廠商資訊	製造廠商、進口廠商的名稱、電話	廠商名稱、電話及地址；輸入者應註明國內負責廠商名稱、電話及地址	廠商的名稱及地址
期限資訊	製造日期、有效日期（有時效性）	有效日期及經公告須標示的製造日期、保存期限或保存條件者	有效期間及保存期限
其他	依商品特性另訂頒標示基準（更詳細的標示內容）： (1)玩具商品標示基準 (2)服飾標示基準 (3)織品標示基準 (4)手推嬰幼兒車標示基準 (5)電器商品標示基準 (6)嬰兒學步車商品標示基準 (7)嬰兒床商品標示基準 (8)文具商品標示基準 (9)資訊、通訊、消費性電子（3C）商品標示基準 (10)瓷磚商品標示基準 (11)鞋類商品標示基準	健康食品應特別標示下列的資訊： (1)核准的功效（但絕對不可以有醫療效能的標示） (2)許可證字號 (3)「健康食品」字樣及標準圖樣 (4)攝取量、食用時應注意事項及其他必要的警語 (5)營養成分及含量	藥品應特別標示下列的資訊： (1)許可證字號 (2)藥品分級類別 (3)主治效能 (4)性能或適應症 (5)副作用、禁忌及其他注意事項

——與本案有關的相關法條。

1. **消費者保護法**：第24條（產品的標示義務）、第51條（懲罰性賠償金）。

2. **商品標示法**：第1條（立法目的）、第9條（商品應標示事項）、第11條（特定商品標示）。

3. **公平交易法**：第21條（資訊真實條款）、第24條（不正行為概括禁止條款）。

4. **民法**：第200條（種類的債）。

十、標示說明的目的，主要在維護消費公平。

【案例】不同包裝不同價格標示案

楊先生向來精打細算，又喜歡吃巧克力。某日在A大賣場突然發現某品牌的巧克力，24粒裝賣280元（1粒11.67元）、15粒裝賣250元（1粒15.63元）、8粒裝賣120元（1粒15元）、5粒裝賣48元（1粒9.6元）、3粒裝賣28元（1粒9.33元）；另外，9粒花束裝賣499元（1粒55.44元）、16粒小罐裝賣399元（1粒24.94元），楊先生最後買了3粒裝的巧克力食用。

基本解析——消費者消費時，應精打細算。

1. **法律關係解析**：本案主要涉及消費公平問題，故屬於契約上的消費關係。

    (1)本案的企業經營者：A 大賣場（販賣巧克力食品的經銷者）。

    (2)本案的消費者：楊先生（購買巧克力食品的消費者）。

    (3)本案的客體：巧克力食品（商品）。

2. **法律問題解析**：本案的關鍵在於標示說明，如何影響消費公

平。

(1)產品應依法為必要的標示說明：良好的標示，可以提供必要消費資訊，作為消費者正確選擇判斷的參考依據，攸關消費公平甚鉅。為確保消費的公平，避免誤導消費者，所以消費者保護法規定，企業經營者應依照商品標示法等法令為商品或服務的標示。

(2)包裝上的標示說明會影響消費者的判斷：現代產品多以包裝方式出售，由於包裝商品的內容僅記載於包裝或標籤上，消費者無法好整以暇地詳細研究閱讀；也因為包裝而無法就其內容加以必要的檢查，導致不肖商人常利用消費者對已包裝商品的無法檢查，而將不純、不潔或腐敗的商品加以包裝出售，或以與實際產品不符的誇大不實包裝，來欺騙消費者，這些都是包裝商品可能產生的不實包裝問題。

(3)本案在標示上並未違法，消費者必須精打細算：因為法律允許不同的包裝，可以有不同的單價。在所有的商品大部分均有包裝的情形下，比較價位的高低，即須全部依賴裝入重量的標準來判定，因此即使是同一的產品，但是因為不同的包裝，其單價亦會不同，消費者甚難比較，經常出現「大包裝比小包裝商品貴」、「補充包不見得便宜」等消費糾紛。例如本案就是最佳例證，千萬不要輕信產品包裝上的標示說明，消費者必須還原到最小單位去精打細算，才有可能以最低的價格買到相同的產品。

(4)單位定價的必要性：行政院消保處已為此推動「單位定價」。所謂單位定價，係指以法定度量衡為計價單位，並標示個別單位售價，例如500毫升的沐浴乳售價100元，以售價100元除以總容量500毫升，就能清楚個別單位1毫升的售價為0.2元，讓消費者方便比價。

結論：本案Ａ大賣場有關某品牌巧克力的包裝及標示說明並未違法，聰明的楊先生經過比較及精打細算後，就能買到最便宜的相同產品。

補充說明——產品標示說明的規範。

1. **標示說明的方式**：任何產品依法均應為必要的標示說明，其方式如下。

    (1)中文標示：凡是在國內販賣的產品，均須有中文標示；至於進口的產品，當然也必須要有中文標示，且其中文標示內容不得較原產地簡略。例如服飾的標示，依照經濟部發布的「服飾標示基準」規定應標示：國內製造廠商或進口廠商的名稱、電話及地址、生產國別、尺寸或尺碼、纖維成分、洗燙處理方法。另外，一般藥品除了包裝、標籤以外，通常附有仿單說明書，消費者在選購時，應仔細查看相關說明，如有不懂時，亦應詳問藥局老闆，千萬不要自作聰明。

    (2)警告的標示說明：包括警告標示及緊急危險的處理方法。

    ①警告標示：在國內販賣的產品，凡有發生危險的可能者，即須有警告標示，且其警告標示的內容，必須明確具體，以有效預防危險的發生。例如發熱衣須有不要穿太久，如果發現自己流汗了，就要立刻更換的警語。

    ②緊急危險的處理方法：對於一些可能導致重大損害危險可能的產品，除了要有基本的警告標示以外，尚須附具緊急危險的處理方法。例如遊客在遊樂園區內參觀或進行遊樂活動，發生意外事故在所難免；園方業者對於園區擁有管理、危險控制的權限，為有效保障消費者權益，遊樂業者應提供協助救護或送醫等緊急危險處理方法。另外，人潮過多亦屬一種可能引發危險的因素，適當的人潮管制措施亦屬必要。

(3)服務業的標示說明：服務屬於無形的產品，故服務業以告知說明義務為主。例如醫師在進行手術麻醉前，必須向病人或其配偶、親屬或關係人詳細說明手術麻醉的危險，並簽具手術麻醉同意書，即為其典例。

2. **標示的位置**：「標示」的目的主要在提供消費者選購或使用上的參考資訊，故應標示於適當位置，使消費者在交易前及使用時，均得閱讀標示的內容。例如甲向乙公司購買微波爐時，曾看到微波爐裏面貼有「使用注意事項」的標示，但買回家後，要使用微波爐時，才發現標示不見了，依前述規定，乙公司關於微波爐的標示，並不符合法律的規定。

3. **常見的不實標示案例**：消費者在選購時應注意是否為不實的標示。

(1)仿冒的不實標示：將非名牌的產品仿襲名牌造型，並貼上名牌標誌者，此種情形，以服飾居多。例如仿冒 LV 皮包、仿冒 Hello Kitty 玩具等，均屬之。

(2)產地的不實標示：以產品原產地（國）的標示，使人誤認為係於該原產地（國）或製造地（國）所生產或製造者，此種情形，以藥品、化粧品居多。例如法國進口的化粧品、德國進口的藥品、日本進口的電器產品等，均屬之。另外，為避免少數業者將進口茶混充國產茶銷售，茶品標示將增列個別產地來源，提供消費者明確資訊。

(3)內容的不實標示：例如現代人重視養生，燕窩常被視為珍貴養生補品。台北市衛生局93年抽驗市售12件即食燕窩產品，發現有7件成分不純，高達58％不合燕窩的檢驗標準，可能是使用木耳、洋菜甚至豬皮來冒充。雖然這些假燕窩不致傷身，但仍因不符合法定內容標示，應受處罰。另外，消基會調查市面上的涼感衣，結果有5成根本沒有效果，亦屬不實標示的案例。

——與本案有關的相關法條。

1. **消費者保護法**：第24條（產品的標示義務）。

2. **消費者保護法施行細則**：第25條（標示的方式）。

3. **公平交易法**：第21條（資訊真實條款）、第24條（不正行為概括禁止條款）。

4. **商品標示法**：第6條（標示限制）、第7條（中文標示）、第8條（進口商品標示）、第9條（商品應標示事項）、第10條（特殊品標示）。

十一、標示說明的目的，同時也在確保消費安全。

> ### 【案例】速食店「熱咖啡燙傷人」案
> 邱先生為具有美國大學博士學位回國服務的歸國學人。90年的某日中午在台北市Ａ速食店用餐，在使用溫度很高的熱咖啡時，一時不察而被燙傷，邱先生即以該熱咖啡並無警告標示為理由，向該速食店請求損害賠償，惟被速食店以已有「hot」的警告標示而拒絕賠償。

基本解析——有危險的產品，就應有警告標示。

1. **法律關係解析**：本案主要涉及消費安全問題，故屬於使用上的消費關係。

   (1)本案的企業經營者：Ａ速食店（提供餐飲服務的製造者）。

   (2)本案的消費者：邱先生（接受餐飲服務的消費者）。

   (3)本案的客體：熱咖啡的餐飲服務（商品及服務）。

2. **法律問題解析**：本案的關鍵在於有危險的產品，即應附具警告標示。

   (1)本案應有警告標示：溫度很高的熱咖啡會燙傷人，是具有

可能造成損害危險的產品，故依照消費者保護法規定，應有警告標示，讓使用的消費者能夠事先瞭解到該產品有何種危險性，而採取必要的防範措施，以避免被燙傷。所以，消費者保護法的主要立法目的，即在建立此種事前預防損害的發生機制，而不是事後損害的救濟。

(2)本案的警告標示有問題：主要有下列二點問題。

　①英文的警告標示問題：本案Ａ速食店以熱咖啡的杯子上已經印有「caution」及「hot」等警告標示為理由，並附帶說明邱先生為畢業於美國的歸國學人，故拒絕賠償。事實上，Ａ速食店的理由不能成立，因為凡是在台灣地區販賣的產品，依法一定要有中文標示，如果沒有中文標示，即屬違法，因而造成使用的消費者受害，企業經營者均應負損害賠償責任，不因該受害的消費者是本土文盲或是外國博士，均無不同。

　②「hot」的翻譯問題：「hot」如果譯成中文，主要可能有「熱」、「燙」等二種。依據警告標示的目的，在於使看到警告標示的人知道有危險，然後產生警戒的心理，進而採取必要的防範措施，因而可以有效避免損害的發生。一個標示如果不能發生此種功能，即不是警告標示，至多僅是一個提醒標示而已。本案「hot」必須譯成「燙」才算警告標示；如果譯成「熱」則為提醒標示。另外，依法應有警告標示而未附有警告標示的產品，對消費者造成的損害，產品的業者即應負損害賠償責任。

(3)本案邱先生有權請求損害賠償：本案因為Ａ速食店違反標示說明義務，受害的邱先生可以依照消費者保護法規定，請求損害賠償及懲罰性賠償金。

結論：本案Ａ速食店的熱咖啡因為違反必須要有警告標示的規定，故為有指示瑕疵的產品，邱先生因而受害，當然可以依

照消費者保護法的規定，要求損害賠償及懲罰性賠償金。

補充說明──警告的標示說明。

1. **包裝上標示的重要性**：為確保消費的公平，避免誤導消費者；及確保消費的安全，避免不當使用，故對於所有的產品，在其包裝上均應以必要標示的安全包裝為最高指導原則。

2. **標示的周延性**：商品或服務的標示說明，應力求良好周延，以有效保障消費者的權益。至於標示是否良好，應依通常可合理期待的客觀標準作為判斷依據。爰將標示說明不良的狀態，歸納如附表：

不良標示	內容	案例說明
根本無標示說明	此種情形在散裝商品最為常見，因為沒有包裝，所以根本無標示說明	例如路邊攤買的產品：經常根本沒有任何的標示說明，或是將原有的標示說明予以剪掉（剪標），而成為沒有標示說明
不足的標示說明	包括標示質的不足（如欠缺標示、說明書或警告的任何一種標示），及標示量的不足（如標示、說明或警告均已具備，僅其內容在程度上有所不足而已）	例如「小心椰樹落葉」：台灣大學有條知名的椰林大道，但卻常傳出有人被掉落長達數公尺、重達數公斤的椰樹枯葉砸到腦袋而受傷，校方為顧及安全，已在2百多棵椰樹下設置「請注意椰子樹落葉」的警告牌，但就怕有人為了看警告牌而被巨葉砸到，故仍應及時除葉為宜，並於89年特別舉辦公開徵求去除枯葉妙方大賽，冀求一勞永逸。
錯誤的標示說明	此種錯誤，應當包括故意的誤導標示說明（如電視貼音響檢驗標示）在內	例如「黑心床墊」：台中市一處地下工廠，以來路不明的廢棄床墊，將其組裝成新貨的黑心床墊，美其名為「環保床墊」或以清倉大拍賣等名目，當作新品販售，標示不實，嚴重損害消費者身體、健康及財產等權益。

3. **必要的警告標示說明**：特別揭露與該商品或服務可能發生的相關危險資訊，俾加強商品或服務的無害性。例如薰香精油因為容易爆炸，即應為不得點火或靠近火源的警告標示說明；停車場有一定高度限制，即應為限高的警告標示說明；吃得太飽或空腹不宜運動，運動休閒或瘦身美容中心即應為必要的警告標示說明。另外，下列常見的藥物與飲料可能發生的危險，在藥袋上或藥品仿單上亦應為必要的警告標示，俾有效確保用藥安全。此外，為期視力不好的病友用藥更安心，似有提供點字藥袋標示輔助用藥說明的必要性。

常見藥物與飲料不可同時使用的情形（應加註警語）		
飲料名稱	可能損害原因	藥物種類
葡萄柚汁	因其中含 Naringin，會抑制肝臟代謝功能，令藥物濃度大增，產生毒性	抗心律不整、降血壓、抗憂鬱、抗心絞痛、抗組織胺、安眠藥等
牛奶	牛奶的成分會結合藥物，令作用減低	四環徽素
酒、咖啡、巧克力	其中含有 Tyranine（一種加壓物質），會令血壓突然上升	抗憂鬱劑

參考條文——與本案有關的相關法條。

1. **消費者保護法**：第24條（產品的標示義務）、第51條（懲罰性賠償金）。
2. **商品標示法**：第7條（中文標示）、第10條（特殊品標示）。
3. **公平交易法**：第21條（資訊真實條款）、第24條（不正行為概括禁止條款）。

十二、認明標章，可以有效保障消費者的權益。

【案例】健康食品標章案

王先生一向重視養生，只要是標榜健康的食品，都有興趣試試。某日Ａ直銷公司的直銷員某甲上門推銷該公司所生產經銷的保力胺Ｓ健康食品，附有英文字樣的精美包裝，強調是一種新發明的天然酵素，宣稱可以治療百病，王先生在直銷員某甲半哄半騙的情形下，購買了10包，每包1000元，共計1萬元。經過使用一段期間以後，並無任何效果，王先生才知受騙。

基本解析──有標章，品質有保障。

1. **法律關係解析**：本案主要涉及消費公平問題，故屬於契約上的消費關係。

   (1)本案的企業經營者：Ａ直銷公司（販賣健康食品的經銷者）及其直銷員某甲（販賣健康食品的經銷者）。

   (2)本案的消費者：王先生（購買健康食品的消費者）。

   (3)本案的客體：保力胺Ｓ健康食品（商品）。

   (4)契約類型：訪問買賣契約。

2. **法律問題解析**：本案的關鍵在於在何種情形下，才是真正的健康食品。

   (1)健康食品有專法管理：「健康食品」為介於「一般食品」及「藥品」中間的一種保健用食品，故日本稱為保健食品。雖然衛生機關多認為健康食品其實只是食品而已，並無特殊的治病療效，故由食品衛生處（現納入食品藥物管理局）負責其業務，但是國人多迷信食補的觀念，並認為價格高就是好東西，因而助長了業者對健康食品廣告效果

的吹噓及高價。為避免健康食品過於浮濫，政府特別於民國88年2月3日公布施行「健康食品管理法」，此後健康食品已成為一個專有名詞，業者不得濫用，俾有效管理健康食品。

(2)健康食品有專用標章：健康食品必須符合健康食品管理法的條件，並且經過主管機關行政院衛生署的檢驗認證要件，在衛生署同意登記為健康食品並得到許可證以後，才能以健康食品的名義對外販賣。因此，消費者如想購買健康食品，最容易辨識的方式，就是看看有沒有下列健康食品的標章即可。迄至2013年5月3日為止，獲得認證得到健康食品標章的健康食品（衛署健食字或健食規字第○○○○○號），僅有265件而已。

標章說明：經過衛生署審查認定具有特定保健功效的食品，經查驗登記並發給許可證以後，才可以稱為健康食品，也才可將本標章標示在食品包裝或用於廣告上。

(3)本案產品並非健康食品：本案保力胺S據說係由動物飼料中提煉酵素而成，然後冒充高級營養品，並用健康食品名義直銷，以謀取暴利，因未經向衛生主管機關認證取得健康食品標章，違反健康食品管理法的規定。

結論：本案A直銷公司的保力胺S假冒健康食品名義直銷，誤導消費者王先生購買使用，王先生如果受有任何損害，依照消費者保護法或健康食品管理法規定，可以向A直銷公司及其直銷員某甲，請求損害賠償及懲罰性賠償金。

補充說明──標章與標誌。

1.認證或驗證：所謂認證或驗證，係指由國內或國外機構依據

一定標準，檢驗通過後給予一定的品牌或標誌，以為具有一定品質的檢驗。認證或驗證的機構，不以國內機構為限。

(1)國內認證或驗證：例如食品 GMP 或藥品 GNP、食品 CNS 或 CAS 等標誌等，有助於消費者選購辨識。

(2)國外認證或驗證：例如 ISO、美國 CPSC 等的認證或驗證等，但因並不一定符合我國的國家標準，除非經過我國主管機關的同意，否則並不具有取代國內檢驗的效力。

2. **認證或驗證的法律效果**：具有一定品質的證明，可以提供消費者消費選擇的參考依據，有效減少一般消費者在這一方面的困擾。

(1)本質：屬於一種品質驗證性質，為一種不具強制拘束力的自願性檢驗。經過認證或驗證所取得的標誌，可作為一種具有一定品質的表示或表徵，但非屬於品質保證性質。

(2)責任：認證或驗證因非屬必要檢驗，如有問題，受害的消費者對取得認證或驗證的業者，可依個案性質以誇大不實廣告或不實標示責任請求損害賠償。

3. **主管機關認證的標章**：我國目前現有由主管機關認證的標章，計有下列 CAS 優良食品標誌等23種（詳見各主管機關網站），可供消費者消費時的選擇判斷的重要參考。另外，為確保標章的公信力，主管機關應落實管考及把關的責任。

CAS 優良食品標誌
標誌說明：CAS 是由中國農業標準三個英文字而來，CAS 優良食品涵蓋肉品、冷凍食品、果蔬汁、良質米、醃漬蔬果、米飯調製品、冷藏調理食品、生鮮食用菇、釀造食品、點心類及生鮮蛋品等十一大類。

參考條文——與本案有關的相關法條。

1. **消費者保護法**：第24條（產品的標示義務）、第51條（懲罰性賠償金）。
2. **健康食品管理法**：第2條（健康食品的定義）、第3條（健康食品的要件）、第6條至第9條（健康食品的許可）、第13條至第15條（健康食品的標示及廣告）、第29條（懲罰性賠償金）。
3. **商品檢驗法**：第12條（商品檢驗標識）。
4. **公平交易法**：第21條（資訊真實條款）、第24條（不正行為概括禁止條款）。

十三、國人前往大陸旅遊買到仿冒品，亦得向大陸業者請求懲罰性賠償金。

> **【案例】**大陸「王海現象」案
>
> 1995年3月山東人王海前往北京出差，在 A 賣場看到一種標明「日本製造」單價85元的「索尼（sony）」牌耳機，他懷疑為假貨，便買了一副，經到索尼公司證實為假貨後，又回去買了10副相同的耳機，然後要求 A 賣場依大陸「消費者權益保護法」第49條規定加倍賠償；惟 A 賣場僅同意退回第一副耳機並賠償200元，但對知假買假的後10副拒絕給予任何賠償。

基本解析——中國大陸亦訂有消費者權益保護法，以確保消費者權益。

1. **法律關係解析**：本案主要涉及消費公平問題，故屬於契約上的消費關係。

   (1)本案的企業經營者：A 賣場（販售「索尼（sony）」牌耳機的經銷者）。

(2)本案的消費者：王海（購買「索尼（sony）」牌耳機的消費者）。

(3)本案的客體：「索尼（sony）」牌耳機（商品）。

2. **法律問題解析**：本案的關鍵在於如何有效防杜仿冒品，確保消費者權益問題。

(1)仿冒品存在的型態：凡是仿冒品與真品之間，有著龐大的利差存在時，不肖的業者為謀取暴利，即勇於投入販售仿冒品的行業。仿冒品主要係利用「以假標真（不實的標示）」、「以假亂真（相似的標示，例如山寨版）」的模式來假冒真品，通常並配以特別優惠價格方式來欺騙消費者購買，消費者應特別注意。本案即屬於「以假標真（不實的標示）」的模式販售仿冒品。

(2)販售仿冒品的責任：業者應負下列責任。

①刑事責任：販售仿冒品屬於一種詐欺行為，依法應負刑事責任。

②民事責任：仿冒品對真品而言，係屬於一種瑕疵，販售仿冒品的業者對購買的消費者自應負民法上的瑕疵擔保責任，買受的消費者依民法規定除了可以要求解約退費外，並得依消費者保護法規定請求懲罰性賠償金。由於台灣的消費者保護法屬於國內法，只能適用於在台灣地區發生的消費事件；本案消費事件因係發生在中國大陸，故應適用中國大陸的消費者權益保護法第49條「經營者提供商品或者服務有欺詐行為的，應當按照消費者的要求增加賠償其受到的損失，增加賠償的金額為消費者購買商品的價款或者接受服務的費用的一倍」規定辦理。

(3)王海現象旨在杜絕仿冒亂象：本來知假買假，對於買賣雙方而言，一個願打，一個願挨，並無人吃虧，依民法規定

無須為特別保護，僅依一般買賣規定處理即可。惟中國大陸地區為打擊仿冒，對於王海仿冒品買賣的訴訟，即使是知假買假，亦給予勝訴判決。此例一開，因而引發其他大陸地區民眾人人效法以知假買假通過訴訟索賠方式，獲得收入，新聞媒體稱之為「王海現象」。此種類似「檢舉仿冒獎金」方式，值得各國參考。

結論：本案王海向大陸北京地區 A 賣場所購買的「索尼（sony）」牌耳機11副，不論其是否知假買假，只要是仿冒品，均可依照大陸消費者權益保護法第49條規定，請求退費及1倍的懲罰性賠償金。

補充說明──大陸地區消費者權益保護法簡介。

中國大陸於1983年10月31日公佈「消費者權益保護法」，共有8章55條，自1994年1月1日起施行，作為保護消費者權益的基本法律，希望以「消費者權益保護法」為中心建立其「一般法律模式」立法體系。

1. **內容要旨**：第一章「總則──規定立法目的、調整範圍、法律適用、交易原則等內容」、第二章「消費者的權利──規定消費者的安全權、知情權、自主選擇權、公平交易權、求償權、結社權、獲得有關知識權、人格尊嚴和民族風俗習慣受尊重權及監督權等九項權利」、第三章「經營者的義務──規定經營者的法定（產品質量法）或約定履行、聽取意見、接受監督、保證安全、提供真實信息、標明名稱、出具購貨憑證、保證質量、承擔三包（包修、包換、包退）、及不得以格式合同（即定型化契約）減免責任、不得侮辱消費者等義務」、第四章「國家對消費者合法權益的保護──規定國家、各級人民政府、工商行政管理部門及人民法院在其職責範圍內應為的事項」、第五章「消費者組織──規定消費者協會的職能和消費者組織不得從事營利性服務和牟利活

動之禁止事項」、第六章「爭議的解決——規定以和解、調解、申訴、仲裁、訴訟等途徑解決消費爭議等事項」、第七章「法律責任——分別規定經營者的民事責任、行政責任及刑事責任」、第八章「附則——規定農業生產資料的準用及該法的施行日期」。

2. 台灣與中國大陸懲罰性賠償金之比較：如附表。另外，在中國大陸係將「契約」稱為「合同」、「定型化契約」稱為「格式合同」，併此敘明。至於台灣消費者保護法有關懲罰性賠償金內容，詳見貳、十二至十四題。

台灣與中國大陸懲罰性賠償金之比較表							
	法律依據	權利主體	責任主體	責任本質	立法目的	倍數	倍數計算基準
台灣	消費者保護法第51條	契約或使用關係之消費者	製造者及經銷者	產品（安全）責任、契約（公平）責任	確保消費安全及消費公平	(1)故意：3倍以下 (2)過失：1倍以下	以實際損失（包括財產上及非財產上損失）為倍數計算基準
中國大陸	消費者權益保護法第49條	契約關係之消費者（產品之買受人）	經銷者（產品之出賣人）	契約（公平）責任	確保交易公平	1倍（不分故意或過失）	以買賣價金（屬於法定之損害賠償違約金）為倍數計算基準

3. **法律適用原則**：消費者保護法屬於一種國內法，僅能適用於該國地區發生的消費事件，受保護的對象並不以本國籍的消費者為限。

(1)台灣消費者保護法：凡是在台灣地區發生的消費事件，除了台灣住民外，尚包括陸客等前來台灣旅遊，在台灣地區所發生的消費事件，亦有其適用。

(2)大陸消費者權益保護法：凡是在大陸地區發生的消費事件，除了大陸住民外，尚包括台灣人等前去大陸旅遊，在大陸地區所發生的消費事件，亦有其適用。因此，台灣人前往大陸旅遊買到仿冒品，亦得向大陸業者要求依大陸消費者權益保護法規定請求懲罰性賠償金。

參考條文——與本案有關的相關法條。

1. **民法**：第349條至第351條（權利的瑕疵擔保責任）、第354條及第355條（物的瑕疵擔保責任）、第216條（損害賠償的範圍）。

2. **消費者保護法**：第51條（懲罰性賠償金）。

3. **大陸消費者權益保護法**：第49條（懲罰性賠償金）。

第四章

品質保證

十四、產品必須符合一定的品質，否則即應負瑕疵擔保責任。

> ### 【案例】預售屋「非海砂屋保證」案
>
> 葉先生於87年10月5日向某知名的A大建設公司購買一間預售屋作為住宅使用，簽約時葉先生特別要求A大建設公司提供「非海砂屋保證」，並於88年10月5日交屋。葉先生在90年發生某次地震後，屋頂及牆壁上的水泥發生剝落、鋼筋外露，才知道是海砂屋，於是向A大建設公司請求解約及損害賠償。

基本解析──有保證，權益才有保障。

1. **法律關係解析**：本案主要涉及消費公平問題，故屬於契約上的消費關係。

   (1)本案的企業經營者：A 大建設公司（販賣海砂屋的製造者）。

   (2)本案的消費者：葉先生（購買海砂屋的消費者）。

   (3)本案的客體：海砂屋（商品）。

2. **法律問題解析**：本案的關鍵在於業者所提供的保證，在法律上有何效力。

   (1)品質保證：所謂品質保證，就是對產品提供擔保具有一定

品質的責任。在現代社會中，消費者希望在消費時所買到的產品，即使不是「物超所值」，也希望至少具有一定的品質，而不是劣質品。因此，業者如果提供良好的品質保證，除了在基本上可以作為確保產品的安全，避免使用上的損害以外，業者在銷售上更是可以作為促銷的利器，成為契約上的一個重要因素。

(2)本案屬於品質保證：品質保證，在本質上係屬於標示說明的一種類型，除了針對品質方面予以一定的標示說明（事實資訊的揭露說明）外，並就其所為品質方面的標示說明，負一定的保證責任（瑕疵或一定品質的擔保責任）。本案Ａ大建設公司所提供的「非海砂屋保證」，即屬於一定的品質保證。

(3)本案消費者權益因品質保證而獲得保障：海砂屋的使用年限一般為5、6年，最長為10年，購屋人為確保權益，最好於購屋時要求售屋人出具書面保證書，保證該屋非為海砂屋，使出賣人負擔保的保證責任。本案Ａ大建設公司既提供「非海砂屋」的品質保證，自然要負起品質保證的法律責任，葉先生的購屋權益因而獲得有效保障。

結論：本案消費者葉先生向Ａ大建設公司所購買的房屋為海砂屋，可以依照Ａ大建設公司所提供的「非海砂屋保證」，要求解除契約，如果受有損害，尚可以請求損害賠償。

補充說明——品質保證。

1. 保證的定義：「保證」中的「保」，就是「擔保」；「證」就是「憑證」，因此，所謂「保證」，就是提供擔保，並就其所提供的擔保在法律上所應負一定的責任。該提供擔保責任的人，稱為保證人。至於品質保證，就是由企業經營者就其產品提供在品質上的一定擔保責任。另外，企業經營者應依其產品保證內容負擔保責任，如規定消費者憑發票才可獲

得產品保固者，恐有違反誠信原則，對消費者顯失公平之虞而無效。

(1)品質保證常為促銷廣告的內容：企業經營者常以保證廣告的方式來促銷其產品，此種保證雖在廣告內容規定，具有廣告的性質；但因企業經營者在廣告上表明品質保證，該含有品質保證的廣告，在簽約後成為契約的一部分，因此品質保證的內容亦成為契約內容的一部分。

(2)應交付書面的品質保證書：既已成立品質保證，業者便應主動交付書面的保證書給消費者，在保證書內所記載的條款，亦具有定型化契約條款性質，當然也適用定型化契約的規定。

2. **保證的類別**：保證，依保證人的不同，主要可歸納為二種（如附表）。

保 證 類 別 簡 表			
類別	保證人	保證類型	保 證 內 容
他人保證	由「他人」擔任保證人	一般保證（履行責任保證）	由負保證的第三人代負債務履行的責任
		人事保證（賠償責任保證）	由負保證的第三人代負損害賠償的責任
自己保證	由「自己」兼任保證人	法定品質保證（瑕疵擔保責任）	出賣人就其所販賣的標的物，應具有一定品質（無瑕疵）的保證
		約定品質保證（品質保證責任）	出賣人就其所販賣的產品，除應擔保無瑕疵外，並附加具有一定品質的保證責任

3. **保證非輻射屋**：另外，消費者在購屋時，亦應要求業者提供「非輻射屋保證」。所謂輻射屋，主要係指已遭輻射污染鋼筋所建築的房屋，購買到輻射鋼筋屋，居住其內可能遭受放

射性污染而受害，故購屋時應要求業者保證非輻射屋，以保障消費安全。為保障購屋者權益，原子能委員會除公布國內有被輻射污染可能的建築物名冊通報各縣市地政單位列管外，並開放民眾可以透過（www.aec.gov.tw/start.php）網站逐筆查詢確定輻射污染戶所在地的詳細地址，讓購屋者可以免除輻射污染的威脅。

參考條文──與本案有關的相關法條。

1. 消費者保護法：第25條（書面的品質保證）。

2. 消費者保護法施行細則：第26條（口頭的品質保證）。

3. 民法：第349條至第351條（權利的瑕疵擔保責任）、第354條及第355條（物的瑕疵擔保責任）、第739條至第756條（保證）、第756條之1至第756條之9（人事保證）。

4. 公平交易法：第21條（資訊真實條款）、第24條（不正行為概括禁止條款）。

5. 預售屋買賣契約書範本暨應記載及不得記載事項。

十五、企業經營者對其產品保證品質時，應就其保證的內容負責。

【案例】汽車駕駛訓練班「保證考取駕照」案

黃先生在成年後，希望能夠自行開車上班，特別參加台北市A汽車駕駛訓練機構所提供的「保證考取駕照班」，並繳清所有費用新台幣2萬元。誰知黃先生訓練期滿參加路考時，在倒車入庫項目由於一時心慌而壓線，因而並未能順利通過取得駕照。

基本解析──提供保證，就是提供保障。

1. 法律關係解析：本案主要涉及消費公平問題，故屬於契約上

的消費關係。

(1)本案的企業經營者：Ａ汽車駕駛訓練機構（提供駕駛訓練服務的製造者）。

(2)本案的消費者：黃先生（接受駕駛訓練服務的消費者）。

(3)本案的客體：汽車駕駛訓練服務（服務）。

2.**法律問題解析**：本案的關鍵在於「保證考取駕照」，業者應負何種責任。

(1)本案屬於品質保證：品質保證，依其目的約可歸納為下列三種類型。本案在本質上為效果上的品質保證。

①品質保證：具有一定品質的保證。例如非海砂屋保證、非輻射屋保證、鋼骨建材保證等，以所提供的產品應具有一定的品質者，屬之。

②保固保證：願意負擔維修責任的保證。例如對於所有的產品，均提供一定使用的保固期間，否則願意免費提供維修服務者，屬之。另外，3C、家電產品業者在行銷時所提供的1年「全球保固」，一點也不「全球」，大部分品牌電腦宣稱全球保固，可能只有全球十分之一的國家，號稱全球只是「行銷語言」，要特別注意。

③效果保證：具有一定效果的保證。例如保證考取駕照、保證考取國立大學、保證進入國外一流大學等，提供一定效果的保證者，屬之。

(2)本案品質保證的效力：保證考取駕照，會發生下列法定效果。

①消費者順利考取駕照者：業者的保證責任消滅。

②消費者未能考取駕照者：因為消費者參加的駕駛訓練的班別為「保證考取駕照班」，如未能通過該期駕駛訓練班預定公路監理機關舉辦的駕駛執照考試時，業者應繼續提供消費者駕駛訓練至通過駕駛執照考驗為止，並不

得再收取訓練費用。

(3)本案消費者的權益因品質保證而獲得保障：本案黃先生可以要求業者免費繼續提供訓練直至考取駕照為止。可見品質保證，可以提供消費者權益上的一定保障。

結論：本案消費者黃先生可以依據Ａ汽車駕駛訓練機構所提供「保證考取駕照」的品質保證，要求繼續提供免費駕駛訓練的機會，直至考取駕照，Ａ汽車駕駛訓練機構的品質保證責任才歸於消滅。

補充說明——品質保證書。

1.**書面的保證書**：提供品質保證時，為免口說無憑，業者依照消費者保護法的規定，應主動出具書面的品質保證書。該保證書的內容，依法必須記載下列事項，企業經營者所交付的保證書如僅記載「某某品牌電視機品質保證一年」，由於過於簡略，與法律規定的意旨並不符合，必須加以修改充實。

保證書的應記載事項			
針對問題	應記載項目	內容	備註
避免保證範圍不清	保證的客體	商品或服務的名稱、種類、數量，其有製造號碼或批號者，記載其製造號碼或批號	(1)保證書應使用中文。(2)口頭保證，與書面保證效力等同。
避免保證內容不明	保證的內容	提供保證具體的內容、保證的限制及業者履行保證義務的條件	
避免保證期限爭議	保證的期間	保證期間及其起算方法	
明定保證人誰屬	產品的製造者	製造商的名稱、地址	
	產品的經銷者	由經銷商售出者，經銷商的名稱地址	
其他	交易的時間	交易日期，俾作為起算的基準	

2. 保證書其他問題：

(1)保證書應使用中文：雖然消費者保護法並未規定保證書只限於使用中文，但參照消費者保護法關於產品、服務標示或說明書，均規定必須附有中文，則保證書應該也必須使用中文，俾使消費者能確實瞭解保證書的內容。

(2)保證書應寄回問題：電器或電腦產品業者常以必須寄回保證書，才履行保證義務的行為，如果消費者並未回寄，就喪失保證的權利，此種規定對消費者並不公平，原則上只要消費者購買產品，即應依法獲得必要的基本保證權利，並不因有無寄回保證書而受影響。

3. 有關學習或補習品質保證的其他案例：

(1)升學保證班：例如教育主管機關並未開放補習業者辦理「升學保證班」，市面上仍有補習業者以此作為號召，雖然並不符合相關教育法令的規定，但是補習業者既然願意提出此種保證，仍然要負相關保證的責任。不過，補習業者雖提供「保證考取國立大學，否則退費」的品質保證，但在消費者未能考取國立大學時，常以消費者未遵守配合事項（例如缺課時數過多）為理由，業者即不負保證責任而免責，消費者應特別注意。另外，法院實務認為保證班的廣告文宣只是舉例說明，並非對所有學生保證，未達保證水準不能算詐欺，對於保證班無效而要求解約者，法院亦僅判補習班給付尚未上課的費用而已。

(2)保證就業班：例如博奕補習班、電腦補習班等與就業有關的補習班，如對前來接受職業訓練的學生，提供就業的保證，就須擔保學成後輔導就業的責任。

参考條文──與本案有關的相關法條。

1. 消費者保護法：第25條（書面的品質保證）。

2. 公平交易法：第21條（資訊真實條款）、第24條（不正行

為概括禁止條款）。

3. **民法**：第359條至第365條（瑕疵擔保責任的效力）。

4. 汽車駕駛訓練契約書範本暨應記載及不得記載事項。

5. 短期補習班補習服務契約書範本暨應記載及不得記載事項。

十六、口頭的品質保證，與書面的品質保證，具有同樣的法律效力。

> ### 【案例】汽車業務員的口頭保證案
> A 汽車公司的業務人員某甲為爭取業績，於88年6月5日對前來看車的消費者楊先生，除了提供A汽車公司公訂的優惠條件以外，某甲並自行以口頭承諾將汽車的保固期間從3年5萬公里延長為6年10萬公里。嗣後某甲於91年5月離職，楊先生於92年7月4日開車進場維修時（車子已跑了7萬公里），即以仍在保固期間為理由，要求維修上的優惠。

[基本解析]──口頭保證，也是保證。

1. **法律關係解析**：本案主要涉及消費公平問題，故屬於契約上的消費關係。

(1)本案的企業經營者：A 汽車公司（販賣汽車的製造者）。

(2)本案的消費者：楊先生（購買汽車的消費者）。

(3)本案的客體：汽車（商品）。

2. **法律問題解析**：本案的關鍵在於口頭保證的效力，與書面保證有無不同。

(1)本案屬於品質保證：品質保證，依其目的約可歸納為①品質保證、②保固保證、③效果保證三種類型（詳見伍、十五題），本案係以提供保固期間的維修保障為目的，屬於

保固保證類型。

(2)本案為口頭保證：口頭保證具有如下的特色。

　　①未作成書面：不論是整份的保證契約或是個別的保證條款，均未作成書面，這是口頭保證與書面保證書最大不同的地方。

　　②無須一定的格式：只要是口頭保證的承諾即可，無需遵守一定的格式，因此不必如同書面保證書須有一定的記載事項。

(3)本案口頭保證亦有效力：口頭保證亦屬於一種保證契約，依照消費者保護法規定，提供品質保證的業者，仍應就其保證的品質負責，事實上與書面保證契約可以發生同等的效力，只是在舉證上可能比較困難而已。

結論：本案某甲為Ａ汽車公司的業務員，其所為的口頭保證行為，應視同Ａ汽車公司的口頭保證行為，只要楊先生能夠證明某甲確實提供「6年10萬公里」的品質保證，Ａ汽車公司即應承擔該品質保證的責任。

補充說明──口頭保證。

1. 口頭保證：口頭所提供的品質保證，與書面保證僅其形式上有所不同而已，在效力應無不同。例如企業經營者對於消費者，如只以口頭表示品質保證1年，而未依照消費者保護法的規定出具書面保證書時，其所為的保證，並不受影響。例如旅行社在旅展會場向購買的消費者口頭承諾「保證出團」，事後即使該團人數不足，亦負如期出團的義務。只是在發生爭訟時，消費者在舉證方面，可能較為困難。

2. 保證書條款的相關問題：

　　(1)定型化契約條款問題：保證書的條款，係由業者單方面事先自行訂定，作為與消費者簽約的內容，並不允許消費者有任何修改的權利，屬於定型化契約條款，故亦有定型化

契約規定的適用。

(2)準據法問題：例如某汽車公司於其車主手冊「保證書及保證責任的限度」，加註「本譯文若發生解釋上的問題時，以英文為準」字樣，由於該公司既在我國境內銷售商品，自應以當地官方語言進行資訊或意見的交換，除了違反消費者保護法有關中文標示說明規定外，此種行為有使消費者對於有關約款的瞭解陷於錯誤的可能，顯有挾賣方優勢地位從事不公平交易行為情事，亦遭公平會認定違反公平交易法。

3. 保證非泡水車：台灣地區每年在颱風來襲時經常淹水造成泡水車，為了確保買車消費者權益，行政院消保會（現改為行政院消保處）除要求汽車業者杜絕泡水車外賣以外，並已在汽車買賣定型化契約書範本中特別明定，由汽車業者提供非泡水車的保證，否則消費者可以解除買賣契約並請求損害賠償，詳細內容請上行政院（消保處）網站 www.cpc.ey.gov.tw 參閱。

參考條文──與本案有關的相關法條。

1. 消費者保護法：第25條（書面的品質保證）。

2. 消費者保護法施行細則：第26條（口頭的品質保證）。

3. 公平交易法：第21條（資訊真實條款）、第24條（不正行為概括禁止條款）。

4. 汽車買賣定型化契約書範本暨應記載及不得記載事項。

第五章

包裝

十七、所有的產品，基本上均應有必要的包裝。

> **【案例】吃「散裝魚乾」致死案**
> 報載台南市民朱姓兩小兄弟於89年4月3日，食用由其祖母於去年6月間在台東縣風景區遊覽時向A攤販購買散裝的「香魚片」，結果發生疑似誤食有毒河豚魚肉中毒死亡事件。

基本解析——散裝產品，危險性高。

1. **法律關係解析**：本案主要涉及消費安全問題，故屬於使用上的消費關係。

   (1)本案的企業經營者：A攤販（販賣香魚片的經銷者）。

   (2)本案的消費者：朱姓兩小兄弟（食用香魚片受害的消費者，應由其法定代理人代為法律行為，至於其祖母僅為商品的買受人，並非本案產品責任真正的受害人）。

   (3)本案的客體：散裝的「香魚片」（商品）。

2. **法律問題解析**：本案的關鍵在於產品的包裝，到底有何重要性。

   (1)包裝的必要性：俗語說：「人要衣裝，佛要金裝」，經過包裝的東西，不只容易促銷，而且可以賣得更好的價錢，可見包裝也是一種重要的促銷手段。原則上對於商品的包裝，除了要講究「精美」以外，更須注意包裝的「必要

性」與「誠實性」。

(2)產品應有必要的包裝：包裝的目的，主要在確保品質，並方便運輸，故對於所有的產品，均應以必要包裝為最高指導原則。因此，業者對於內容物的保護或品質的保全上，須有適切的必要包裝。至於散裝商品則因缺少包裝，而無法予以任何標示說明，故散裝商品較有危險性。例如消基會曾於92年針對市售散裝食品衛生安全加以抽測，結果發現散裝食品竟然全未標示食品添加物，近9成連有效日期都沒有標示，8成零食包裝上更找不到製造商地址電話，亟需改善。對此，衛生署已公告「散裝食品標示相關規定」，從99年元月1日起，散裝食品必須標示品名和原產地，廠商以及銷售商家，如未按規定辦理，一經查獲將會被罰新台幣3萬到15萬元的罰款。

(3)本案並未有必要的包裝：本案散裝的「香魚片」，因未有必要的包裝，無法得知其必要的消費資訊，也無法確保其產品的安全品質，導致經常傳出中毒事件，受害的消費者亦只能向販賣散裝商品的經銷者請求損害賠償，而該等經銷者多因財力不足而無力負擔高額的賠償，因此，奉勸消費者應儘量不要購買散裝食品為宜。

結論：本案受害的朱姓兩位小兄弟的法定代理人，可以依照消費者保護法規定，向販賣散裝香魚片的A攤販請求損害賠償及懲罰性賠償金。

補充說明——產品的包裝。

1. **包裝的定義**：所謂包裝，係指非產品的本體內容，而為產品本體外面的包裝，但不以與該產品本體有直接接觸者為限。包裝具有下列兩個基本要素：

(1)包：對產品加以必要的「包裹」，以保障其品質。業者為了確保產品的品質維護，必須在其販售的產品上予以包

裏，以方便攜帶或運輸，此為「包」的階段，具有所謂品質確保的功能，違反者可能須負瑕疵擔保責任。

(2)裝：對產品加以必要的「裝飾」，以作為促銷手段。業者為了增加產品的美觀，則又在其販售的產品上予以美化包裝，以作為促銷手段，此為「裝」的階段，具有所謂資訊傳播的功能，違反者可能須負廣告或標示不實責任。

2. **包裝的類型**：主要有三種（如附表）。

包 裝 的 類 型			
包裝類型	目 的	違 反 類 型	責 任
必要包裝	確保產品的品質	不當包裝	產品損害賠償責任
誠信包裝	確保產品的誠信	不實包裝	契約損害賠償責任
安全包裝	確保產品的安全	不安全包裝	產品損害賠償責任

3. **必要包裝**：商品應為下列必要的包裝，以確保品質及安全。

(1)防潮包裝：台灣地區氣候較為潮溼，在食品、藥物方面，尤其需要防潮的包裝，例如加放乾燥劑，以避免發霉、腐壞的情形發生；但是對於乾燥劑的包裝，因其內容類似糖果，須有適當的警告標示，以避免兒童誤食。

(2)防塵包裝：對於精密的電子儀器，例如電腦或手機等，需套上塑膠袋作為防塵包裝，以避免塵埃等雜物影響其功能；但是對於防塵所為的包裝，有時則阻礙消費者瞭解包裝內的實際情形，故應有同類的樣品除去包裝，俾供消費者選購時的參考。

(3)防震包裝：對於容易受到震動影響的商品，例如電器、電腦或玻璃製品等易碎物品的包裝，更須特別具有防震的保護裝置；為確保防震的效果，除了防震包裝以外，有時更須在包裝上加註警語，以提醒注意。

(4)其他必要包裝：應依個案商品性質而為必要的包裝。另外，尚有所謂的分級包裝，例如水果、魚貨等，主要在確保消費公平，將來的所有商品均應朝分級包裝規劃。

參考條文──與本案有關的相關法條。

1. **消費者保護法**：第26條（商品的包裝）、第7條（製造者責任）、第8條（經銷者責任）、第51條（懲罰性賠償金）。

2. **食品衛生管理法**：第17條（包裝食品的標示）、第17條之1（散裝食品的標示）。

3. **商品標示法**：第8條（包裝商品的標示）。

十八、產品不可以誇大包裝，以免誤導消費者。

> **【案例】「8吋蛋糕」過大包裝案**
> 報載有位在新竹科學工業園區工作的張姓工程師，於民國94年9月7日在 A 蛋糕店購買了8吋蛋糕，發現比他每天所看的8吋晶圓小了許多，拿尺一量真的少了0.5公分，詢問業者得到的答案卻是「8吋」係指蛋糕容器而言。

基本解析──誠信包裝，建立商譽。

1. **法律關係解析**：本案主要涉及消費公平問題，故屬於契約上的消費關係。

   (1)本案的企業經營者：A 蛋糕店（販賣蛋糕的製造者）。

   (2)本案的消費者：張姓工程師（購買蛋糕的消費者）。

   (3)本案的客體：8吋蛋糕（商品）。

2. **法律問題解析**：本案的關鍵在於產品與包裝，究應如何建立誠信包裝。

   (1)誠信包裝的必要性：為確保消費公平，避免誤導消費者，包裝的外觀與包裝的內容物應力求一致，故對於所有的產

品，均應以誠信包裝為最高指導原則。因此，業者對於內容物的保護或品質的保全，不得超過必要程度以上，不得有空間容積或過大的包裝或過剩的包裝，亦不可以因為受到包裝的限制，而為內容物過小的包裝；因為這些都會誤導消費者，使消費者判斷錯誤而妨害其商品選擇；業者應儘量以消費者易於接受的容量為商品的包裝，維護其誠信包裝，以確保消費者的選擇權。

(2)本案為不實的包裝：凡是誇大包裝、過度包裝或內容物過小包裝等，因為該等包裝情形會誤導消費者，影響其消費公平，故均為不實的包裝。業者對因不實包裝受害的消費者，應負契約上的損害賠償責任，這是一種契約關係上的責任。本案既名為「8吋」蛋糕，應係指蛋糕的尺寸，並非指包裝盒的尺寸。業者以「8吋」的蛋糕盒作為「8吋」蛋糕的解釋，為不實的包裝。

(3)本案應予有效改善：本案幾已成為所有蛋糕業的陋規，為避免將來糾紛的發生，應由蛋糕業自行自律改進，或是由主管機關通令改正為宜。

結論：本案張姓工程師所購買的8吋蛋糕未達「8吋」，可以依法要求補足、如果不補足時則應減少價金，否則消費者可以作為解除契約的理由。

補充說明——誇大包裝。

1. **包裝會影響消費者判斷**：在現代的社會中，良好的包裝，必須配合顧客的需要，給予顧客便利、新鮮、安全、和引人的外觀。但是，包裝卻也妨礙消費者以最低的代價購買最佳的物品。在許多情況中，標籤似乎在隱藏，而非顯示包裝的內容，有時消費者無法迅速獲知產品的真實數量或實際含量。它經常無法迅速在不同品牌不同包裝上，做單價的比較；或在同一品牌的大號、特大號、巨大號或超大號的包裝上，做

價錢的比較。消費者無法瞭解，由於習慣上包裝尺碼或形狀的變化，可能造成的交易得失，或者「降價幾分錢」的推銷方法，常常並不代表使消費者佔到真正便宜。

2. **誇大包裝會誤導消費者**：為確保誠信，商品不得為不實包裝（標示及內容不得不實）。所有商品，均不可過度或誇大包裝，以避免誤導或欺騙消費者，包括仿冒名牌或製造假酒等商品在內，均屬誇大不實的包裝。例如糕餅店的餅乾僅有50立方公分，卻以150立方公分的紙盒包裝，顯然係「過大的包裝」；若其紙盒標示「150立方公分」，則有標示虛偽不實、灌水的情形，均與法不合。原則上商品的內容量不得少於容器包裝體積的三分之二以下，惟易碎的特殊商品等，為保護內容物免於損壞而為較大的包裝者，不在此限。

3. **包裝應力求誠信包裝**：以下為經公平會認定為誇大包裝的案例。

   (1)速食麵的包裝案：市售速食麵最讓消費者詬病的是，其包裝的圖案標示與內容物常有「表裡不一」情形，產生「牛肉在那裡」的爭議，雖然在包裝上均印有類似「圖片僅供調理的參考」，但難脫誤導消費者的嫌疑，主管機關衛生署對此問題已訂有相關法令規範（詳見伍、九題的補充說明），業者應妥為改善，以有效保障消費者權益。

   (2)草莓果粒畫太大的「波士頓草莓派」：某家食品公司「波士頓草莓派」商品的外包裝圖片，顯示兩片波士頓派之間有豐富的奶油及草莓果粒，不過經公平會實地購買發現，無論從縱切面或側面加以觀察，不僅沒有草莓果粒，就連奶油厚度也只有包裝圖示的五分之一，因而被公平會以不實廣告處罰。

參考條文──與本案有關的相關法條。

1. **消費者保護法**：第26條（商品的包裝）。

2. 民法：第372條（依重量計算價金應除去其包皮）。

3. 食品衛生管理法：第17條（包裝食品的標示）。

4. 公平交易法：第21條（資訊真實條款）、第24條（不正行為概括禁止條款）。

十九、產品不可以過度包裝，以免浪費社會資源。

> **【案例】** 「中秋月餅」過度包裝案
>
> 林先生為具有現代環保觀念的消費者，在94年中秋節到臨以前，前往A食品店購買中秋月餅，準備送給親朋好友作為過節禮品。在食品店內林先生發現所有中秋月餅的包裝，都非常精美，甚至有一包再包多達10多層過度包裝的情形，林先生非常感慨，於是選擇包裝在3層以內的月餅才加以購買。

基本解析——綠色包裝，不浪費資源。

1. **法律關係解析**：本案主要涉及消費公平問題，故屬於契約上的消費關係。

   (1)本案的企業經營者：A 食品店（販賣中秋月餅的製造者）。

   (2)本案的消費者：林先生（購買中秋月餅的消費者）。

   (3)本案的客體：中秋月餅（商品）。

2. **法律問題解析**：本案的關鍵在於產品的過度包裝，有何不良影響。

   (1)綠色包裝的重要性：在民國88年中秋節前，新環境基金會針對市售中秋月餅禮盒的包裝進行體檢，結果發現包裝層數一年比一年多，該年最不環保禮盒共有17層包裝，為避免浪費地球資源，亟宜檢討改進。

(2)本案屬於過度包裝：為符合綠色消費要求，商品不得為過度包裝。一般而言，過度的包裝，既浪費社會資源，又破壞環境保育，而且妨礙消費者知悉商品的真實內容，容易誤導消費者為合理的選擇，所以企業經營者對產品包裝必須是名副其實，不能有誇張商品內容或為過大的包裝。本案中秋月餅禮盒的包裝竟然高達10層以上，顯然為過度包裝。

(3)本案過度包裝可能誤導消費者：主要有下列二種情形。

　　①過度包裝變成誇大包裝：產品的內容物由於過度包裝的結果，從包裝結果的外觀上，可能誤導消費者，形成誇大包裝，例如訂婚禮餅的包裝、水果禮盒的包裝。

　　②過度包裝成本由消費者負擔：包裝也需要成本的支出，1層包裝與10層包裝的成本絕對不同，一般業者均是將本求利，如果有過度包裝的情形，該過度包裝的成本，一定會轉嫁給消費者負擔。因此，消費者在購買時，必須釐清我是要買產品，還是要買包裝。

結論：本案林先生購買包裝在3層（包括禮盒、內包裝及外包裝）以內的月餅，除了符合綠色包裝的理念以外，也符合最經濟的消費原則，不必去負擔過度包裝的成本，所以林先生是一位聰明的消費者。

補充說明──過度包裝。

1. **過度包裝的規範**：行政院環保署參考英、法、南韓等國執行過度包裝管制法令及執行經驗，依據「資源回收再利用法」第13條及第14條規定，訂定「限制產品過度包裝辦法」，分二階段管制，第一階段自95年7月1日實施，管制糕餅、化粧品、酒及電腦程式著作光碟等組合產品的包裝層數限制為2層；第二階段則自96年7月1日實施，管制加工食品組合產品（禮盒）的包裝層數限制為3層；詳細內容請參閱環保

署的「限制產品包裝網」。

2. **常見過度包裝的案例**：除了中秋月餅以外，尚有下列產品。

(1)訂婚禮餅的包裝：民國85年環保新生活推動委員會調查市售喜餅禮盒，結果發現動輒有7、8層甚至10層以上的重複包裝，有半數以上內容物重量不到禮盒總重量的50％，過度包裝情形非常嚴重。

(2)水果禮盒的包裝：市售的水果禮盒，經常是以有一定厚度的大禮盒包裝，除了裝販售水果以外，並輔以一定份量的稻草，以免水果在運送時發生損害，並藉此增加其份量，消費者常受其誤導。

參考條文——與本案有關的相關法條。

1. **消費者保護法**：第26條（商品的包裝）。

2. **民法**：第372條（依重量計算價金應除去其包皮）。

3. **公平交易法**：第21條（資訊真實條款）、第24條（不正行為概括禁止條款）。

4. **資源回收再利用法、限制產品過度包裝辦法**。

二十、產品應有安全的包裝，才能確保消費者在使用上的安全。

【案例】「易開罐」受傷案

93年發生一名國小3年級施姓女童使用A公司製造的易開罐食品，因為並無安全的開拆圖示，造成女童割傷縫6針事件。消基會隨即進行市售開罐產品的調查，發現在調查的10種產品中，即有6種產品既沒有開罐方式說明，也沒有警語標示，實在非常危險。

基本解析——安全包裝，才是安全保障。

1. **法律關係解析**：本案主要涉及消費安全問題，故屬於使用上的消費關係。

   (1)本案的企業經營者：A公司（易開罐食品的製造者）。

   (2)本案的消費者：施姓女童（使用易開罐食品受害的消費者，應由其法定代理人代為法律行為）。

   (3)本案的客體：易開罐食品（商品）。

2. **法律問題解析**：本案的關鍵在於易開罐的包裝，應如何確保使用人的安全。

   (1)產品必須有安全包裝：凡是不實包裝以外的無必要包裝或無安全包裝情形，均屬不安全的不當包裝，該等不當的包裝會傷害到使用的消費者，影響其消費安全，業者對受害的消費者，應負侵權上的損害賠償責任，這是一種使用關係上的產品責任。

   (2)本案屬於不當包裝：對於螺旋式易開罐問題，為避免手指遭到不同程度割傷，應有下列開罐步驟圖示，①首先將拉環拉至垂直角度，②其次以右手食指拉住拉環，大拇指頂住罐蓋，其餘手指內縮成拳頭狀，③輔以左手握住罐身，④朝身體方向往後施力，即可安全開啟。本案因無安全的開拆圖示，故為不當包裝。

   (3)本案業者應負指示瑕疵的無過失產品責任：消費者保護法規定，業者在其製造的產品上應為必要的包裝及標示說明（一般的標示及警告標示），否則即為指示瑕疵的產品，對因而受害的消費者，應負無過失的產品責任。

   結論：本案施姓女童因易開罐未附開拆圖示說明的瑕疵，造成使用上的損害，生產製該易開罐的A公司應負無過失產品責任，施姓女童依照消費者保護法規定，可以要求損害賠償及懲罰性賠償金。

補充說明——安全包裝。

為確保安全，商品必須為下列安全的包裝。

1. **安全的包裝材質**：為確保消費安全，應使用安全的包裝材質，這是最基本的安全包裝（不安全包裝材質如附表）。

常見不安全包裝材質		
品名	不安全原因	案例說明
廣告紙	廣告原物含「鉛」，可能造成鉛中毒	例如在速食店食用薯條時，將蕃茄醬擠在廣告紙後再沾醬使用，不知不覺間就將鉛吃進肚子內
鮮豔陶瓷容器	「鉛」化合物是釉料的主要成分，可能造成鉛中毒	行政院衛生署藥物食品檢驗局曾針對市售鮮豔陶瓷容器檢驗，結果有12.1％的容器檢出會蓄積人體內造成慢性中毒的鉛成分，其中並有4.7％超過限量標準，造成血液、神經、平滑肌等功能障礙
保麗龍	保麗龍含「苯乙烯」，可能致癌	例如保麗龍免洗餐具若盛裝溫度太高的食物，例如剛炸好的雞腿，便可能釋放出「苯乙烯單體」，長期使用會對人體肝臟造成危害且有致癌性
鋁罐或鋁箔	鋁中毒，可能加速「老年癡呆」	例如國內金屬罐裝飲料含鋁質偏高，腎功能不佳患者飲用後，可能導致鋁中毒，出現語言退化、走路遲緩等，近似老年癡呆的症狀
塑膠容器餐具	歐盟認定塑化劑具生殖毒性，不需高溫，只要碰到油脂就容易溶出	例如塑膠中常添加的「塑化劑」屬「環境荷爾蒙」，若長期暴露過量，不但會干擾內分泌，還可能使男童容易出現女性化行為傾向，女童亦會出現性早熟症狀

2. **安全的包裝設計及開拆說明**：

   (1)安全的包裝設計：對於包裝的設計，應確保其安全無虞，尤應注意下列事項。

①可防止兒童開啟誤食的包裝設計：如藥物具有危險性，在包裝設計上，還須注意使兒童不易開啟，以防範危險發生。消基會於民國92年曾抽查全台167家藥局，發現綠油精、風熱友感冒藥水等17種藥品未具備兒童安全包裝，可為明證。

②防盜顯示包裝：包裝一旦被人破壞或銷毀後，能提供購買者或食用者明顯的視覺辨識，俾有效避免千面人事件再次發生。

(2)安全的開拆說明：開拆包裝有造成損害的危險時，應附具安全的開拆說明。例如易開罐的開罐圖示。

3. 必要的警告標示：

(1)安全的警示說明：對於內容物有造成損害的危險時，該產品在包裝上應附具安全的警示說明，俾使用者事先可以瞭解其危險情形，因而採取必要的預防措施，可以有效避免損害的發生機率。例如針對薰香精油內含異丙醇的易爆特性，特別規定該產品在包裝容器上應以中文明顯標示「不可以火焰方式使用」、「遠離火源、禁菸」、「容器務必緊閉」等警告用語及危險處理方式，俾有效確保其使用上的安全性。另外，坊間曾於2010年發生多起吃下「真空包裝」食品引起肉毒桿菌中毒事件，顯見真空包裝的食品須有必要的警告標示，例如應放入「冷藏」保存，避免當中殘存的有害細菌被活化，導致細菌滋生；食用前也最好以100度高溫煮10分鐘後再食用。

(2)安全的區隔包裝：為確保消費安全，對於有危險的商品，其包裝應與一般商品有明顯區隔，以免誤用。例如以寶特瓶作為米酒包裝使用，結果台南市新樓基督教醫院於民國89年5月，曾在一個月內發現兩起家長誤將寶特瓶裝米酒當成礦泉水，用來沖泡牛奶或煮稀飯給小孩吃，引起酒

疹、酒醉的案例。

參考條文──與本案有關的相關法條。

1. **消費者保護法**：第26條（商品的包裝）。

2. **商品標示法**：第7條（中文標示）、第10條（特殊品標示）。

3. **公平交易法**：第21條（資訊真實條款）、第24條（不正行為概括禁止條款）。

陸、其他

《 重 點 提 要 》

一、消費爭議原因：
　　㈠不公平：契約上的不公平爭議。
　　㈡不安全：使用上的產品責任爭議。

二、消費爭議處理管道：
　　㈠消費申訴：（1950 地方政府消費者服務專線）
　　　　1.第一次申訴：業者、消保團體、地方消服中心。
　　　　2.第二次申訴：地方政府消費者保護官。
　　㈡消費調解：申訴不滿意處理結果，向地方消費爭議
　　　　調解委員會申請調解。
　　㈢消費訴訟：隨時均可向地方法院提起消費訴訟。

三、我國消保行政機關的體系：
　　㈠主管機關：中央為各目的事業主管機關；在直轄市
　　　　為直轄市政府；在縣（市）為縣（市）政府。
　　㈡執行及調解機關：消費者服務中心及分中心、消費
　　　　爭議調解委員會、消費者保護官。
　　㈢政策審議及執行監督機關：原為行政院消保會，
　　　　101 年 1 月 1 日裁併為行政院（消費者保護處）。

四、消費者保護團體：
　　㈠資格：以社團法人或財團法人為限。
　　㈡經評定優良的消保團體：財團法人中華民國消費者
　　　　文教基金會與社團法人台灣消費者保護協會。

五、金融消費者保護法規定之金融消費爭議處理管道：
　　㈠申訴：向金融服務業申訴。（金融消費評議中心申
　　　　訴專線 0800-789-885）
　　㈡評議：申訴不滿意處理結果，向金融消費評議中心
　　　　申請評議。

第一章

消費爭議的處理

一、消費者發生消費爭議時，應循正確管道申訴，不要自認倒霉。

<table>
<tr><td>

【案例】商家不找零，消費者為4元告官案
88年4月30日報載一名黃姓女子在台北市Ａ迷你涮涮鍋店消費，由於該店懸掛全面8折標誌，黃女共消費370元，打8折後應為296元，但該店卻硬要以自訂的四捨五入方式收取300元，於是向台北市政府提出申訴。

</td></tr>
</table>

基本解析──有爭議，就要申訴。

1. **法律關係解析**：本案主要涉及消費公平問題，故屬於契約上的消費關係。

   (1)本案的企業經營者：Ａ迷你涮涮鍋店（提供餐飲服務的製造者）。

   (2)本案的消費者：黃小姐（接受餐飲服務的消費者）。

   (3)本案的客體：迷你涮涮鍋餐飲服務（服務）。

2. **法律問題解析**：本案的關鍵在於發生消費爭議，有什麼正確處理管道。

   (1)本案屬於消費爭議：依照消費者保護法規定，凡是消費者與企業經營者間因商品或服務所生的爭議，均屬之。因此，消費者對其向企業經營者所購買的商品或服務，如果

因為品質不佳、價錢太高，或是服務不好等，而與企業經營者有所爭執時，這種爭議，就是消費者保護法所謂的消費爭議。本案既是消費者因最終消費行為所引起的爭議，當然屬於消費爭議。

(2)本案利用消費爭議的申訴管道：消費爭議的處理管道甚多，依照消費者保護法主要有申訴、調解等二種行政協助處理管道及消費訴訟司法處理管道。本案黃小姐係利用行政協助管道，向台北市政府消費者服務中心提出申訴，請台北市政府協助解決消費爭議，這是一種非常正確的選擇。

(3)本案業經妥為處理：本案經台北市政府消費者服務中心受理以後，由該府消費者保護官以38元掛號信通知業者，並經過協商後，該店同意致歉並增列標示說明「本店8折，總價以四捨五入計價」，獲得圓滿解決。

結論：消費者發生消費爭議，千萬不要自認倒霉，政府已提供許多管道來確保消費者權益。本案消費者黃小姐懂得利用設在各地方政府的消費者服務中心的申訴管道，消費者權益得以伸張，實是最佳例證。

補充說明——消費申訴。

1. **申訴是消費者的權利**：在消費關係的三個主體當中，相對於企業經營者有不侵害消費者權益的消極義務，政府即負有保障消費者權益的積極義務，所以保障消費者權益不受侵害的申訴，就是消費者的權利，也才是確保消費者權益的不二法門。

2. **消費爭議的處理程序（程序表見【附錄五】）**：發生消費爭議，消費者如果不願立即循司法途徑向法院起訴解決時，可以先向企業經營者、消費者保護團體或地方政府消費者服務中心申訴，請求協助解決；申訴後如果覺得結果不滿意，仍可向地方政府消費爭議調解委員會申請調解，調解成立的調

解書與法院判決有同一的效力。如果申訴、調解結果仍然不滿意的話，最後只有向法院起訴解決。

3. **消費者保護法的申訴管道**：消費者如果對第一次申訴結果不滿意，尚可提起第二次申訴。

(1)第一次申訴：可擇一向下列單位申訴。

①企業經營者：可向該產品的企業經營者申訴，請其直接處理。

②消費者保護團體：可向消費者保護團體申訴，請其協助處理。

③地方政府消費者服務中心或分中心：可利用1950消費者服務專線申訴。只要消費者使用一般電話或手機撥打「1」「9」「5」「0」四個號碼，電話就會直接轉到撥電話地點的縣市政府消費者服務中心，由其受理申訴服務，全國通用，非常簡便易記，請消費者善加使用。

(2)第二次申訴：對於第一次申訴處理結果不滿意時，可向地方政府消費者保護官提起第二次申訴。

(3)線上協助管道：行政院消保會（現改為行政院消保處）為配合網路的普及化趨勢，已完成全民消費者保護網1950. cpc.ey.gov.tw 的建置，消費者亦可利用該網址進行線上申訴（第一次申訴或第二次申訴）及線上調解，此種案件同樣也會直接分送到各個地方政府消費者服務中心或消費者保護官協助處理。

參考條文──與本案有關的相關法條。

1. **消費者保護法**：第2條第4款（消費爭議的定義）、第43條（消費申訴）、第44條至第46條（消費調解）、第47條至第55條（消費訴訟）。

2. **消費者保護法施行細則**：第36條（消費申訴期間的起算）。

3. **消費爭議調解辦法**。

二、企業經營者應重視消費者的申訴，並妥為處理，以提昇商譽。

> **【案例】寶路狗食申訴案**
>
> 93年2月26日媒體披露寶路狗食造成狗隻腎臟病變訊息後，93年3月12日寶路狗食的國內代理商艾汾公司即主動公開表示除了立即辦理回收飼料外，並願意以個案解決的方式，負起所有的損害賠償責任。

基本解析——重視申訴，可以確保商譽。

1. **法律關係解析**：本案主要涉及消費安全問題，故屬於使用上的消費關係。

   (1)本案的企業經營者：台灣艾汾公司（販賣寶路狗食飼料的輸入者）。

   (2)本案的消費者：受害的消費者（所有購買寶路狗食而受害的消費者）。

   (3)本案的客體：寶路狗食飼料（商品）。

2. **法律問題解析**：本案的關鍵在於業者對於消費者的申訴，有無重視處理。

   (1)本案屬於消費關係：依我國的法律規定，只有「人」才可以成為權利義務的主體，人以外的生物，均為「物」。因此，消費者保護法所稱的「消費者」，自應以「人」為限。本案受害的是「狗」，屬於養狗消費者的「物」（財產），消費者購買狗食供其狗隻使用，屬於消費關係，如果因而造成其狗隻死亡，即是養狗消費者的財產受到損害，可以依照消費者保護法的規定，向狗食製造販賣業者請求損害賠償。

(2)本案的申訴管道：申訴管道依照消費者保護法規定，本有向企業經營者、消費者保護團體、地方政府消費者服務中心等三種，惟因本案受害消費者人數眾多，且散居各地，為期及早處理，主管機關行政院農委會委託獸醫師公會全國聯合會及各縣市獸醫師公會等單位，再建立一個申訴管道來受理申訴，以協助飼主獲得補償。

(3)本案申訴處理情況：本案艾汾公司除立即辦理產品的下架回收，避免再度發生消費者受害事件以外，認為每位飼主的需求與狗隻的情況不同，故採取個案處理的方式解決，沒有賠償的上下限。迄93年6月1日為止，企業經營者共受理6800件，其中達成共識者，為4500件。本案可以理賠事項，包括狗隻本身價值、狗隻就診費用、狗隻死亡喪葬費用及其他相關費用等。

結論：本案屬於養狗消費者與狗食業者艾汾公司間的消費關係，艾汾公司所販賣的狗食有瑕疵，因而導致食用的狗隻死亡，造成養狗消費者財產（狗隻）上的損害，養狗消費者當然可以依照消費者保護法規定，向艾汾公司請求損害賠償。本案主管機關及消費者保護團體主動協助受害消費者求償，而艾汾公司亦願積極配合處理相關消費者申訴事宜，可供將來重大消費事件處理的參考案例。

補充說明——消費申訴的處理。

1. 業者應重視消費者的申訴：為期提昇品質，必須重視申訴意見。

(1)原則上消費者不會輕易表示看法：絕大多數的消費者，都是善良的，不會隨意批評，也不會無理取鬧。一般而言，消費者都是沉默的大多數，甚少會主動表達對事件的看法；如果有消費者願意對所使用過的產品提出其意見，一定有他的原因或是道理存在，所以企業經營者一定要加以重視。

(2)申訴是提供產品的改進意見：企業經營者所製造販售的產品，即使品管再怎麼嚴格，總是無法十全十美，以現有的科技而言，還是有其盲點或是不足的地方，如果能由消費者依其最後使用產品的實際情況，然後再提出其對產品不滿或應予改進的意見，對業者的產品而言，實在是一個不可多得的改進機會，企業經營者應當心存感激地加以接受。

2.**業者應妥為處理消費者的申訴**：為期永續經營，必須妥為處理申訴事宜。

(1)星星之火，可以燎原：企業經營者如果不能妥為處理消費者的申訴，消費者一定懷恨在心，四處告知親朋好友，而且同樣的問題將會不斷的發生，如此一傳十、十傳百的方式，終將損及業者好不容易所建立起來的商譽。例如曾有某家進口汽車公司因為不重視消費者申訴暴衝車事件，導致事情坐大，嚴重影響該車的銷路。

(2)妥處申訴，才能抓住消費者的心：企業經營者如果重視，並妥為處理消費者的申訴，消費者一定會感受到業者的誠意，成為產品的忠實愛用者，並且會廣向親朋好友宣傳，如此口耳相傳的效果，一定會比刊登廣告來得更為有效。例如有家經營食品業的大公司，已經建立接獲消費者申訴24小時內專人前往處理的機制，讓消費者感到窩心，難怪業務會蒸蒸日上。

3.**歷年來消費爭議統計分析**：

(1)案件的統計：以年度申訴量的案件為標準，前5名申訴情形如附表。

歷年來消費爭議申訴前5名					
年 度	第1名	第2名	第3名	第4名	第5名
87年度	購屋	銀行	汽車	壽險	書籍文具
88年度	購屋	電信	書籍文具	銀行	汽車
89年度	購屋	電信	壽險	銀行	汽車
90年度	電信	壽險	書籍文具	汽車	購屋
91年度	電信	銀行	壽險	汽車	休閒
92年度	電信	銀行	壽險	汽車	休閒
93年度	電信	美容	壽險	銀行	休閒
94年度	電信	銀行	壽險	購屋	書籍文具
95年度	電信	銀行	壽險	購屋	美容
96年度	電信	購屋	壽險	銀行	休閒
97年度	電信	購屋	壽險	銀行	休閒
98年度	電信	壽險	購屋	休閒	瓦斯
99年度	電信	購屋	壽險	瓦斯	休閒
100年度	電信	休閒	購屋	服飾	一般食品
101年度	電信	休閒	服飾	一般用品	補教

(2)消費爭議類型的趨勢分析：從下列分析的結果，可以看出，消費者的意識逐漸抬頭，而服務業逐漸成為消費重點。

　①消費金額：從大金額到小金額。例如電話費的超收、便利商店的買賣糾紛等，均屬於小金額的消費爭議。

　②消費產品：從商品到服務使用。例如瘦身美容、坐月子中心、補習服務、房屋仲介服務、金融服務、電信服務等，均屬於無形的產品。

　③消費型態：從傳統到新型交易。例如宅配、電視郵購、網路交易、訪問買賣、分期貸款等，均屬於新型的交易型式。

　④消費內容：從物質到精神享受。例如音樂會、演唱會、安太歲、點功名燈等，均屬於精神層面的消費行為。

　⑤消費性質：從生活到休閒需求。例如國民旅遊、民宿、遊樂園、泡湯、森林浴、SPA、網咖店等，均屬於休閒的

消費行為。

⑥消費權益：從公平到安全權益。例如消費場所人員總數的管制、公共意外責任保險的投保等，均以消費安全為重點。

⑦消費爭議：從訴訟到行政協助。例如發生消費糾紛，消費者已瞭解採用申訴、調解等管道去爭取其權益，均屬行政協助機制。

⑧消費賠償：從填補到懲罰賠償。例如發生消費受害請求時，消費者除實際損失外，均會要求懲罰性賠償金，屬於一種懲罰業者機制。

參考條文——與本案有關的相關法條。

1. 消費者保護法：第43條（消費申訴）。
2. 消費者保護法施行細則：第36條（消費申訴期間的起算）。

三、申訴未獲妥適處理的消費者，尚可向消費爭議調解委員會申請調解。

【案例】檸檬車糾紛調解案

住在台北市的黃太太於93年3月8日向台北市A汽車公司購買一部新車，並於93年4月1日交車，於是黃太太每天開車接送子女上下學。誰知該部新車的車況不佳，光是在4月至5月這二個月就發生至少3次在行駛當中無故熄火的狀況，每次都差一點就發生車禍，雖然黃太太在事發後都立即送往該公司維修廠修理，但是狀況一直沒有改善。黃太太認為該車有問題，先是向A汽車公司提出換車的申訴要求，但都遭到拒絕，於是轉向台北市消費爭議調解委員會申請調解。案經台北市消費爭議調解委員會調解時，認為符合汽車買賣定型化契約應記載事項當中的檸檬車條款要件，消費者有權利換車，A汽車公司自知理屈，亦同意消費者的換車要求，於是調解成立。

基本解析──申訴不滿意，可以申請調解。

1. **法律關係解析**：本案主要涉及消費公平問題，故屬於契約上的消費關係。

   (1)本案的企業經營者：Ａ汽車公司（販賣汽車的製造者）。

   (2)本案的消費者：黃太太（購買汽車的消費者）。

   (3)本案的客體：汽車（商品）。

2. **法律問題解析**：本案的關鍵在於消費爭議的調解，在法律上有何效力。

   (1)本案屬於消費關係：黃太太向Ａ汽車公司買車作為接送子女的交通工具，故所成立的汽車買賣契約關係，屬於消費關係，所發生的爭議，屬於消費爭議，有消費者保護法規定的適用。

   (2)本案已符合申請調解的要件：依照消費者保護法規定，要申請消費爭議的調解，必須該消費爭議已先經過申訴處理的程序，並向有權管轄的調解機關申請調解。本案黃太太已先向Ａ汽車公司提出申訴，對於Ａ汽車公司處理的結果（拒絕其換車）不滿意，即可向有權管轄的台北市消費爭議調解委員會申請調解。

   (3)本案業經調解成立：本案黃太太與Ａ汽車公司間的消費爭議事件，業經台北市消費爭議調解委員會調解成立，依照消費者保護法的規定，必須作成調解書，並送經台北地方法院核定後，即具有與台北地方法院判決同樣的效力。在此要特別說明的是，打官司要訴訟費用，調解則為免費服務，但卻可以得到跟法院判決同樣的效果，消費者應多加利用。

結論：本案業經台北市消費爭議調解委員會調解成立，在調解書送經法院核定後，即具有與法院判決同樣的效力，Ａ汽車公司必須依照調解書的內容，更換一部新車給黃太太。

補充說明 ── 消費調解。

1. 消費爭議調解的意義及組織：

(1)消費爭議調解的意義：直轄市、縣（市）消費爭議調解委員會依據消費者保護法及其相關調解法規的規定，僅就消費爭議（民事）事件辦理有關調解事宜，屬於特別調解的一種；惟消費爭議事件並未限制當事人不得向鄉鎮市調解委員會申請調解。

(2)調解委員會的組織：依照消費者保護法規定，直轄市、縣（市）政府應設置消費爭議調解委員會，置委員7至15名（102年消費者保護法修正草案改為7至21名）。調解委員會，係以直轄市、縣（市）政府代表、消費者保護官、消費者保護團體代表、企業經營者所屬或相關職業團體代表（102年消費者保護法草案增列學者及專家）來擔任委員，並由消費者保護官擔任主席。

(3)調解委員會的定位：依照消費者保護法規定，僅直轄市、縣（市）政府應設置消費爭議調解委員會，屬於直轄市、縣（市）政府所屬的一級機關（單位），故應以直轄市或縣（市）政府的名義對外行文。主要在辦理消費爭議調解事項，與鄉（鎮、市）調解委員會，係辦理一般調解業務的情形不同。

2. 消費爭議調解的要件：必須同時具備，缺一不可。

(1)僅消費者得申請調解：消費者保護法有關消費爭議的處理規定，主要在照顧居於弱勢的消費者，保障其應有的權益。因此，無論是申訴或調解，均以消費者為規定的權利主體，企業經營者及消費者保護團體均不得主動利用此種規定。

(2)須為消費爭議案件：申請消費爭議調解的案件，須以消費者與企業經營者間因商品或服務所生的爭議為限。

(3)須先經申訴程序：消費者必須經過申訴程序（即調解的前置程序）後，消費者認為其申訴未獲妥適處理時，方得申請消費爭議的調解。

(4)須向直轄市或縣（市）消費爭議調解委員會申請調解。

3. 消費爭議調解的原則及效力：

(1)調解的基本原則：主要有下列三種。

①任意調解原則：調解，原則上應尊重當事人意思，調解委員會不得強制調解。

②調解免費原則：調解，除勘驗費及鑑定費應由當事人核實開支以外，不得徵收任何費用，或以任何名義收受報酬。

③調解有權管轄原則：調解事件，應向有管轄權的調解委員會申請。

(2)調解的效力：調解的申請及調解的成立，均會發生一定的法律效力。

①調解申請的效力：如果消費者申請調解，依照民法規定，該調解的申請，即具有中斷請求權消滅時效的效力，且該請求權消滅時效自中斷的事由終止時，重行起算；惟如果該調解的聲請經撤回、被駁回或調解不成立時，其原有請求權的消滅時效，則視為沒有中斷。

②調解成立的效力：消費爭議事件在調解委員會進行調解時，如果雙方當事人都願意相互讓步，並能夠達成合意的情形者，調解即可成立。調解成立時，即應依法製作調解書。調解書經法院核定後，該調解書即具有與法院的民事確定判決有同一的效力，調解書的內容如果適於強制執行時，在法院核定後就取得執行名義，可以據以強制執行。

参考條文——與本案有關的相關法條。

1. 消費者保護法：第44條至第46條（消費調解）。

2. 消費爭議調解辦法。

3. 鄉鎮市調解條例：第22條至第26條（調解書的作成及效力）。

4. 民法：第129條第2項第2款、第133條及第137條（調解中斷時效的效力）。

5. 汽車買賣契約書範本暨應記載及不得記載事項。

四、消費者在消費爭議的調解結果不成立時，尚可向法院提起訴訟解決。

【案例】代客泊車消費訴訟案

廖先生某日開車前往台中市，夜宿於Ａ大飯店，並由該飯店的服務人員代為停車，準備第二天參加在台中市舉行的座談會。誰知第二天一覺醒來，用過免費早餐後準備出門時，才發現車子已經不見蹤影，因而要求飯店負責，惟該飯店則以其停車卡上的定型化契約條款：「本場只供停車，不負任何保管責任」作為免責的抗辯，雖經向台中市消費爭議調解委員會申請調解，仍無法調解成立，於是向法院提起消費訴訟，終經法院判決勝訴。

基本解析——消費訴訟屬於最終的解決方式。

1. **法律關係解析**：本案主要涉及消費公平問題，故屬於契約上的消費關係。

(1)本案的企業經營者：Ａ大飯店（提供住宿及泊車服務的製造者）。

(2)本案的消費者：廖先生（接受住宿及泊車服務受害的消費者）。

(3)本案的客體：住宿及泊車服務（服務）。

2. **法律問題解析**：本案的關鍵在於消費者何時提起消費訴訟，最為有利。

(1)消費訴訟隨時可以提起：消費者發生消費爭議時，可以馬上向法院提起訴訟；也可以等到申訴處理結果不滿意時，再向法院提起訴訟；或是等到調解不成立時，再向法院提起訴訟，並沒有任何的條件限制。換句話說，消費者的消費訴訟隨時可以提起，這是消費者應有的訴訟權。

(2)消費訴訟在調解不成立時再提起最為有利：雖然消費者可以隨時提起訴訟，但是打官司必須支付訴訟費用，如果沒有把握，千萬不要輕易嘗試。申訴及調解的程序屬於行政協助解決的方式，無需付費，但是如果處理成功，亦可以達到訴訟應有的效果。因此，建議消費者最好在申訴及調解無效時，再行提起訴訟，才是對消費者最為有利的情況。

(3)本案的訴訟屬於最後的解決途徑：本案業經申訴及調解均無效果，因而提起消費訴訟，也是本案最後的解決途徑。本案法院認為Ａ大飯店停車卡上「本場只供停車，不負任何保管責任」的定型化契約條款，係違反消費者保護法誠信原則對消費者顯失公平，應屬無效，因而判決消費者勝訴。

結論：本案業經法院判決消費者勝訴，業者應負損害賠償責任，消費者應有的權益即因而獲得有效保障。

補充說明——消費訴訟。

1. **消費者保護法為民事訴訟法的特別法**：消費者保護法有關消費訴訟的規定，除規定消費訴訟有關法院的管轄及配合措施以外，並就消費者損害賠償訴訟與不作為訴訟予以特別規定，具有民事訴訟特別法的性質。基於「特別法優於普通法」的法理，如果消費者所提起的消費訴訟，符合消費者保

護法有關消費訴訟的規定時，就應該優先適用消費者保護法的規定，只有在消費者保護法未規定時，才補充適用民事訴訟法的有關規定。

2. **消費訴訟方式選擇權**：在消費者保護法施行後，對於消費爭議或糾紛，消費者可以選擇依照民事訴訟法規定提起一般的民事訴訟，或是依照消費者保護法規定提起下列的消費訴訟，均無不可；只是依照消費者保護法規定提起的消費訴訟，對於消費者的權益，較有保障而已。

(1)個別訴訟方式：消費者以個人名義依照消費者保護法規定，提起的損害賠償訴訟。

(2)團體訴訟方式：因同一原因受害的多數消費者，以讓與損害賠償請求權的方式，委託消費者保護團體以團體名義提起的損害賠償訴訟。

(3)集體訴訟方式：因同一原因受害的多數消費者，以選定少數消費者作為所有當事人代表的方式，所提起的損害賠償訴訟。

3. **代客泊車的失車不負責條款，無效**：本案業者所經營的飯店，以設置停車場招徠顧客前往消費，其停車卡上的定型化契約條款雖記載：本場只供停車，不負任何保管責任等語，然其停車的服務費，已隱藏於其他消費價格中，且現今停車位一位難求、高級轎車隨時有失竊的危險，消費者多係因該飯店有停車場設備，始強化其前往消費的意願，即業者提供的服務包括人員投宿兼車輛保管，且係有對價關係，因此其停車卡上該項記載對消費者顯失公平，依消費者保護法第12條第1項規定，該記載為無效。

參考條文——與本案有關的相關法條。

1. **消費者保護法**：第12條第1項（定型化契約條款違反誠信原則，無效）、第47條（管轄）、第48條（法院的消費專

庭）、第50條（團體訴訟）、第51條（懲罰性賠償金）、第54條（集體訴訟）、第55條（民事訴訟法的準用）。

2. **民事訴訟法**：第41條（選定當事人的性質及效力）、第48條（能力、法定代理權或為訴訟所必要的允許欠缺的追認）、第49條（能力、法定代理權或為訴訟所必要的允許欠缺的補正）。

五、對於金融消費評議中心所為在一定金額下的評議決定，金融服務業必須接受。

> **【案例】金融消費爭議評議案**
> 吳先生於100年5月3日向甲保險公司投保「住院醫療保險乙型」。後來吳君於同年9月15日至10月6日間因「左大腿壓瘡」住院接受治療，出院後向甲公司申請住院理賠保險金，惟遭甲公司拒絕，吳君乃轉向財團法人金融消費評議中心申請評議。案經評議決定甲保險公司應負給付保險金8萬元的責任。

基本解析——金融消費爭議如申訴不滿意，可依金融消費者保護法向金融消費評議中心申請評議。

1. **法律關係解析**：本案主要涉及消費公平問題，故屬於契約上的消費關係。

   (1)本案的企業經營者：甲保險公司（販賣住院醫療保險的製造者）。

   (2)本案的消費者：吳先生（購買住院醫療保險的消費者）。

   (3)本案的客體：住院醫療保險（服務）。

2. **法律問題解析**：本案的關鍵在於金融消費評議中心的評議，在法律上有何效力。

   (1)本案屬於金融類的消費關係：吳先生向甲保險公司購買住

院醫療保險，故所成立的保險買賣契約關係，屬於金融類的消費關係，所發生的爭議，屬於金融類的消費爭議，除可適用消費者保護規定外，亦有金融消費者保護法規定的適用。由於金融消費關係具有專業，故以優先適用金融消費者保護法規定為宜。

(2)本案已符合申請評議的要件：依照金融消費者保護法規定，要申請金融消費爭議的評議，必須該金融消費爭議已先經過申訴處理的程序後，才可向金融消費評議中心申請評議。本案吳先生已先向甲保險公司提出申訴，對於甲保險公司處理的結果（拒絕其理賠）不滿意，即可向金融消費評議中心申請評議。

(3)本案業經評議成立：本案吳先生與甲保險公司間的金融消費爭議事件，業經金融消費評議中心評議成立，依照金融消費者保護法的規定，必須作成評議決定書，評議決定甲保險公司應負給付保險金8萬元的責任。另外評議決定書送經法院核定後，即具有與法院判決同樣的效果。在此要特別說明的是，打官司要訴訟費用，評議與調解一樣均為免費服務，但卻可以得到跟法院判決同樣的效果，金融消費者應多加利用。

結論：本案業經金融消費評議中心評議，且評議決定之金額在法定強制業者接受金額之內，只要消費者吳先生同意，評議即可成立，甲保險公司即應依評議決定給付醫療保險金。

補充說明──金融消費評議機制（一種消費爭議調解的特別機制）。

1. **金融消費評議的意義及組織：**

(1)金融消費評議的意義：財團法人金融消費評議中心依據金融消費者保護法的規定成立金融消費評議委員會，僅就金融消費爭議事件辦理有關評議事宜，屬於特別調解的一

種；惟金融消費爭議事件並未限制當事人不得向縣（市）消費爭議調解委員會或鄉鎮市調解委員會申請調解。

(2)金融消費評議委員會的組織：依照金融消費者保護法第17條規定，為處理評議事件，設評議委員會，置評議委員九人至二十五人，必要時得予增加，其中一人為主任委員，均由董事會遴選具備相關專業學養或實務經驗之學者、專家、公正人士，報請主管機關核定後聘任。每位評議委員任期為三年，期滿得續聘，並無連任次數限制。其中主任委員為專任，其餘評議委員均為兼任。另外，各評議委員均應獨立公正行使職權，以維護其獨立公正性。

(3)金融消費評議中心的績效：迄至101年12月31日該中心受理案件，除諮詢案件外，計有申訴4739件、評議2486件，總計7225件。

2. **金融消費評議的要件**：必須同時具備，缺一不可。

(1)須為金融消費爭議案件：申請金融消費評議的案件，須以金融消費者與金融服務業者間因商品或服務所生的民事爭議為限。

(2)須先經申訴程序：消費者必須經先向金融服務業申訴（即評議的前置程序）後，消費者認為其申訴未獲妥適處理時，方得申請金融消費評議。另外，金融消費評議中心並設置申訴專線0800-789-885，來服務金融消費者。

(3)須以書面方式申請：須以一定格式的書面向財團法人金融消費評議中心申請評議。

3. **金融消費評議的成立及其效力**：評議委員會對於評議個案，原則上90天內就會作成評議決定。依金融消費者保護法所規定的評議成立，主要有下列兩種情形。評議成立後，該評議書即具有一定之法律效力。惟未送法院核可之評議書，僅具有一般和解契約之效力；而經送法院核可之評議書，則具有

與確定判決有同一之效力，對金融消費者可以提供更大的權益保障。

(1)原則：評議本質上係屬一種和解契約，原則上須經當事人雙方同意接受後始能成立，此點與調解並無不同。

(2)例外：另為確保金融消費者權益，金融消費者保護法並參採小額訴訟精神，特別規定在一定額度下的評議決定，僅金融消費者有拒絕評議決定的權利，但金融服務業則無拒絕權利。金管會並依法公告其一定額度，分為下列兩大類門檻，金融服務業須賠付金額若在門檻以下，將強制業者賠付。

　①投資型商品：評議決定賠付金額100萬元以下。例如基金、連動債，及非屬以醫療型多次給付的保險商品（投資型保單即屬此類）等，屬之。

　②非投資型商品：評議決定賠付金額10萬元以下。例如存款、放款、信用卡、現金卡、保險非理賠爭議，以及醫療型多次給付的保險商品等，均屬之。

參考條文──與本案有關的相關法條。

1. 消費者保護法：第44條至第46條（消費調解）。

2. 消費爭議調解辦法。

3. 金融消費者保護法：第三章金融消費爭議處理（第13條至第30條）。

第二章
消費者保護行政機關

六、消費者保護官為保護消費者權益的專業人員。

> ### 【案例】黑心床墊查核案
> 民國93年5月2日報載「台中縣（現併入台中市）一處地下工廠，以來路不明的廢棄床墊組裝成新貨的黑心床墊，美其名為環保床墊，以清倉大拍賣等名目，透過全台各地傢俱行低價銷售」，行政院消保會（現改為行政院消保處）認為將嚴重危害消費者身體、健康及財產等權益，指派該會及相關地方政府的消費者保護官進行調查。

基本解析──消費者保護官是消費者權益的守護者。

1. **法律關係解析**：本案涉及消費安全及消費公平問題的消費關係。
   (1)本案的企業經營者：黑心床墊的製造工廠（黑心床墊的製造者）及販售的傢俱行（黑心床墊的經銷者）。
   (2)本案的消費者：黑心床墊的買受人（購買黑心床墊的消費者）、黑心床墊的使用人（使用黑心床墊的消費者）。
   (3)本案的客體：黑心床墊（商品）。
2. **法律問題解析**：本案的關鍵在於消費者保護官，應該扮演什麼樣的角色。
   (1)消費者保護官：依照消費者保護法規定，行政院消保會（現改為行政院消保處）、直轄市及縣（市）政府均應設

置消費者保護官，作為專責處理消費者保護業務的專業人員；並打破行政機關職稱的限制，比照法官、檢察官等體例，以「官」為其特定職稱，旨在賦與其公信力與公權力，並得獨立行使職權，讓消費者對其有信心，扮演消費者保護業務的最關鍵角色。

(2)消費者保護官為消費者的守護者：消費者保護官為具有消費者保護法的專業知識，並且是唯一以保護消費者權益為其職志的行政官員，對於所有的消費事件，均儘量站在維護消費者權益的立場予以考量，扮演消費者的守護者角色，為消費者爭取應有的權益。

(3)本案主要為確保消費者安全的權益：依照消費者保護法及相關法規的規定，消費者保護官主要有受理申訴、調解爭議、調查檢驗、同意訴訟、不作為訴訟等五項職權，其中要以調查重大消費事件的權限行使，屬於最直接與保障多數消費者的消費安全與消費公平有關，也是最為消費者重視的行政措施。本案消費者保護官對於黑心床墊的調查及追究責任，即在確保床墊消費者的消費安全與消費公平。

結論：本案黑心床墊涉及侵害消費者的消費安全及消費公平問題，屬於重大消費事件，因此消費者保護官即主動出擊行使其調查的權限，有效打擊黑心產品，以確保消費者的權益。

補充說明──消費者保護官。

1.消費者保護官的定位：消費者保護官（Consumer Ombudsman，簡稱ＣＯ）制度，係屬瑞典首創，具有行政監察使的性質，在消費者保護行政體系中，居於舉足輕重的地位。目前北歐各國及部分國家均設有消費者保護官制度，俾落實推動消費者保護工作，我國亦予援例辦理。迄至101年12月底，全國總計進用52名消費者保護官。

(1)中央機關：行政院消保會（現改為行政院消保處）設置10

名（另派駐福建省政府1名，出缺不補）。

    (2)地方機關：在22個地方政府當中，台北市政府設置6名、新北市（原台北縣改制）政府及台中市（原台中市及台中縣合併）政府設置5名、高雄市（原高雄市及高雄縣合併）政府及桃園縣政府設置4名、台南市（原台南市及台南縣合併）政府設置2名、其餘16個縣（市）政府設置1名，合計共設置42名。

2. **消費者保護官的權限職掌**：主要有下列五項。

    (1)申訴的處理：消費者保護官具有第二次申訴的處理權。

    (2)調解的處理：消費者保護官具有消費爭議調解的處理權。

    (3)訴訟的同意：消費者保護官具有消保團體訴訟的同意權。

    (4)訴訟的提起：消費者保護官具有提起不作為訴訟權。

    (5)其他的權限：其他依消費者保護法及相關法規規定的職權，例如消費者保護官調查處理重大消費事件、監督定型化契約及查核物價等職權。

3. **消費者保護官的調查權**：分別就其依據、本質及目的予以說明如后。

    (1)調查權的依據：依照消費者保護法授權行政院訂定「消費者保護官任用及職掌辦法」的規定，消費者保護官具有法定的調查權。

    (2)調查權的本質：因為消費者保護官目前屬於一般行政主管機關的人員，故其調查權的本質為行政調查權，與司法機關的調查權不同。

    (3)調查權的目的：主要有下列三點。

      ①調查事件的真正原因：例如近年大客車不斷的發生重大車禍事件，為避免僅由主管機關交通部調查的公信力不足，如果是由消費者保護官會同主管機關進行重大消費事件的調查，可以站在較為客觀的消費者立場，去考量

整個事件的原因所在，較能查出事實的真相。

②提供改進的參考依據：例如大客車不斷的發生重大車禍事件，經過消費者保護官調查以後，認為綜合各種情況歸納發生車禍的主要原因，係由於司機喝酒或是過於疲勞、車子過重或是使用再生胎等車況瑕疵、路況不佳或是警告標示不足等等問題所致，可以通盤檢討相關制度或法令上有無缺失，作為主管機關將來改進的重要參考依據。

③作為責任的追究監督：調查以後如果發現有任何人員執行職務上的疏失，亦可以作為追究責任的重要參考資料，而達到行政監督的目的。

參考條文——與本案有關的相關法條。

1. **消費者保護法**：第39條（消費者保護官的設置）、第43條第3項（第二次申訴）、第44條至第45條之5（消費爭議調解）、第49條第1項（消費者保護團體訴訟的同意權）、第53條（提起不作為訴訟權）、第17條第3項（定型化契約的查核權）、第33條至第37條（重大消費事件的調查權）。
2. **消費者保護官任用及職掌辦法。**
3. **消費爭議調解辦法。**

七、行政院消保會已於 101 年 1 月 1 日併入行政院（消費者保護處），有監督各主管機關做好消費者保護工作的權限及責任。

> **【案例】病死豬肉流為食用案**
>
> 台灣地區幾乎每年都會發生病死豬肉流為食用的事件，導致消費者的恐慌，行政院消保會（現改為行政院消保處）雖然每次都有指派消費者保護官進行實地調查，並提出具體改進建議，但因相關機制一直未能有效建立，導致成效不彰，亟需行政院（消保處）整合各主管機關建立必要的保障機制。

基本解析——消保業務需要有一個整合、協調的政策監督機關或單位。

1. **法律關係解析**：本案主要涉及消費安全問題，故屬於使用上的消費關係。

   (1)本案的企業經營者：病死豬的私宰業者（豬肉的製造者）、病死豬肉的販賣業者（豬肉的經銷者及用豬肉製作相關產品的經銷者）。

   (2)本案的消費者：所有吃到病死豬肉的消費者（食用病死豬肉受害的消費者）。

   (3)本案的客體：病死豬肉（商品）。

2. **法律問題解析**：本案的關鍵在於如何建立病死豬肉的防範機制。

   (1)本案屬於「食」的消費問題：民以食為天，人類不可一日無食。所以與「食」有關的消費，成為自古以來消費者最基本，同時也是最重要的消費問題。本案病死豬肉流為食

用，該病死豬肉可能是衛生上有問題，也可能是安全上有問題，都會造成使用消費者的傷害，影響消費者安全權益甚大，故應特別加以重視。

(2)本案問題的癥結在於安全機制未能有效建立：病死豬肉流為食用問題不斷的發生，充分顯現出現有的機制漏洞甚多，亟需建立一個新的有效安全機制。根據行政院消保會（現改為行政院消保處）消費者保護官的調查報告，主要有下列三個機制問題。

①集運業者的管理機制尚未建立：集運業者擅自將病死豬銷售給不肖私宰業者牟利，或自行分解病死豬牟利，導致病死豬肉流入消費市場，亟應儘速建立對於集運業者的管制機制。

②病死豬肉的通路流向查緝機制不足：雖然政府相關查緝人員，平時對於病死豬肉已經在非常辛苦的辦理查緝，但是常常因為無法掌握其通路的流向，導致徒勞無功，所以應建立一個更有效的通路流向的查緝機制，以徹底瓦解病死豬肉整個產銷管道。

③合格屠宰豬肉的辨識機制不足：目前僅在豬皮上蓋有「防檢局屠宰衛生合格」標誌，供消費者在市場購買時予以辨識，但在一般餐飲店使用時，消費者仍無從辨識，亦需加強建立相關辨識機制。

(3)本案亟須加強或建立相關機制：行政院消保會（現改為行政院消保處）非常重視消費者食的安全權益，已針對本案病死豬肉流為食用問題，多次要求相關主管機關行政院環保署（集運業的管理方面）、行政院衛生署（食品安全管理方面）及行政院農委會（豬肉辨識機制方面）加以檢討改進。目前已協調建立農產品（農委會）及食品（衛生署）的產銷履歷制度，作為根本解決之道。

結論：本案病死豬肉流為食用問題，分屬行政院環保署、衛生署及農委會主管業務範圍，為避免相互推諉，由行政院消保會（現改為行政院消保處）出面協調及聯繫，可以有效發揮其監督及整合的功能。

補充說明──行政院消保會（現為行政院消保處）。

行政院進行消費者保護組織改造，本著「功能不變、預算不少、層級提高」的精神，將原行政院消費者保護委員會（83年7月1日成立至100年12月31日裁併）於101年1月1日併入行政院院本部，並將其原有業務功能部分，改制成立「消費者保護處」（簡稱行政院消保處）。另依「行政院處務規程」第27條規定設立「行政院消費者保護會」，屬於一種任務編組的跨部門協調組織，繼續負責原行政院消保會的委員會議事宜；並於102年提出消費者保護法草案，將條文中「行政院消費者保護委員會」相關文字一律改為「行政院」。

1. 主管機關：消費的問題涵括生活各種層面，故消費者保護法規定，分由第6條規定所稱的下列主管機關負責，但並不包括行政院消保會（現改為行政院消保處）在內。

   (1)中央主管機關：為中央各目的事業主管機關。政府對於消費者保護工作的中央主管機關，從一開始就是分由中央各目的事業主管機關負責，基於避免疊床架屋，及政府組織過於龐大的原則，消費者保護法對於主管機關的規定亦未加以改變，仍維持由現行中央目的事業主管機關擔任其中央主管機關。

   (2)縣（市）主管機關：為縣（市）政府。地方政府依據地方制度法的規定，消費者保護業務係屬地方政府的自治事項，地方政府即有辦理的權限及義務。

2. 消費者保護業務的政策監督機關：原為行政院消保會，裁併後為行政院（消保處）。主要在辦理下列政策審議及監督業

務（機關體系表見【附錄三】）。

(1)消費者保護政策、方案及法令的審議監督：這是一種事前監督的方式。為發揮整合各主管機關消費者保護工作的目標及措施，行政院（消保處）依照消費者保護法規定，要求各主管機關每年都要提報年度消費者保護方案，並加以必要的審查核定，作為該主管機關年度工作重點。

(2)消費者保護方案執行的考核監督：這是一種事後的監督方式。為落實消費者保護業務的推動，行政院（消保處）依照消費者保護法規定，每年前往各主管機關進行實地業務考核工作，評定該主管機關年度的工作績效。

(3)重大消費事件的處理監督：這是一種即時的個案監督方式。一旦社會上發生重大消費事件，行政院（消保處）均會指派消費者保護官進行調查，實地去了解事件的真相及問題所在，如有人為疏失，並會加以追究，以改進現行法令、制度或相關措施，有效避免類似消費事件的擴大或再次發生。

3.**食的安全有效保障機制**：為有效防範黑心食品問題，目前各主管機關正在積極建立下列機制當中。

(1)農產品及食品產銷履歷機制：行政院農委會及衛生署目前已參考日本2010年全面實施的食品履歷制度，建立我國從生產者、銷售者到消費者可以整個串連起來的食品履歷制度。以到餐廳吃豬肉為例，透過農產品及食品產銷履歷制度，可以得知該豬隻的出生年月日、性別、品種、生產者、飼養者、移動紀錄等相關資訊，可以有效杜絕病死豬肉流為食用情形。另外，並建立「加工食品追溯網」，利用產品身上的「有效日期」及「加工食品追溯碼」上網查詢，作為監控整個食品供應鏈中可能影響品質及安全的環節，達到食品資訊雙向的追蹤與追溯，降低食品不安全事

件發生機率，釐清事件的發生責任與產品回收依據。目前已將鮮乳產品、包裝飲用水的加工食品納入。

(2)食品安全機制：行政院衛生署為打擊黑心食品所帶來的社會問題，於94年底成立「食品安全警報紅綠燈」機制，一旦發生食品安全疑慮事件時，評估小組將在6至8小時內發布紅燈（表示食品安全疑慮嚴重，建議國人不要食用）、黃燈（表示食品安全有疑慮，建議國人小心食用）、綠燈（表示食品安全沒問題，建議國人可安心食用）等燈號，為國人健康把關。

(3)不安全進口食品查詢機制：消費者可以利用行政院（消保處）建置的不安全進口產品資訊網查詢何種進口食品不安全，以有效確保食品的消費安全。

參考條文——與本案有關的相關法條。

1. **消費者保護法**：第6條（主管機關）、第40條（行政院消保會的組織，已遭凍結）、第41條（行政院消保會的權限，改由行政院消保處執行）。

2. **行政院處務規程**：第7條第8款（消費者保護處，分四科辦事）、第15條（消保處掌理事項）、第27條第3款（消費者保護會）。

3. **地方制度法**：第17條、第18條第7款第4目（直轄市的消費者保護）、第19條第7款第4目（縣市的消費者保護）。

八、企業經營者違反消費者保護法規定時，均由各主管機關依法處罰。

> **【案例】誇大不實廣告的處分案**
>
> 屈臣氏百佳公司在電視上大打「最便宜」廣告，在廣告上宣稱「最低價保證」、「保證日用品最便宜」。消費者王小姐受到廣告的吸引，於是前往該公司購買日用品，在回家途中並順道前往Ａ大賣場購買其他用品，突然發現Ａ大賣場的日用品價格要比屈臣氏便宜，因而引發消費爭議。

基本解析——消費者保護業務，係分由中央各目的事業主管機關負責。

1. **法律關係解析**：本案主要涉及消費公平問題，故屬於契約上的消費關係。

   (1)本案的企業經營者：屈臣氏百佳公司（販賣商品的經銷者；Ａ大賣場因未發生消費糾紛，故非本案的企業經營者）。

   (2)本案的消費者：王小姐（購買商品的消費者）。

   (3)本案的客體：日用品（商品）。

2. **法律問題解析**：本案的關鍵在於誰是誇大不實廣告的中央主管機關。

   (1)中央主管機關的分工原則：中央主管機關主要係依其專業性的業務作為分工標準，例如建築安全、不動產交易為內政部主管；商品標示、商品檢驗、自來水為經濟部主管；金融及保險為金融監督管理委員會主管；菸酒為財政部主管；郵政、旅遊、觀光、交通運輸為交通部主管；補習班及留遊學為教育部主管；公平交易為公平交易委員會主

管；電信、廣播、電視節目及廣告為國家通訊傳播委員會（NCC）主管；平面媒體、電影、出版品及藝文表演為文化部主管；農漁產品為行政院農業委員會主管；食品、藥品、化粧品為行政院衛生署主管；毒性化學物質為行政院環境保護署主管等。

(2)有關不實廣告的主管機關：各行業的不實廣告，應由其中央目的事業主管機關為必要的行政處分，主要有：

①經濟部：針對商品的不實標示及廣告，依據商品標示相關法令加以處分。

②行政院衛生署：針對食品、健康食品、藥品、化粧品等不實標示及廣告的業者，依據衛生主管相關法令加以處分。

③公平交易委員會（公平會）：針對事業主及媒體業者的不實標示及不正行為，依據公平交易法予以處分。

④文化部：針對平面媒體業者刊登不實廣告，依據媒體相關法令加以處分。

⑤國家通訊傳播委員會（NCC）：針對廣播電視媒體業者刊登不實廣告，依據媒體相關法令加以處分。

(3)本案業經公平會依法予以處分：公平會認為「屈臣氏百佳公司」於廣告上宣稱「最低價保證」、「保證日用品最便宜」，因其保證與事實不符，且未充分揭露「發現更便宜，退你二倍差價」的條件與限制重要資訊，就商品的價格與其條件及限制，為虛偽不實及引人錯誤的表示，於是依照公平交易法規定予以處分。

結論：本案屈臣氏百佳公司的不實廣告，雖經公平會予以處分在案，但是因為該處分屬於行政行為，所得罰鍰應收歸國庫，其效力並不及於王小姐；因此，王小姐如受有損害，仍應依照消費者保護法規定，向屈臣氏百佳公司請求損害賠償。

補充說明——消費者保護業務的中央主管機關。

1. **行政監督**：消費者保護法的行政監督，條文散見於第四章及其他特別規定，尚可區分為下列類型（行政監督表如【附錄四】）。

    (1)**依性質區分**：依據行政監督法律性質的不同，可分為對企業及團體（私權性質）、機關及人員（公權性質）等兩種監督。

    (2)**依對象區分**：依據監督對象的不同，可分為對企業經營者、消費者保護團體、主管機關、消費者保護官等四種行政監督。其中尤以企業經營者所為的行為，攸關消費者權益至鉅，如能加強對企業經營者的行政監督，消費者權益即可獲得有效保障。因此，消費者保護法上的行政監督規定，即以對企業經營者的監督為主，再輔以其他三種監督，以資周延。

    (3)**依處分區分**：依照消費者保護法規定，中央、直轄市及縣（市）主管機關，可以行使調查（含扣押、檢驗）、行政處分（限期改善、回收、銷燬、公告及採取其他必要措施）等二種行政監督權限。

2. **主管機關有依法行使職權的義務**：由於消費者保護工作涵蓋層面非常廣泛，消費者保護法僅能就其基本原則加以規定，至於相關的具體規範，則讓諸各主管機關所主管的專業法規予以規定，故消費者保護法具有基本法的性質。因此，所謂「依法」，除消費者保護主管機關應依其主管的專業法規以外，尚包括消費者保護法在內。

3. **法律競合問題**：各主管機關依據其主管的法令，對於所掌理業務本即具有行政監督的權限，與消費者保護法有關規定，係屬於法律競合規定問題，彼此規定並不生衝突。因此，主管機關執行消費者保護工作時，除消費者保護法有關規定可作為執行依據以外，如其主管的專業法規另有規定者，亦得

依該規定辦理。例如有關食物中毒、不實廣告、商品標示等問題，其主管機關（衛生署、公平會、經濟部等）除依消費者保護法有關規定處理以外，亦得依食品衛生管理法、公平交易法、商品標示法等有關規定辦理。另外，對於金融消費問題，建議主管機關宜先依金融消費者保護法規定處理。

參考條文——與本案有關的相關法條。

1. **消費者保護法**：第17條第3項（定型化契約的查核）、第33條（消費事件的調查）、第34條（證據物的扣押）、第35條（產品的檢驗）、第36條（命令限期改善、回收、銷燬、停止產銷或其他必要的措施）、第37條（緊急的公告）、第38條（中央主管機關的權限）、第56條至第62條（行政罰的罰則）。

2. **消費者保護法施行細則**：第24條（廣告真實性的查核）、第30條至第34條（調查、檢驗、處分等行政監督）、第41條（通知改正的期限）。

3. **公平交易法**：第21條（資訊真實條款）、第24條（不正行為概括禁止條款）。

4. **金融消費者保護法。**

九、地方政府對於在其轄區內所發生的消費爭議，均有處理的權限及責任。

基本解析——消保業務屬於地方自治事項。

1. **法律關係解析**：本案主要涉及消費安全問題，故屬於使用上的消費關係。

   (1)本案的企業經營者：台北火車站（提供火車運送服務的製造者）。

   (2)本案的消費者：黃先生（接受火車運送服務受害的消費者）。

   (3)本案的客體：火車運送服務（服務）。

2. **法律問題解析**：本案的關鍵在於地方政府與中央主管機關的權限如何分工。

   (1)地方自治：所謂地方自治，係指由地方政府自己來治理自己地方的事物。依照地方制度法規定，地方自治可分成下列三級，依地方制度法規定辦理自治事項，並執行上級政府委辦事項。

   ①直轄市自治：目前有台北市、高雄市、新北市、台中市、台南市及桃園縣（準直轄市），合計6個直轄市。

   ②縣（市）自治：目前台灣省有14個縣（市）、福建省有

2個縣，合計16個縣（市）。

③鄉（鎮、市）自治：為法定最基層的地方自治。

(2)消費者保護業務屬於地方自治事項：依照地方制度法的規定，「直轄市消費者保護」、「縣（市）消費者保護」，屬於直轄市及縣（市）的自治事項，各該地方政府得自為立法並執行其業務，台北市並因此訂頒「台北市消費者保護自治條例」，作為台北市執行消費者保護法相關業務的補充規定。經過行政院消保會（現改為行政院消保處）的協調推動，迄至101年底為止，台灣地區已訂頒地方消費者保護自治條例者，計有19個直轄市及縣（市）政府（僅雲林縣、花蓮縣及新竹市尚未訂頒）。本案台北火車站係在台北市的轄區內，且其所發生的爭議又與消費者保護業務有關，故屬於台北市的地方自治事項的範圍。

(3)本案屬於地方政府的地方自治權限：凡是發生在地方政府轄區內的地方自治事項，各該地方政府均有處理的權限與義務。本案消費爭議發生地在台北市的轄區內，台北市政府依據地方自治的權限，有權限也有義務處理黃先生與台北火車站的消費爭議，台北火車站不得予以拒絕。

結論：本案黃先生與台北火車站間所發生的消費爭議，既然是屬於台北市的地方自治事項，台北市政府有權限也有義務受理，並依照消費者保護法規定加以處理。

補充說明──消費者保護業務的地方主管機關。

1. 地方政府為主要執行機關：依照消費者保護法第6條規定的主管機關，中央為各目的事業主管機關，直轄市為直轄市政府，縣（市）為縣（市）政府。地方主管機關在整個消費者保護業務體系中，係位居於第一線實際負責消費者保護工作，其績效的好壞，消費者的感受最為直接，故在消費者保護工作的成敗上，地方政府實扮演著重要關鍵角色。

2. **地方消費者保護單位**：地方政府目前設有下列五個單位，分別負責處理相關消費者保護業務，為避免平行聯繫不足，目前行政院消保會（現改為行政院消保處）已規劃將相關單位整合成為一個單位（即5合1計畫），並由消費者保護官擔任其運作上的關鍵角色，俾能更有效發揮其功能。

(1)地方消費者服務中心：消費者保護法第42條明定直轄市及縣（市）政府應設置消費者服務中心，並得於轄區內設分中心，辦理消費者的諮詢服務、教育宣導、申訴等事項，可以說是推動消費者保護工作的最基本單位。

①成立：所有直轄市及縣（市）政府，均已於84年2月底前完成消費者服務中心的設置，辦理有關事宜。

②專線電話：自民國89年11月起，設置１９５０申訴專線，消費者如有任何的消費問題，均可利用一般電話或手機撥打該專線電話，即可直接轉接至打電話地點所屬的轄區地方政府消費者服務中心接受服務，至為簡便。

③線上申訴：消費者可利用全民消費者保護網1950.cpc.ey.gov.tw 的管道進行線上申訴（第一次申訴或第二次申訴）及線上調解，此種案件同樣也會直接分送到各個地方政府消費者服務中心或消費者保護官協助處理。

(2)地方消費者保護官：除了要發揮消費者保護官的五項法定職掌以外，尚肩負整個地方消費者保護業務的成敗責任。

(3)地方消費爭議調解委員會：主要在受理消費爭議調解的申請，及進行調解的必要處理事宜。

(4)地方消費者保護委員會：主要在發揮類似行政院消保會（現改為行政院消保處）在中央主管機關所扮演的協調、監督其他地方單位辦好消費者保護業務的角色。

(5)地方消費者保護專責業務單位：除了各目的事業主辦單位以外，亦應設置地方消費者保護專責業務單位，主要在提

供消費者保護官必要的幕僚人力，協助消費者保護官辦理相關消費者保護業務。

參考條文——與本案有關的相關法條。

1. **消費者保護法**：第6條（主管機關）、第43條至第46條（消費爭議的申訴與調解）。
2. **地方制度法**：第14條（地方自治團體的種類）、第18條第7款第4目（直轄市的消費者保護）、第19條第7款第4目（縣市的消費者保護）。
3. **台北市消費者保護自治條例**。
4. **台灣鐵路管理局「車站旅運服務規約」**。

第三章

消費者保護團體

十、消費者保護團體成立的目的，主要在保護消費者權益。

> **【案例】消費者向消費者保護團體申訴案**
> 消費者林小姐新購的 A 牌手機發生故障，於是送往 A 牌手機的維修站修理，修理後林小姐發現手機的重要零件已被掉包，手機裡面的個人隱私資料外洩，於是向財團法人消費者文教基金會（消費者保護團體）申訴，經過該會的協助，該 A 牌手機維修站向消費者致歉，並返還消費者隱私資料及提供損害賠償。

基本解析——消保團體為保護消費者權益的人民團體。

1. **法律關係解析**：本案主要涉及消費公平問題，故屬於契約上的消費關係。

    (1)本案的企業經營者：A 牌手機公司的維修站（提供維修服務的製造者）。

    (2)本案的消費者：林小姐（接受維修服務受害的消費者）。

    (3)本案的客體：手機修理服務（服務）。

2. **法律問題解析**：本案的關鍵在於什麼是消費者保護團體。

    (1)消費者保護團體為一種具有特定目的的人民團體：消費者保護團體在消費者保護法公布施行以後，才成為一個法定

的專門名詞。消費者保護法所稱的消費者保護團體，必須以保護消費者權益、推行消費者教育為宗旨，具有一定的任務，並以取得社團法人或財團法人資格者為限。

(2)本案消基會為消費者保護團體：財團法人中華民國消費者文教基金會（簡稱消基會）係經主管機關教育部核准，於民國69年11月1日在台北市成立的一個全國性的消費者保護團體，其設立宗旨，主要在推廣消費者教育、增進消費者地位、保障消費者權益。目前除了台北市的總會以外，另外成立中區分會（台中市）、南區分會（台南市）、高屏分會（高雄市）、花東分會（花蓮縣）等四個分會。其主要的工作如下：

①接受諮詢：如果消費者有任何的消費問題，皆可去電消基會詢問，消基會設有義工人員為消費者解答。

②受理申訴：如果消費者在消費上受到委屈或是傷害時，依照消費者保護法規定可以向消基會申訴，消基會設有專線電話（台北總會02-27001234）及專業的服務人員提供此項服務。消基會並於2013年5月24日建置「友善調處聯盟平台」（http://140.118.155.50/~consumers/web/index.php），規定加入的企業須於十天內回報進度，否則將喪失「友善積極處理消費糾紛」的消基會認證推薦。

③進行產品的檢測：適時發布檢測結果，提供消費大眾參考。

④發行消費者報導雜誌：目前有效訂戶約為2萬份，此項雜誌收入原為消基會最大財源，惟近年因網路興起訂戶遽減，導致消基會財務發生困難。

⑤促進國際合作：消基會於1992年加入消費者國際（Consumers International，簡稱CI），並於1994年取得正式會員資格，參與國際消費者保護合作事宜。

(3)本案業經消基會妥為處理：消費者發生消費爭議，依照消

費者保護法規定，也可以向消費者保護團體申訴。本案消基會依法受理消費者林小姐的申訴，並予以妥為處理，由A牌手機維修站向消費者致歉，返還消費者隱私資料及提供損害賠償，消費者權益已獲得保障。

結論：本案消費者林小姐發生消費爭議向消基會申訴，並由消基會協助妥為處理相關事宜，可見消費者保護團體確實有其存在的價值。

補充說明──消費者保護團體。

1.消費者保護團體為一種具有特定目的的人民團體：

(1)本質：消費者保護團體屬於人民團體中的社會團體，其所發表的意見雖具有公信力，但因非屬政府機構而不具有公權力。另外，產業公會或職業公會都不是以保護消費者權益為其宗旨，故均非消費者保護團體。

(2)主管機關：如附表。

全國性消費者保護團體中央目的事業行政主管機關類型表			
業務類型	消 費 者 保 護 團 體 名 稱	法人資格	主管機關
綜合性 消費者 保護團體	中華民國消費者文教基金會	財團法人	教育部
	台灣消費者保護協會	社團法人	內政部
	中華民國網路消費者協會	社團法人	內政部
	中華婦女消費者協會	社團法人	內政部
	台灣消費者權益促進會	社團法人	內政部
專業性 消費者 保護團體	中華民國汽車消費者保護協會	社團法人	交通部
	中華民國移民消費者權益促進會	社團法人	內政部
	崔媽媽基金會	財團法人	內政部
	中華民國電訊品質消費者協會	社團法人	交通部

由於消費者保護法並未明文規定消費者保護團體的主管機關，所以行政院消保會（現改為行政院消保處）不是消費者保護團體的主管機關，而應依人民團體法的規定分別去認定其主管機關，導致消費者保護團體並無統一的主管機關。目前綜合性消費者保護團體的主管機關為內政部，專業性消費者保護團體的主管機關，則為各該中央目的事業主管機關。

(3)優良消保團體名單：迄至101年底為止，經行政院消保會（現改為行政院消保處）依照消費者保護法規定，評定為優良消費者保護團體者，計有：

①財團法人中華民國消費者文教基金會。

②社團法人台灣消費者保護協會。

2.**消費者保護團體應有檢驗權**：消費者保護團體為提供消費者正確的資訊，以做明智的選擇，應有完整的檢驗及發表權。該檢驗及發表權，本質上屬於憲法上的言論自由權。

(1)可請求政府協助：消費者保護法明定消費者保護團體對於商品或服務品質，與商品標示及其內容，均有檢驗及發表權，如受限於人力、財力及設備者，得請求政府予以必要的協助。

(2)消費者保護團體的檢驗責任：為期檢驗公正起見，行政院於102年提出的消費者保護法修法草案希望特別增列二個配套規定，分別為「消費者保護團體發表前項檢驗結果後，應公布其取樣、儲存樣本之方式與環境、使用之檢驗設備、檢驗方法及經過，並通知相關企業經營者。」及「消費者保護團體發表第二項檢驗結果有錯誤時，應主動對外更正，並使相關企業經營者有澄清之機會。」檢驗結果如有不實造成廠商損失時，要負刑事及民事責任，受害者僅能請求司法救濟。例如2006年針對有機蔬菜農民控告消基會檢驗報告一事，台灣高等法院判決消基會必須賠償農民損失並登報致歉在案。

——與本案有關的相關法條。

1. **消費者保護法**：第2條第6款（消費者保護團體的定義）、第27條（消費者保護團體的種類及宗旨）、第28條（消費者保護團體的任務）、第29條（消費者保護團體的檢驗）、第30條（消費者保護團體的意見徵詢）、第31條（政府的必要協助）、第32條（消費者保護團體的獎助）。

2. **消費者保護法施行細則**：第27條（消費者保護團體資料的公告）、第28條（檢驗樣品的保存期限）、第29條（政府的協助）。

3. **人民團體法**：第3條（主管機關）、第4條（人民團體的種類）、第39條至第43條（社會團體）、第53條至第63條（監督與處罰）。

4. **民法**：第25條至第44條（法人）、第45條至第58條（社團）、第59條至第65條（財團）。

十一、消費者保護團體可以為同一原因受害的眾多消費者，提起團體訴訟。

【案例】新莊「博士的家」團體損害賠償訴訟案

因921大地震倒塌的新莊「博士的家」，受災戶集體委託消基會代表向和昌建設公司等請求損害賠償一案，第一審判決建商必須賠償137戶等184人損失新台幣2億1991萬4966元及三倍懲罰性賠償金，合計8億7065萬9864元。

基本解析——集體受害，可以請消費者保護團體代為訴訟。

1. **法律關係解析**：本案主要涉及消費安全問題，故屬於使用上的消費關係。

   (1)本案的企業經營者：和昌建設公司等（與博士的家建築有

關的產銷業者，都應負連帶責任）。

(2)本案的消費者：受害的消費者（所有因博士的家倒塌而受害的消費者，共137戶）。

(3)本案的客體：房屋（商品）。

2. **法律問題解析**：本案的關鍵在於消費者集體受害，有無特別求償管道。

(1)本案屬於集體受害情況：所謂集體受害，係指因同一原因事件導致眾多消費者受害而言。本案「博士的家」因921地震倒塌（同一原因），導致137戶等184位消費者受害（多數人受害），符合消費者保護法所規定的集體受害要件。

(2)本案可以提起團體損害賠償訴訟：集體受害的消費者，如果由各個消費者分別起訴，難免增加法院工作的負荷，亦不符訴訟經濟原則，消費者保護法乃特別規定，可以委託消費者保護團體代為起訴的團體損害賠償訴訟的制度。本案只要有20人以上的消費者讓與其請求損害賠償權給優良的消費者保護團體消基會，即可以消基會名義為他們提起損害賠償訴訟。消基會提起訴訟時，應委任律師為消費者爭取應有的權利，如果獲得勝訴，並應將訴訟結果所得賠償（實際損失及懲罰性賠償金），扣除必要費用後，交還給委託的消費者。

(3)本案所有產銷的業者均應負責：凡是與產品有關的業者，依照消費者保護法規定，對受害的消費者應負連帶損害賠償責任。本案與博士的家有關的產銷業者，計有和昌建設公司、地主、營造公司、土木包工、建築師、綑綁鋼筋包工、預拌混凝土公司等，其中建商及營造公司方面，尚包括其法定代理人、董事等實際負責人在內，均應負連帶損害賠償責任。

結論：本案「博士的家」住戶集體因地震受害，依照消費者保護法的團體訴訟規定，委託消基會代為起訴並獲得賠償8億7065萬9864元的勝訴判決，這是國內第一宗的團體訴訟，也提供消費者在訴訟上多一層的保障。不過，為免繼續纏訟，最後在消基會協助下雙方達成2億8千餘萬元和解金落幕。

補充說明——團體損害賠償訴訟。

1. **團體損害賠償訴訟**：因同一的原因事件，致使多數消費者受害時，受害的消費者得依照消費者保護法的規定，可以把損害賠償請求權讓與給消費者保護團體的方式，由該消費者保護團體以自己團體的名義，代替消費者提起損害賠償訴訟；但金融消費者保護法並無類似規定。

2. **消費者保護法規定團體訴訟的要件**：如附表。

團 體 訴 訟 要 件 表	
資格要件	(1)必須為法人：該消費者保護團體如為社團法人，須有社員人數五百人以上；如為財團法人，須其登記財產總額新臺幣一千萬元以上。 (2)該消費者保護團體須許可設立三年以上。 (3)該消費者保護團體須置有消費者保護專門人員。
程序要件	(1)須取得評定優良資格：想要提起訴訟以前，該消費者保護團體必須經申請行政院消保會（現改為行政院消保處）評定，並取得優良消費者保護團體資格的程序。 (2)須取得消費者保護官的同意：在向法院提起訴訟以前，該消費者保護團體必須得到消費者保護官同意的程序。
實質要件	(1)須受讓20人以上因同一原因事件受害消費者之損害賠償請求權。 (2)須以消費者保護團體自己名義提起損害賠償訴訟。

3. **裁判費的減免優惠**：該訴訟標的價額超過新臺幣60萬元，依

照消費者保護法的規定，超過部分免繳裁判費。易言之，請求的金額如果低於60萬元以下，按實際金額的1％（第一審法院）或1.5％（第二、三審法院）計算裁判費；如果請求的金額超過60萬元以上時，仍一律以60萬元計算，即第一審應繳納6千元，第二、三審則應各繳納9千元的裁判費。

4. **避免濫訴的機制**：主要有下列二種。

(1)同意的程序：團體損害賠償訴訟的提起，須經消費者保護官的同意。

(2)不法之處罰：撤銷許可。消費者保護團體關於提起團體訴訟，如有不法行為者，依照消費者保護法的規定，可以由原許可設立的主管機關撤銷其許可。

5. **成效**：相關成效如下。

(1)評定為優良的消費者保護團體：迄至101年底為止，經行政院消保會（現改為行政院消保處）評定為優良消費者保護團體者，只有財團法人中華民國消費者文教基金會、社團法人台灣消費者保護協會（台灣消保協會）。

(2)團體損害訴訟的案例：迄至101年底為止，計有如下案例。

①由消基會提起者：新莊博士的家、新坪生活公園、東勢王朝一期、德昌世界等住屋因九二一地震倒塌、東高立體停車塔倒塌、亞歷山大健身中心倒閉、梅嶺重大車禍、阿里山小火車重大傷亡、食品含塑化劑等9件。

②由台灣消保協會提起者：台糖楠梓都會金融三期購屋糾紛、高屏溪水源水質水污染事件等2件。

參考條文——與本案有關的相關法條。

1. **消費者保護法**：第49條（消費者保護團體訴訟的要件）、第50條（團體損害賠償訴訟）、第52條（裁判費的減免）。

2. **消費者保護法施行細則**：第37條（消費者保護專門人員的資

格）、第39條（必要費用的意義）。

3. 人民團體法：第53條至第63條（監督與處罰）。

4. 金融消費者保護法：並無團體損害賠償訴訟規定。

十二、消費者保護團體就企業經營者重大違法行為，可以提起不作為訴訟。

【案例】健身中心契約條款不作為訴訟案

台北市 A 健身中心的定型化契約條款由於內容規定不合理，已引發上百件的消費者向台北市政府申訴的消費爭議事件，台北市政府消費者保護官認為該中心影響消費者權益甚鉅，已正式向行政院消保會（現改為行政院消保處）建議，請其向法院提起不作為訴訟，要求法院判決強制該中心停止不當的營業行為，及禁止使用不合理的定型化契約條款。

基本解析——不作為訴訟，旨在防止損害的再次發生或擴大。

1. **法律關係解析**：本案主要涉及消費公平問題，故屬於契約上的消費關係。

(1)本案的企業經營者：A 健身中心（提供健身服務的製造者）。

(2)本案的消費者：該健身中心的消費者（接受健身服務的消費者）。

(3)本案的客體：健身服務（服務）。

2. **法律問題解析**：本案的關鍵在於不作為訴訟，在法律上的作用何在。

(1)不作為訴訟：消費者保護法所規定的不作為訴訟，是由消費者保護官或消費者保護團體，對於企業經營者的重大違

反消費者保護法有關保護消費者規定的行為，可以依照消費者保護法的規定向法院起訴，請求法院判決停止或禁止企業經營者再為該等行為的訴訟，以避免損害的再次發生或擴大。

(2)本案已符合不作為訴訟的要件：依照消費者保護法的規定，所謂重大違反消費者保護法有關保護消費者規定的行為，包括①該行為確已造成消費者受到損害、②該行為確有造成消費者發生損害的可能等兩種情形。本案Ａ健身中心的定型化契約條款，業已引發上百件的消費爭議事件，重大影響消費者權益，已符合提起不作為訴訟的要件。

(3)本案提起不作為訴訟的考量：原則上行政機關都是利用最有效的行政行為，去達成其行政的目的，以免浪費人力。不作為訴訟屬於訴訟的一種，由於法院的訴訟程序經常曠日費時，而且行政機關並無把握一定可以獲得勝訴判決，如果以行政指導或行政處分方式可以達到行政目的，即無提起不作為訴訟的必要。本案行政院消保會（現改為行政院消保處）已充分利用行政指導的方式先行處理，如果未能發揮應有的效果時，行政院消保會本擬不排除指派其消費者保護官向法院提起「停止Ａ健身中心使用現有不合理定型化契約條款」的不作為訴訟，嗣因Ａ健身中心宣告破產而作罷。

結論：本案行政院消保會（現改為行政院消保處）原本規劃先行使用行政指導方式，要求Ａ健身中心修改其不合理的定型化契約條款；如果行政指導行為無法達成目的時，不排除向法院提起不作為訴訟，嗣因Ａ健身中心宣告破產而作罷。

補充說明——不作為訴訟。

1. **不作為訴訟的立法理由**：消費者保護法特別規定不作為訴訟的目的，主要在避免企業經營者的行為，不斷地或擴大地造

成消費者損害，而必須予以必要的管制措施，屬於一種行政行為以外的補強方式；但金融消費者保護法並無類似規定。所謂重大違反消費者保護法有關保護消費者（產品上的消費安全或契約上的消費公平）規定的行為，主要包括下列二種情形：

(1)該行為確已造成消費者受到損害：企業經營者違反消費者保護法有關保護消費者規定的行為，確有損害消費者生命、身體、健康或財產，例如對於已經造成多數消費者受害的含有戴奧辛產品或是暴衝車等業者，為避免損害的擴大或再次發生，所以必須提起不作為訴訟。

(2)該行為確有造成消費者發生損害的可能：企業經營者違反消費者保護法有關保護消費者規定的行為，確有損害消費者生命、身體、健康或財產的可能，例如對於誇大不實的廣告或是不合理的定型化契約條款，均有可能造成消費者受害，為避免損害的發生，所以必須提起不作為訴訟。

2.**消費者保護團體的不作為訴訟**：消費者保護團體可以依法提起不作為訴訟。

(1)訴訟主體：原告與被告。

①原告：消費者保護團體。該消費者保護團體須經行政院消保會（現改為行政院消保處）評定為優良的消費者保護團體，並須委任律師代理訴訟。而該受委任的律師，就該訴訟，除可以請求預付或償還必要的費用以外，不得另外請求報酬。

②被告：企業經營者。

(2)裁判費：免繳裁判費。不作為訴訟因屬公益性質，所以消費者保護法規定免繳裁判費。

(3)不法的處罰：撤銷該消費者保護團體的許可。消費者保護團體關於提起不作為訴訟，如有不法行為者，依消費者保

護法規定，許可設立的主管機關得撤銷其許可。

(4)消費者保護團體不作為訴訟的程序及效力：

　①程序：為避免濫訴，對於消費者保護團體不作為訴訟的提起，依消費者保護法規定，須先取得消費者保護官的同意，才能向法院提起。

　②效力：停止或禁止企業經營者再為該重大違反保護消費者規定的行為。

(5)成效：相關成效如下。

　①評定為優良的消費者保護團體：迄至101年底為止，經行政院消保會（現改為行政院消保處）評定為優良消費者保護團體者，只有財團法人中華民國消費者文教基金會、社團法人台灣消費者保護協會。

　②不作為訴訟的案例：迄至101年底為止，僅有1個案例發生。針對房貸擔保範圍「太超過」，主管機關還在狀況外？消基會於2011年1月11日就已取得之契約訂有對消費者顯失公平條款之銀行業者：國泰世華銀行、京城銀行、渣打銀行、華泰銀行、大台北銀行與台灣中小企業銀行等六家銀行，提起本件不作為訴訟。其目的在欲透過司法判決的強制力，禁止業者於其交付給消費者的契約書中，約定對消費者不利且顯失公平的條款，自源頭處斷絕業者透過定型化契約損害消費者權益、以促進金融業務之公平性。可惜的是，本案一審仍然敗訴；換句話說，迄至101年底為止，法院實務上尚無勝訴的不作為訴訟案例。

3. **消費者保護官的不作為訴訟**：此為消費者保護官唯一可以提起的訴訟。

(1)訴訟主體：原告與被告。

　①原告：消費者保護官。依照消費者保護官任用及職掌辦

法規定，應統一由行政院消保會（現改為行政院消保處）消費者保護官來行使，其他地方消費者保護官尚不得提起。

②被告：企業經營者。

(2)裁判費：免繳裁判費。不作為訴訟因屬公益性質，所以消費者保護法規定免繳裁判費。

(3)效力：停止或禁止企業經營者再為該重大違反保護消費者規定的行為。

(4)不作為訴訟的案例：迄至101年底為止，尚無案例發生。

參考條文——與本案有關的相關法條。

1. **消費者保護法**：第49條（消費者保護團體訴訟的要件）、第53條（不作為訴訟）。

2. **消費者保護法施行細則**：第37條（消費者保護專門人員的資格）、第39條（必要費用的意義）、第40條（重大違反保護消費者規定的行為）。

3. **人民團體法**：第53條至第63條（監督與處罰）。

4. **金融消費者保護法**：並無不作為訴訟規定。

5. **健身中心契約書範本暨應記載及不得記載事項。**

第四章

消費者保護法的立法目的

十三、消費者保護法除了要保護消費者的權益外，也要促進企業的永續發展。

> **【案例】機車排氣管燙傷消費者案**
> 台北市的黃先生向 A 機車行購買一部由 B 機車公司最新製造的 150 cc 重型機車，外型非常拉風，黃先生甚為寶貝。某日黃先生騎車兜風後返家途中，因為口渴，即就近在某超商門口的走廊停車，購買飲料出來牽車時，由於走廊機車停得甚為擁擠，黃先生不小心被自己的機車排氣管燙傷。

基本解析——消費的安全與公平，人人有責。

1. **法律關係解析**：本案主要涉及消費安全問題，故屬於使用上的消費關係。

   (1)本案的企業經營者：包括下列二種企業經營者。

   ①A 機車行（機車的經銷者）：屬於產品的經銷者，對其經銷產品如果不能證明無過失，即應負推定過失的產品責任（中間責任）。

   ②B 機車公司（機車的製造者）：屬於產品的製造者，對其製造的產品如果有瑕疵，應負無過失的產品責任。

   (2)本案的消費者：黃先生（使用機車受害的消費者）。

(3)本案的客體：機車（商品）。

2.**法律問題解析**：本案的關鍵在於消費者保護法的立法目的，是否在懲罰企業經營者。

(1)本案機車防燙傷的必要性：台灣地區由於地小人稠，道路交通時常打結，再加上汽車停車不易，比不上機車的便捷性，導致機車數量成長快速，卻也因此造成機車排氣管燙傷事件時常發生。根據消基會的調查，每年約有數十萬名的消費者因此而受到燙傷的情事，顯見問題的嚴重性。

(2)本案黃先生受害可以請求損害賠償：為避免機車排氣管燙傷事件發生，行政院消保會（現改為行政院消保處）於是指派消費者保護官進行實地調查，發現問題出在機車排氣管的設計方面，主要是因為機車排氣管的溫度太高，又缺乏必要的隔熱防護板的緣故，汽車則是因為排氣管設在汽車的車身底下，一般人很難去碰觸而受到傷害，就沒有類似的問題。本案的機車產品在設計上有瑕疵，消費者因而受到燙傷，當然可以依照消費者保護法的規定，請求損害賠償。

(3)本案應有的處理原則：行政院消保會（現改為行政院消保處）決定採取下列原則處理。

①消極性的確保受害求償，是不圓滿的機制：受害求償時，業者必須負擔損害賠償責任，而消費者可以得到賠償，表面上看起來似乎是公平的，但是實際上消費者已經受到損害，該等損害並不是金錢可以完全彌補；而業者個人所承受的損害賠償的損失，事實上也是整個社會的損失。

②積極性的提昇安全品質，才是正確的作法：本案行政院消保會（現改為行政院消保處）發現問題所在，不但未消極性的採取限制機車不准製造販賣的措施，反而更主

動積極地採取推動一系列的機車排氣管防燙傷措施，要求業者落實降低排氣管的溫度、加大隔熱防護板的覆蓋面積，俾有效減少消費者燙傷的情形發生，就是要促進業者產品有安全及消費者不會受害的雙贏局面，符合消費者保護法「促進國民消費生活安全，提昇國民消費生活品質」的立法目的。

結論：本案黃先生因為機車設計有瑕疵造成使用上的損害，可以依照消費者保護法規定請求損害賠償；行政院消保會（現改為行政院消保處）並已推動一系列的機車排氣管防燙傷措施，以有效解決該設計上瑕疵問題，創造出消費者、業者、政府三贏的局面。

補充說明——消費者保護法的立法目的。

1. **消費者保護法的立法目的：** 主要有二。

   (1) 保障消費者權益（直接目的）： 依照消費者保護法第1條第1項：「保護消費者權益，促進國民消費生活安全，提昇國民消費生活品質。」即在明定該法的立法意旨為，要使消費者的相關權益，能夠獲得有效保障，這就是消費者保護法立法的直接目的。

   (2) 促進企業良性發展（間接目的）：事實上，消費者保護法的立法目的，除了在保障消費者權益外，事實上也具有社會政策與經濟政策的使命。未來，由於消費者保護法的落實執行，將不但使消費者應有的權益能夠獲得合理的保障，也能帶動商品與服務品質的提昇，促進企業良性發展，這就是消費者保護法立法的間接目的。

2. **機車排氣管防燙傷措施：** 採三階段實施。

   (1) 第一階段：先行降低排氣管的溫度。將機車排氣管隔熱防護板上溫度，由攝氏80度以上降到金屬護板的60度以下、樹脂護板的70度以下。並應加強改善隔熱護板的面積，以

及排氣管「高溫勿碰」的警告標示，避免消費者燙傷。

(2)第二階段：研擬訂定國家標準。請經濟部制定完成機車排氣管防燙傷措施測試程序的國家標準，並於民國89年3月20日公告在案。

(3)第三階段：交通部車輛型式安全認證規定於90年5月正式公告，91年1月1日起機車型式安全認證作業正式實施。新車型申請時均須測試排氣管保護蓋溫度，規定值為金屬護蓋須低於攝氏60度、樹脂護蓋須低於70度。

3.**企業經營者永續發展**：必須作好下列三項工作。

(1)企業經營者必須瞭解消費者保護法：例如瞭解企業本身應負的責任，投保必要的產品責任保險、或是履約責任保險，以有效避免責任的發生，並有效分散經營的風險。

(2)企業經營者必須加強消費者保護法的教育宣導工作：例如經常辦理員工有關消費者保護法的教育訓練工作，避免製造消費爭議，以有效提昇服務品質；同時亦可加強員工個人消費者權益的保障。

(3)企業經營者必須重視消費者的權益：例如重視消費者申訴的處理，加強消費者服務單位的功能，以建立口碑，增強消費者的向心力。

参考條文——與本案有關的相關法條。

1.**消費者保護法**：第1條（立法目的）。
2.**機車排氣管防燙傷措施程序國家標準**。

結語

真正最能保障消費者權益者，還是消費者自己！

┌─────────────────────────────────────┐
│ 　　　　　【案例】聰明消費者不受害案 │
│ 民國84年2月15日台中市「衛爾康西餐廳」發生火災，一 │
│ 位倖免於難的消費者李先生，於同年4月17日前來台北市 │
│ 拜訪老朋友，老朋友為替其壓驚，即帶其前往「快樂頌 │
│ KTV」唱歌，不料當晚「快樂頌 KTV」也發生火災，幸 │
│ 好此位消費者因有衛爾康前車之鑑，在進入「快樂頌 │
│ KTV」時，即先行查看相關逃生路線圖及位置，因而其本 │
│ 人及朋友得以全身而退。 │
└─────────────────────────────────────┘

基本解析——觀念正確，才不會受害。

1. **法律關係解析**：本案主要涉及消費安全問題，故屬於使用上的消費關係。

   (1)本案的企業經營者：主要有下列二個企業經營者。

   　①台中市「衛爾康西餐廳」（提供餐飲服務的製造者）。

   　②台北市「快樂頌 KTV」（提供 KTV 服務的製造者）。

   (2)本案的消費者：在發生火災時，所有前往消費受害的消費者；本案只有李先生，同時具有二個餐廳及 KTV 消費者的資格，但是並未受害，故非本案的消費者。

   　①台中市「衛爾康西餐廳」的消費者（接受餐飲服務受害的消費者）。

②台北市「快樂頌 KTV」的消費者（接受 KTV 服務受害的消費者）。

(3)本案的客體：餐飲及 KTV 服務（商品及服務）。

2. **法律問題解析**：本案的關鍵在於誰最有能力防止消費受害。

(1)消費者保護法是以保障消費者權益為其主要目的：凡是有消費關係，均有消費者保護法規定的適用，不過要對相關問題予以根本解決，還是要從全盤的消費者問題予以著手。消費者問題主要涵括政府機關、企業經營者及消費者本身等三個主體，必須三個主體均能建立正確觀念，消費者保護工作才能圓滿順利推展，其中要以消費者扮演最重要的被保護角色，所以消費者保護法是以消費者權益為最主要的保護目的。

(2)消費者權益最有效的保障方式：應加強消費者的教育宣導工作，其理由如下。

①人人都要懂消費者保護法：人人都是消費者，因為消費者保護法是保障消費者權益最重要的法律，所以人人都要懂消費者保護法，並且要建立正確消費理念，才能有效保障自己的消費權益。

②由消費者保護自己的消費權益最有效：因為消費者教育的推行，主要目的在協助消費者具備一般基本必要的消費常識，促使每一個人成為有辨別能力的消費者，對市場情報有所認知與正確的瞭解，進而對商品與服務作理智的選擇，並瞭解其本身的權利與義務，強化消費者正確的消費意識，不要老是在消費以後才感到後悔。所以一定要讓消費者瞭解，最能有效保護消費者權益的人，不是別人，正是消費者自己。

(3)本案旨在說明消費者觀念正確，權益才有保障：同樣是消費者，對於使用同樣的產品，為什麼有人會受害，為什麼

有人不會受害，當然其中可能有些運氣的成分，但是不可諱言的是，觀念正確的消費者，比較不容易受害。本案李先生在第一次衛爾康火災時，可能有些運氣才能倖免於難，但是經過一次教訓以後，李先生再次前往快樂頌KTV消費時，已能先行注意相關的逃生設施，在發生火災時，得以正確迅速而安全的逃離現場，值得我們深思。

結論：本案李先生因具有正確的消費觀念，事先能夠注意消費場所的相關逃生設施，所以不致發生受害的結果，充分顯現消費者有正確的觀念，比較不容易受到損害。

補充說明──聰明消費，保障加倍。

1. **確保消費安全**：消費者應力行下列消費者三不運動。

   (1)危險的公共場所，不去：政府有查核、取締及公告危險公共場所的義務與責任，消費者亦應有不去危險公共場所消費的義務與責任。例如公告不得游泳的旗津海濱、時常發生瘋狗浪的海釣場所、公共安全檢查不及格的補習班、餐廳等，消費者應以拒絕前往消費方式予以抵制，如果消費者常常抱著不信邪的心理，仍然勇於前往消費，則政府的努力與苦心可能都會白費。

   (2)標示不全的商品，不買：政府有查核取締及公告標示不全商品的義務與責任，消費者亦應有不買標示不全商品的義務與責任。例如一件絲質衣服沒有洗標，我們就不知道是否可以水洗、是否可以用熨斗燙；罐頭食品要有警告標示「不可以放在微波爐內加熱」，以免爆炸；高熱食品要有警告標示，以免燙傷。另外，消費者除了要注意標示是否周全外，更應依照標示說明的正確使用方式來使用，以避免因自己的不當使用而受害。

   (3)問題的食品藥品，不吃：政府有查核取締及公告問題食品藥品的義務與責任，但是消費者亦應有不吃問題食品藥品

的義務與責任。消費者仍有一些不良的習慣須予革除，例如過期的鮮奶、食品、藥品，很多人都捨不得丟掉，仍在勉強使用；而中國人一向有藥補的觀念，尤其是中藥，認為可以有病治病，無病強身，殊不知藥就是毒，尤其是大陸地區進口的中藥，多含有重金屬，就像社會上常發生嬰兒服八寶散重金屬中毒事件，消費者一定要多加小心。

2. **確保消費公平**：消費者應多多利用官方版的範本及公告（行政院消保處的網址 www.cpc.ey.gov.tw 提供最新、最正確及最實用的消費資訊）。

(1)注意契約條款是否公平：各目的事業主管機關已加強相關的行政查核措施，隨時查核企業經營者使用的定型化契約條款，例如百貨公司「貨物售出，概不退換」的公告牌，該項條款經查證後，認定係屬對消費者不公平、不合理的定型化契約條款，政府已通令各百貨公司應予取下。消費者如果發現定型化契約條款有不公平不合理的地方，亦應勇於檢舉反映，不要自認倒霉了事。

(2)善用契約範本及公告：政府迄至102年6月底為止，已完成預售屋買賣定型化契約範本等94種範本、2種指導原則及50種公告實施，作為該等行業通案導正的依據。希望消費者與業者在簽訂個別契約以前，都能夠將該契約與官方版的契約範本逐條對照比較，如果發現有出入過大的地方，即表示業者的契約規定不合理，此時應與業者再作磋商，如果業者堅不讓步，消費者可以向主管機關反映或檢舉，以有效保障權益。另外，政府已更進一步依消費者保護法規定，公告該行業契約應記載或不得記載事項的方式，俾發揮法律上的強制規範效力，來保障消費者，消費者應多加利用。

3. **確保消費權益**：行政院（消保處）已在各地方政府消費者服

務中心設置1950服務專線電話及全民消費者保護網（1950.cpc.ey.gov.tw）線上申訴，以方便消費者申訴。消費者不要姑息養奸，應多加利用1950申訴專線及全民消費者保護網的線上申訴，共同協力建立優質的消費環境。另外，為避免消費受害的情形一再發生，消費者亟須提昇消費自覺意識，避免自己受害；萬一不幸受害，也要發揮人人為我，我為人人的精神，勇於去檢舉、去主張權益，千萬不要自認倒霉了事，因為姑息只會造成禍害的擴大。

參考條文——與本案有關的相關法條。

1. 消費者保護法。
2. 消費者保護法施行細則。

附錄

附錄一
消費者保護法

中華民國83年1月11日總統華總（一）義字第0165號令制定
中華民國92年1月22日總統華總一義字第09200007610號令公布修正部分條文
中華民國94年2月5日總統華總一義字第09400017751號令公布增訂第22條之1

第一章　總則

第一條（立法目的與法規適用次序）

　　為保護消費者權益，促進國民消費生活安全，提昇國民消費生活品質，特制定本法。

　　有關消費者之保護，依本法之規定，本法未規定者，適用其他法律。

第二條（名詞定義）

　　本法所用名詞定義如下：

一、消費者：指以消費為目的而為交易、使用商品或接受服務者。

二、企業經營者：指以設計、生產、製造、輸入、經銷商品或提供服務為營業者。

三、消費關係：指消費者與企業經營者間就商品或服務所發生之法律關係。

四、消費爭議：指消費者與企業經營者間因商品或服務所生之爭議。

五、消費訴訟：指因消費關係而向法院提起之訴訟。

六、消費者保護團體：指以保護消費者為目的而依法設立登記之法人。

七、定型化契約條款：指企業經營者為與不特定多數消費者訂立同類契約之用，所提出預先擬定之契約條款。定型化契約條款不限於書面，其以放映字幕、張貼、牌示、網際網路、或其他方法表示者，亦屬之。

八、個別磋商條款：指契約當事人個別磋商而合意之契約條款。

九、定型化契約：指以企業經營者提出之定型化契約條款作為契約內容之全部或一部而訂定之契約。

十、郵購買賣：指企業經營者以廣播、電視、電話、傳真、型錄、報紙、雜誌、網際網路、傳單或其他類似之方法，使消費者未能檢視商品而與企業經營者所為之買賣。

十一、訪問買賣：指企業經營者未經邀約而在消費者之住居所或其他場所從事銷售，所為之買賣。

十二、分期付款：指買賣契約約定消費者支付頭期款，餘款分期支付，而企業經營者於收受頭期款時，交付標的物予消費者之交易型態。

第三條（政府應實施之措施及其他義務）

政府為達成本法目的，應實施下列措施，並應就與下列事項有關之法規及其執行情形，定期檢討、協調、改進之：

一、維護商品或服務之品質與安全衛生。

二、防止商品或服務損害消費者之生命、身體、健康、財產或其他權益。

三、確保商品或服務之標示，符合法令規定。

四、確保商品或服務之廣告，符合法令規定。

五、確保商品或服務之度量衡，符合法令規定。

六、促進商品或服務維持合理價格。

七、促進商品之合理包裝。

八、促進商品或服務之公平交易。

九、扶植、獎助消費者保護團體。

十、協調處理消費爭議。

十一、推行消費者教育。

十二、辦理消費者諮詢服務。

十三、其他依消費生活之發展所必要之消費者保護措施。

政府為達成前項之目的，應制定相關法律。

第四條（企業經營者之義務及應實施之措施）

企業經營者對於其提供之商品或服務，應重視消費者之健康與安全，並向消費者說明商品或服務之使用方法，維護交易之公平，提供消費者充分與正確之資訊，及實施其他必要之消費者保護措施。

第五條（消費資訊之充實與提供）

政府、企業經營者及消費者均應致力充實消費資訊，提供消費者運用，俾能採取正確合理之消費行為，以維護其安全與權益。

第六條（主管機關）

本法所稱之主管機關；在中央為目的事業主管機關；在直轄市為直轄市政府；在縣（市）為縣（市）政府。

第二章　消費者權益
第一節　健康與安全保障

第七條（設計、生產、製造商品或提供服務之企業經營者之責任）

從事設計、生產、製造商品或提供服務之企業經營者，於提供商品流通進入市場，或提供服務時，應確保該商品或服

務，符合當時科技或專業水準可合理期待之安全性。

商品或服務具有危害消費者生命、身體、健康、財產之可能者，應於明顯處為警告標示及緊急處理危險之方法。

企業經營者違反前二項規定，致生損害於消費者或第三人時，應負連帶賠償責任。但企業經營者能證明其無過失者，法院得減輕其賠償責任。

第七條之一（科技抗辯之舉證責任）

企業經營者主張其商品於流通進入市場，或其服務於提供時，符合當時科技或專業水準可合理期待之安全性者，就其主張之事實負舉證責任。

商品或服務不得僅因其後有較佳之商品或服務，而被視為不符合前條第一項之安全性。

第八條（經銷商品或服務之企業經營者之責任）

從事經銷之企業經營者，就商品或服務所生之損害，與設計、生產、製造商品或提供服務之企業經營者連帶負賠償責任。但其對於損害之防免已盡相當之注意，或縱加以相當之注意而仍不免發生損害者，不在此限。

前項之企業經營者，改裝、分裝商品或變更服務內容者，視為前條之企業經營者。

第九條（輸入商品或服務之企業經營者之責任）

輸入商品或服務之企業經營者，視為該商品之設計、生產、製造者或服務之提供者，負本法第七條之製造者責任。

第十條（回收商品或停止服務）

企業經營者於有事實足認其提供之商品或服務有危害消費者安全與健康之虞時，應即回收該批商品或停止其服務。但企業經營者所為必要之處理，足以除去其危害者，不在此限。

商品或服務有危害消費者生命、身體、健康或財產之虞，而未於明顯處為警告標示，並附載危險之緊急處理方法者，準

用前項規定。

第十條之一（預先限制或拋棄賠償責任之禁止）

本節所定企業經營者對消費者或第三人之損害賠償責任，不得預先約定限制或免除。

第二節　定型化契約

第十一條（平等互惠原則、定型化契約條款之解釋）

企業經營者在定型化契約中所用之條款，應本平等互惠之原則。

定型化契約條款如有疑義時，應為有利於消費者之解釋。

第十一條之一（定型化契約條款之審閱期間）

企業經營者與消費者訂立定型化契約前，應有三十日以內之合理期間，供消費者審閱全部條款內容。

違反前項規定者，其條款不構成契約之內容。但消費者得主張該條款仍構成契約之內容。

中央主管機關得選擇特定行業，參酌定型化契約條款之重要性、涉及事項之多寡及複雜程度等事項，公告定型化契約之審閱期間。

第十二條（誠實信用原則與定型化契約條款之無效）

定型化契約中之條款違反誠信原則，對消費者顯失公平者，無效。

定型化契約中之條款有下列情形之一者，推定其顯失公平：

一、違反平等互惠原則者。

二、條款與其所排除不予適用之任意規定之立法意旨顯相矛盾者。

三、契約之主要權利或義務，因受條款之限制，致契約之目的難以達成者。

第十三條（定型化契約條款之明示或公告）

定型化契約條款未經記載於定型化契約中者，企業經營者應向消費者明示其內容；明示其內容顯有困難者，應以顯著之方式，公告其內容，並經消費者同意受其拘束者，該條款即為契約之內容。

前項情形，企業經營者經消費者請求，應給與定型化契約條款之影本或將該影本附為該契約之附件。

第十四條（突襲性條款）

定型化契約條款未經記載於定型化契約中而依正常情形顯非消費者所得預見者，該條款不構成契約之內容。

第十五條（定型化契約條款不得牴觸個別磋商條款）

定型化契約中之定型化契約條款牴觸個別磋商條款之約定者，其牴觸部分無效。

第十六條（定型化契約條款無效之效果）

定型化契約中之定型化契約條款，全部或一部無效或不構成契約內容之一部者，除去該部分，契約亦可成立者，該契約之其他部分，仍為有效。但對當事人之一方顯失公平者，該契約全部無效。

第十七條（定型化契約之應記載及不得記載事項及其查核）

中央主管機關得選擇特定行業，公告規定其定型化契約應記載或不得記載之事項。

違反前項公告之定型化契約，其定型化契約條款無效。該定型化契約之效力，依前條規定定之。

企業經營者使用定型化契約者，主管機關得隨時派員查核。

第三節　特種買賣

第十八條（郵購或訪問買賣出賣人之告知義務）

企業經營者為郵購買賣或訪問買賣時，應將其買賣之條件、出賣人之姓名、名稱、負責人、事務所或住居所告知買受之

消費者。

第十九條（郵購或訪問買賣消費者之解約權）

郵購或訪問買賣之消費者，對所收受之商品不願買受時，得於收受商品後七日內，退回商品或以書面通知企業經營者解除買賣契約，無須說明理由及負擔任何費用或價款。

郵購或訪問買賣違反前項規定所為之約定無效。

契約經解除者，企業經營者與消費者間關於回復原狀之約定，對於消費者較民法第二百五十九條之規定不利者，無效。

第十九條之一（服務交易之準用）

前二條規定，於以郵購買賣或訪問買賣方式所為之服務交易，準用之。

第二十條（現物要約）

未經消費者要約而對之郵寄或投遞之商品，消費者不負保管義務。

前項物品之寄送人，經消費者定相當期限通知取回而逾期未取回或無法通知者，視為拋棄其寄投之商品。雖未經通知，但在寄送後逾一個月未經消費者表示承諾，而仍不取回其商品者，亦同。

消費者得請求償還因寄送物所受之損害，及處理寄送物所支出之必要費用。

第二十一條（分期付款買賣契約之利率透明化）

企業經營者與消費者分期付款買賣契約應以書面為之。

前項契約書應載明下列事項：

一、頭期款。

二、各期價款與其他附加費用合計之總價款與現金交易價格之差額。

三、利率。

企業經營者未依前項規定記載利率者，其利率按現金交易價格週年利率百分之五計算之。

企業經營者違反第二項第一款、第二款之規定者，消費者不負現金交易價格以外價款之給付義務。

第四節　消費資訊之規範

第二十二條（廣告之效力）

企業經營者應確保廣告內容之真實，其對消費者所負之義務不得低於廣告之內容。

第二十二條之一（信用廣告之規範）

企業經營者對消費者從事與信用有關之交易時，應於廣告上明示應付所有總費用之年百分率。

前項所稱總費用之範圍及年百分率計算方式，由各目的事業主管機關定之。

第二十三條（廣告媒體經營者之連帶賠償責任）

刊登或報導廣告之媒體經營者明知或可得而知廣告內容與事實不符者，就消費者因信賴該廣告所受之損害與企業經營者負連帶責任。

前項損害賠償責任，不得預先約定限制或拋棄。

第二十四條（商品或服務之標示）

企業經營者應依商品標示法等法令為商品或服務之標示。

輸入之商品或服務，應附中文標示及說明書，其內容不得較原產地之標示及說明書簡略。

輸入之商品或服務在原產地附有警告標示者，準用前項之規定。

第二十五條（商品或服務之保證書）

企業經營者對消費者保證商品或服務之品質時，應主動出具書面保證書。

前項保證書應載明下列事項：

一、商品或服務之名稱、種類、數量，其有製造號碼或批號者，其製造號碼或批號。

二、保證之內容。

三、保證期間及其起算方法。

四、製造商之名稱、地址。

五、由經銷商售出者，經銷商之名稱、地址。

六、交易日期。

第二十六條（商品之包裝）

企業經營者對於所提供之商品應按其性質及交易習慣，為防震、防潮、防塵或其他保存商品所必要之包裝，以確保商品之品質與消費者之安全。但不得誇張其內容或為過大之包裝。

第三章　消費者保護團體

第二十七條（消保團體之組織型態與宗旨）

消費者保護團體以社團法人或財團法人為限。

消費者保護團體應以保護消費者權益、推行消費者教育為宗旨。

第二十八條（消保團體之任務）

消費者保護團體之任務如下：

一、商品或服務價格之調查、比較、研究、發表。

二、商品或服務品質之調查、檢驗、研究、發表。

三、商品標示及其內容之調查、比較、研究、發表。

四、消費資訊之諮詢、介紹與報導。

五、消費者保護刊物之編印發行。

六、消費者意見之調查、分析、歸納。

七、接受消費者申訴，調解消費爭議。

八、處理消費爭議，提起消費訴訟。

九、建議政府採取適當之消費者保護立法或行政措施。

十、建議企業經營者採取適當之消費者保護措施。

十一、其他有關消費者權益之保護事項。

第二十九條（消保團體檢驗商品或服務時應遵守之事項）

消費者保護團體為從事商品或服務檢驗，應設置與檢驗項目有關之檢驗設備或委託設有與檢驗項目有關之檢驗設備之機關、團體檢驗之。

執行檢驗人員應製作檢驗紀錄，記載取樣、使用之檢驗設備、檢驗方法、經過及結果，提出於該消費者保護團體。

第三十條（政府應徵詢意見之義務）

政府對於消費者保護之立法或行政措施，應徵詢消費者保護團體、相關行業、學者專家之意見。

第三十一條（消保團體請求政府必要協助之權利）

消費者保護團體為商品或服務之調查、檢驗時，得請求政府予以必要之協助。

第三十二條（主管機關對消保團體之財務獎助）

消費者保護團體辦理消費者保護工作成績優良者，主管機關得予以財務上之獎助。

第四章　行政監督

第三十三條（直轄市或縣市政府之調查權）

直轄市或縣（市）政府認為企業經營者提供之商品或服務有損害消費者生命、身體、健康或財產之虞者，應即進行調查。於調查完成後，得公開其經過及結果。

前項人員為調查時，應出示有關證件，其調查得依下列方式進行：

一、向企業經營者或關係人查詢。

二、通知企業經營者或關係人到場陳述意見。

三、通知企業經營者提出資料證明該商品或服務對於消費者生命、身體、健康或財產無損害之虞。

四、派員前往企業經營者之事務所、營業所或其他有關場所進行調查。

五、必要時，得就地抽樣商品，加以檢驗。

第三十四條（直轄市或縣市政府請求扣押證物之權利）

直轄市或縣（市）政府於調查時，對於可為證據之物，得聲請檢察官扣押之。

前項扣押，準用刑事訴訟法關於扣押之規定。

第三十五條（檢驗之委託）

直轄市或縣（市）主管機關辦理檢驗，得委託設有與檢驗項目有關之檢驗設備之消費者保護團體、職業團體或其他有關公私機構或團體辦理之。

第三十六條（直轄市或縣市政府之強制處分權）

直轄市或縣（市）政府對於企業經營者提供之商品或服務，經第三十三條之調查，認為確有損害消費者生命、身體、健康或財產，或確有損害之虞者，應命其限期改善、回收或銷燬，必要時並得命企業經營者立即停止該商品之設計、生產、製造、加工、輸入、經銷或服務之提供，或採取其他必要措施。

第三十七條（直轄市或縣市政府之公告或其他必要緊急處置權）

直轄市或縣（市）政府於企業經營者提供之商品或服務，對消費者已發生重大損害或有發生重大損害之虞，而情況危急時，除為前條之處置外，應即在大眾傳播媒體公告企業經營者之名稱、地址、商品、服務、或為其他必要之處置。

第三十八條（中央主管機關之權限）

中央主管機關認為必要時，亦得為前五條規定之措施。

第三十九條（消保官之設置、任用與職掌）

消費者保護委員會、直轄市、縣（市）政府各應置消費者保護官若干名。

消費者保護官之任用及職掌，由行政院定之。

第四十條（消保會之設置與組織）

行政院為研擬及審議消費者保護基本政策與監督其實施，設消費者保護委員會。

消費者保護委員會以行政院副院長為主任委員，有關部會首長、全國性消費者保護團體代表、全國性企業經營者代表及學者、專家為委員。其組織規程由行政院定之。

第四十一條（消保會之職掌）

消費者保護委員會之職掌如下：

一、消費者保護基本政策及措施之研擬及審議。

二、消費者保護計畫之研擬、修訂及執行成果檢討。

三、消費者保護方案之審議及其執行之推動、連繫與考核。

四、國內外消費者保護趨勢及其與經濟社會建設有關問題之研究。

五、消費者保護之教育宣導、消費資訊之蒐集及提供。

六、各部會局署關於消費者保護政策、措施及主管機關之協調事項。

七、監督消費者保護主管機關及指揮消費者保護官行使職權。

消費者保護委員會應將消費者保護之執行結果及有關資料定期公告。

第四十二條（消費者服務中心及分中心）

直轄市、縣（市）政府應設消費者服務中心，辦理消費者之諮詢服務、教育宣導、申訴等事項。

直轄市、縣（市）政府消費者服務中心得於轄區內設分中心。

第五章　消費爭議之處理
第一節　申訴與調解

第四十三條（消費爭議之申訴）

消費者與企業經營者因商品或服務發生消費爭議時，消費者得向企業經營者、消費者保護團體或消費者服務中心或其分中心申訴。

企業經營者對於消費者之申訴，應於申訴之日起十五日內妥適處理之。

消費者依第一項申訴，未獲妥適處理時，得向直轄市、縣（市）政府消費者保護官申訴。

第四十四條（消費爭議之調解）

消費者依前條申訴未能獲得妥適處理時，得向直轄市或縣（市）消費爭議調解委員會申請調解。

第四十四條之一（消費爭議調解事件之受理及程序進行等事項之訂定機關）

前條之消費爭議調解事件之受理及程序進行等事項，由消費者保護委員會定之。

第四十五條（消費爭議調解委員會之設置與成員）

直轄市、縣（市）政府應設消費爭議調解委員會，置委員七至十五名。

前項委員以直轄市、縣（市）政府代表、消費者保護官、消費者保護團體代表、企業經營者所屬或相關職業團體代表充任之，以消費者保護官為主席，其組織另定之。

第四十五條之一（調解之保守秘密）

調解程序，於直轄市、縣（市）政府或其他適當之處所行之，其程序得不公開。

調解委員、列席協同調解人及其他經辦調解事務之人，對於調解事件之內容，除已公開之事項外，應保守秘密。

第四十五條之二（未合意解決方案之提出）

關於消費爭議之調解，當事人不能合意但已甚接近者，調解委員得斟酌一切情形，求兩造利益之平衡，於不違反兩造當事人之主要意思範圍內，依職權提出解決事件之方案，並送達於當事人。

前項方案，應經參與調解委員過半數之同意，並記載第四十五條之三所定異議期間及未於法定期間提出異議之法律效果。

第四十五條之三（未合意解決方案之異議期間及效果）

當事人對於前條所定之方案，得於送達後十日之不變期間內，提出異議。

於前項期間內提出異議者，視為調解不成立；其未於前項期間內提出異議者，視為已依該方案成立調解。

第一項之異議，消費爭議調解委員會應通知他方當事人。

第四十五條之四（小額消費爭議未到場解決方案之提出）

關於小額消費爭議，當事人之一方無正當理由，不於調解期日到場者，調解委員得審酌情形，依到場當事人一造之請求或依職權提出解決方案，並送達於當事人。

前項之方案，應經全體調解委員過半數之同意，並記載第四十五條之三所定異議期間及未於法定期間提出異議之法律效果。

第一項之送達，不適用公示送達之規定。

第一項小額消費爭議之額度，由行政院定之。

第四十五條之五（小額消費爭議未到場解決方案之異議期間及

效果）

當事人對前條之方案，得於送達後十日之不變期間內，提出異議；未於異議期間內提出異議者，視為已依該方案成立調解。

當事人於異議期間提出異議，經調解委員另定調解期日，無正當理由不到場者，視為依該方案成立調解。

第四十六條（調解書之作成與效力）

調解成立者應作成調解書。

前項調解書之作成及效力，準用鄉鎮市調解條例第二十二條至第二十六條之規定。

第二節　消費訴訟

第四十七條（消費訴訟管轄法院）

消費訴訟，得由消費關係發生地之法院管轄。

第四十八條（消費專庭、職權宣告假執行）

高等法院以下各級法院及其分院得設立消費專庭或指定專人審理消費訴訟事件。

法院為企業經營者敗訴之判決時，得依職權宣告為減免擔保之假執行。

第四十九條（消費團體訴訟）

消費者保護團體許可設立三年以上，經申請消費者保護委員會評定優良，置有消費者保護專門人員，且合於下列要件之一，並經消費者保護官同意者，得以自己之名義，提起第五十條消費者損害賠償訴訟或第五十三條不作為訴訟：

一、社員人數五百人以上之社團法人。

二、登記財產總額新臺幣一千萬元以上之財團法人。

消費者保護團體依前項規定提起訴訟者，應委任律師代理訴訟。受委任之律師，就該訴訟，除得請求預付或償還必要之

費用外，不得請求報酬。

消費者保護團體關於其提起之第一項訴訟，有不法行為者，許可設立之主管機關應廢止其許可。

消費者保護團體評定辦法，由消費者保護委員會另定之。

第五十條（讓與損害賠償請求權與消費團體訴訟）

消費者保護團體對於同一之原因事件，致使眾多消費者受害時，得受讓二十人以上消費者損害賠償請求權後，以自己之名義，提起訴訟。消費者得於言詞辯論終結前，終止讓與損害賠償請求權，並通知法院。

前項訴訟，因部分消費者終止讓與損害賠償請求權，致人數不足二十人者，不影響其實施訴訟之權能。

第一項讓與之損害賠償請求權，包括民法第一百九十四條、第一百九十五條第一項非財產上之損害。

前項關於消費者損害賠償請求權之時效利益，應依讓與之消費者單獨個別計算。

消費者保護團體受讓第三項所定請求權後，應將訴訟結果所得之賠償，扣除訴訟及依前條第二項規定支付予律師之必要費用後，交付該讓與請求權之消費者。

消費者保護團體就第一項訴訟，不得向消費者請求報酬。

第五十一條（懲罰性賠償金）

依本法所提之訴訟，因企業經營者之故意所致之損害，消費者得請求損害額三倍以下之懲罰性賠償金；但因過失所致之損害，得請求損害額一倍以下之懲罰性賠償金。

第五十二條（裁判費之減收）

消費者保護團體以自己之名義提起第五十條訴訟，其標的價額超過新臺幣六十萬元者，超過部分免繳裁判費。

第五十三條（不作為訴訟）

消費者保護官或消費者保護團體，就企業經營者重大違反本

法有關保護消費者規定之行為，得向法院訴請停止或禁止
之。

前項訴訟免繳裁判費。

第五十四條（消費訴訟當事人之選定）

因同一消費關係而被害之多數人，依民事訴訟法第四十一條
之規定，選定一人或數人起訴請求損害賠償者，法院得徵求
原被選定人之同意後公告曉示，其他之被害人得於一定之期
間內以書狀表明被害之事實、證據及應受判決事項之聲明，
併案請求賠償。其請求之人，視為已依民事訴訟法第四十一
條為選定。

前項併案請求之書狀，應以繕本送達於兩造。

第一項之期間，至少應有十日，公告應黏貼於法院牌示處，
並登載新聞紙，其費用由國庫墊付。

第五十五條（民事訴訟法之準用）

民事訴訟法第四十八條、第四十九條之規定，於依前條為訴
訟行為者，準用之。

第六章　罰則

第五十六條（違反標示、書面保證、必要包裝等義務之罰鍰）

違反第二十四條、第二十五條或第二十六條規定之一者，經
主管機關通知改正而逾期不改正者，處新臺幣二萬元以上二
十萬元以下罰鍰。

第五十七條（抗拒調查之罰鍰）

企業經營者拒絕、規避或阻撓主管機關依第十七條第三項、
第三十三條或第三十八條規定所為之調查者，處新臺幣三萬
元以上三十萬元以下罰鍰，並得連續處罰。

第五十八條（違反回收等命令之罰鍰）

企業經營者違反主管機關依第三十六條或第三十八條所為之

命令者，處新臺幣六萬元以上一百五十萬元以下罰鍰，並得連續處罰。

第五十九條（商品或服務造成重大損害時之特別罰鍰）

企業經營者有第三十七條規定之情形者，主管機關除依該條及第三十六條之規定處置外，並得對其處新臺幣十五萬元以上一百五十萬元以下罰鍰。

第六十條（命令停業或勒令歇業）

企業經營者違反本法規定情節重大，報經中央主管機關或消費者保護委員會核准者，得命停止營業或勒令歇業。

第六十一條（從重處罰及移送偵查）

依本法應予處罰者，其他法律有較重處罰之規定時，從其規定；涉及刑事責任者，並應即移送偵查。

第六十二條（罰鍰之強制執行）

本法所定之罰鍰，由主管機關處罰，經限期繳納後，屆期仍未繳納者，依法移送強制執行。

第七章　附則

第六十三條（施行細則之訂定機關）

本法施行細則，由行政院定之。

第六十四條（施行日期）

本法自公布日施行。

附錄二
消費者保護法施行細則

中華民國83年11月2日行政院台83內字第40731號令發布
中華民國92年7月8日行政院院臺聞字第0920031836號令修正
發布

第一章　總則
第一條
本細則依消費者保護法（以下簡稱本法）第六十三條規定訂
定之。
第二條
本法第二條第二款所稱營業，不以營利為目的者為限。
第三條（刪除）

第二章　消費者權益
第一節　健康與安全保障
第四條
本法第七條所稱商品，指交易客體之不動產或動產，包括最
終產品、半成品、原料或零組件。
第五條
本法第七條第一項所定商品或服務符合當時科技或專業水準
可合理期待之安全性，應就下列情事認定之：
一、商品或服務之標示說明。
二、商品或服務可期待之合理使用或接受。

三、商品或服務流通進入市場或提供之時期。

第六條（刪除）

第七條（刪除）

第八條

本法第八條第二項所稱改裝，指變更、減少或增加商品原設計、生產或製造之內容或包裝。

第二節　定型化契約

第九條（刪除）

第十條（刪除）

第十一條（刪除）

第十二條

定型化契約條款因字體、印刷或其他情事，致難以注意其存在或辨識者，該條款不構成契約之內容。但消費者得主張該條款仍構成契約之內容。

第十三條

定型化契約條款是否違反誠信原則，對消費者顯失公平，應斟酌契約之性質、締約目的、全部條款內容、交易習慣及其他情事判斷之。

第十四條

定型化契約條款，有下列情事之一者，為違反平等互惠原則：

一、當事人間之給付與對待給付顯不相當者。

二、消費者應負擔非其所能控制之危險者。

三、消費者違約時，應負擔顯不相當之賠償責任者。

四、其他顯有不利於消費者之情形者。

第十五條

定型化契約記載經中央主管機關公告應記載之事項者，仍有

本法關於定型化契約規定之適用。

中央主管機關公告應記載之事項，未經記載於定型化契約者，仍構成契約之內容。

第三節　特種買賣

第十六條

企業經營者應於訂立郵購或訪問買賣契約時，告知消費者本法第十八條所定事項及第十九條第一項之解除權，並取得消費者聲明已受告知之證明文件。

第十七條

消費者因檢查之必要或因不可歸責於自己之事由，致其收受之商品有毀損、滅失或變更者，本法第十九條第一項規定之解除權不消滅。

第十八條

消費者於收受商品或接受服務前，亦得依本法第十九條第一項規定，以書面通知企業經營者解除買賣契約。

第十九條

消費者退回商品或以書面通知解除契約者，其商品之交運或書面通知之發出，應於本法第十九條第一項所定之七日內為之。

本法第十九條之一規定之服務交易，準用前項之規定。

第二十條

消費者依本法第十九條第一項規定以書面通知解除契約者，除當事人另有特約外，企業經營者應於通知到達後一個月內，至消費者之住所或營業所取回商品。

第二十一條

企業經營者應依契約當事人之人數，將本法第二十一條第一項之契約書作成一式數份，由當事人各持一份。有保證人

者，並應交付一份於保證人。

第二十二條

本法第十一條第二項第二款所稱各期價款，指含利息之各期價款。

分期付款買賣契約書所載利率，應載明其計算方法及依此計算方法而得之利息數額。

分期付款買賣之附加費用，應明確記載，且不得併入各期價款計算利息；其經企業經營者同意延期清償或分期給付者，亦同。

第四節　消費資訊之規範

第二十三條

本法第二十二條及第二十三條所稱廣告，指利用電視、廣播、影片、幻燈片、報紙、雜誌、傳單、海報、招牌、牌坊、電腦、電話傳真、電子視訊、電子語音或其他方法，可使不特定多數人知悉其宣傳內容之傳播。

第二十四條

主管機關認為企業經營者之廣告內容誇大不實，足以引人錯誤，有影響消費者權益之虞時，得通知企業經營者提出資料，證明該廣告之真實性。

第二十五條

本法第二十四條規定之標示，應標示於適當位置，使消費者在交易前及使用時均得閱讀標示之內容。

第二十六條

企業經營者未依本法第二十五條規定出具書面保證書者，仍應就其保證之品質負責。

第三章　消費者保護團體

第二十七條

　　主管機關每年應將依法設立登記之消費者保護團體名稱、負責人姓名、社員人數或登記財產總額、消費者保護專門人員姓名、會址、聯絡電話等資料彙報行政院消費者保護委員會公告之。

第二十八條

　　消費者保護團體依本法第二十九條規定從事商品或服務檢驗所採之樣品，於檢驗紀錄完成後，應至少保存三個月。但依其性質不能保存三個月者，不在此限。

第二十九條

　　政府於消費者保護團體依本法第三十一條規定請求協助時，非有正當理由不得拒絕。

第四章　行政監督

第三十條

　　本法第三十三條第二項所稱出示有關證件，指出示有關執行職務之證明文件；其未出示者，被調查者得拒絕之。

第三十一條

　　主管機關依本法第三十三條第二項第五款抽樣商品時，其抽樣數量以足供檢驗之用者為限。

　　主管機關依本法第三十三條、第三十八條規定，公開調查經過及結果前，應先就調查經過及結果讓企業經營者有說明或申訴之機會。

第三十二條

　　主管機關依本法第三十六條或第三十八條規定對於企業經營者所為處分，應以書面為之。

第三十三條

依本法第三十六條所為限期改善、回收或銷燬，除其他法令有特別規定外，其期間應由主管機關依個案性質決定之；但最長不得超過六十日。

第三十四條

企業經營者經主管機關依本法第三十六條規定命其就商品或服務限期改善、回收或銷燬者，應將處理過程及結果函報主管機關備查。

第五章　消費爭議之處理

第三十五條（刪除）

第三十六條

本法第四十三條第二項規定十五日之期間，以企業經營者接獲申訴之日起算。

第三十七條

本法第四十九條第一項所稱消費者保護專門人員，指該團體專任或兼任之有給職或無給職人員中，具有下列資格或經歷之一者：

一、曾任法官、檢察官或消費者保護官者。

二、律師、醫師、建築師、會計師或其他執有全國專門職業執業證照之專業人士，且曾在消費者保護團體服務一年以上者。

三、曾在消費者保護團體擔任保護消費者工作三年以上者。

第三十八條（刪除）

第三十九條

本法第五十條第五項所稱訴訟及支付予律師之必要費用，包括民事訴訟費用、消費者保護團體及律師為進行訴訟所支出之必要費用，及其他依法令應繳納之費用。

第四十條

本法第五十三條第一項所稱企業經營者重大違反本法有關保護消費者規定之行為，指企業經營者違反本法有關保護消費者規定之行為，確有損害消費者生命、身體、健康或財產，或確有損害之虞者。

第六章　罰則

第四十一條

依本法第五十六條所為通知改正，其期間應由主管機關依個案性質決定之：但最長不得超過六十日。

第七章　附則

第四十二條

本法對本法施行前已流通進入市場之商品或已提供之服務不適用之。

第四十三條

本細則自發布日施行。

消費者保護行政機關體系表

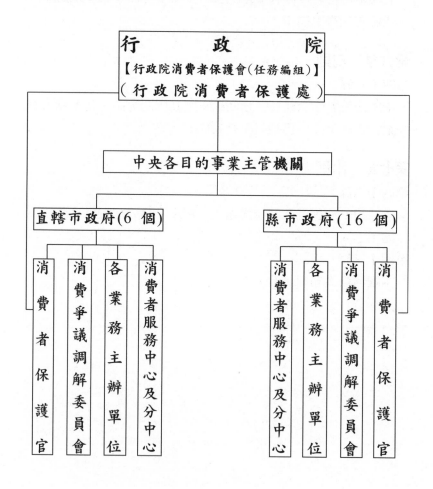

附錄四

行政監督表

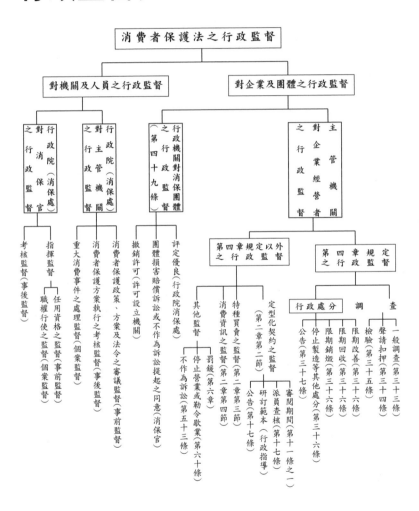

消費爭議處理程序表

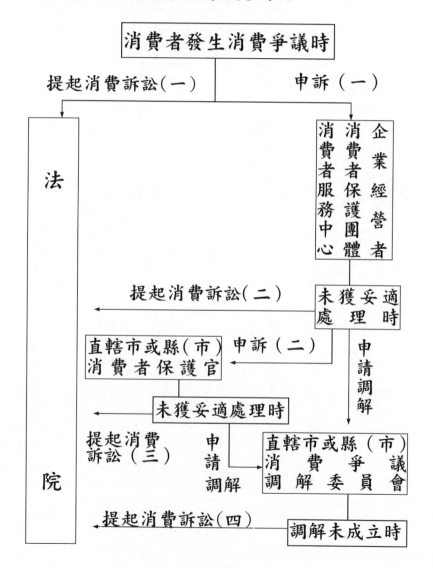

消費者發生消費爭議時

提起消費訴訟(一)　　　　　　申訴（一）

法　　院

企業經營者

消費者保護團體

消費者服務中心

提起消費訴訟（二）　　　　　未獲妥適處理時

直轄市或縣（市）消費者保護官　申訴（二）

申請調解

未獲妥適處理時

提起消費訴訟（三）　申請調解

直轄市或縣（市）消費爭議調解委員會

提起消費訴訟（四）　　　　調解未成立時

定型化契約範本及公告一覽表

定型化契約範本及公告一覽表				
（迄102.06.30止，計94種範本、50種公告事項；另外尚有2種指導原則、1種綱領）				
分類	主管機關	函頒定型化契約之範本	公告定型化契約之「應記載及不得記載事項」	審閱期間
食	衛生署	瘦身美容契約書範本	瘦身美容契約書公告	7日
	衛生署	訂席、外燴（辦桌）服務定型化契約書範本		5日
	行政院消保處	郵購買賣食品（例如年菜等）定型化契約應記載及不得記載事項指導原則		公告
衣（百貨）	經濟部	洗衣契約書範本	洗衣契約書公告	公告
	經濟部	電器買賣契約書範本	電器買賣契約書公告	1日
	行政院消保處	電子商務消費者保護綱領		公告
	經濟部	網路交易定型化契約應記載及不得記載事項指導原則（行政院消保處）	零售業等網路交易定型化契約應記載及不得記載事項公告（經濟部）	公告

衣（百貨）	經濟部（及相關主管機關）		商品（服務）禮券契約應記載及不得記載事項公告（計有18種不同行業的禮券公告）	公告
	經濟部	電業消費性用電服務契約書範本		3日
	經濟部	自來水事業消費性用水服務契約書範本		3日
	內政部 經濟部	家用液化石油氣供氣契約書範本		3日
	經濟部	家用天然氣供氣契約書範本		3日
	經濟部		零售業販售福袋定型化契約應記載及不得記載事項	公告
住	內政部	預售屋買賣契約書範本	預售屋買賣契約書公告	5日
	金管會	個人購屋貸款契約書範本	個人購屋貸款契約書公告	5日
	內政部	預售停車位買賣契約書範本	預售停車位買賣契約書公告	5日
	內政部	不動產委託銷售契約書範本	不動產委託銷售契約書公告	3日
	內政部	成屋買賣契約書範本	成屋買賣契約書公告	5日
	內政部	房屋租賃契約書範本		3日
	內政部	房屋委託租賃契約書範本		3日
	內政部	建築物室內裝修－工程承攬契約書範本		7日

住	內政部	建築物室內裝修－設計委託契約書範本		7日
	內政部	移民服務契約書範本	移民服務契約書公告	5日
	環保署	社區污水處理設施受託操作服務契約書範本		7日
行	經濟部	汽車買賣契約書範本	汽車買賣契約書公告	3日
	金管會	個人購車貸款契約書範本	個人購車貸款契約書公告	5日
		車輛動產抵押契約書範本		無規定
		自用汽車保單條款及要保書		告知
	經濟部	中古汽車買賣契約書範本	中古汽車買賣契約書公告	2日
	經濟部	中古汽車買賣仲介契約書範本		3日
	經濟部	汽車維修服務契約書範本	汽車維修服務契約書公告	1日及簽約前說明
	交通部	路外停車場租用契約書範本	路外停車場租用契約書公告	3日
	交通部	計時計次停車場公告事項範本		公告
	交通部	小客車租賃契約書範本	小客車租賃契約書公告	逐條說明
	交通部	機車租賃契約書範本		逐條說明
	交通部	遊覽車租賃契約書範本		5日

	交通部	公路（市區）汽車客運業旅客運送契約書範本	市區汽車客運業旅客運送契約書公告	公告
	交通部	台灣汽車客運股份有限公司「敬告旅客」條款	公路汽車客運業旅客運送契約書公告	公告
	交通部	台北市聯營公車「敬告乘客」條款		公告
	交通部	高雄市公共汽車管理處「敬告旅客」條款		公告
	交通部	台灣鐵路管理局「車站旅運服務規約」		公告
行	交通部		預付型交通子票證契約應記載及不得記載事項公告	公告
	交通部	國內線航空乘客運送契約書範本	國內線航空乘客運送契約書公告	公告及1年猶豫
	交通部	國內線航空公司機票網路訂票須知範本		公告
	交通部	國際機票交易重要須知範本		公告
	交通部	臺灣本島與離島及離島島際間固定航線載客船舶運送契約書範本		1日
	交通部	搬家貨運契約書範本	搬家貨運契約書公告	逐條說明
	通傳會	行動通信網路業務服務契約書範本		2日

行	通傳會	撥接連線網際網路接取服務契約書範本		2日
	通傳會	固接連線網際網路接取服務契約書範本		5日
育	教育部	短期補習班補習服務契約書範本	短期補習班補習服務契約書公告	5日
	交通部	汽車駕駛訓練契約書範本	汽車駕駛訓練契約書公告	3小時
	經濟部	套書（百科全書等）、語言錄音帶及教學錄影帶買賣契約書範本		5日
	經濟部	網際網路教學服務契約書範本		3日
	經濟部	線上遊戲契約書範本	線上遊戲契約書公告	3日
	經濟部		線上遊戲點數（卡）定型化契約應記載及不得記載事項	公告
	教育部	海外留學契約書範本	海外留學契約書公告	5日
	教育部	海外旅遊學習（遊學）契約書範本	海外旅遊學習（遊學）契約書公告	5日
	內政部	安親班契約書範本		7日
	文化部	藝文表演票券契約書範本	藝文表演票券契約書公告	3日
	文化部	藝文展覽票券契約書範本	藝文展覽票券契約書公告	1日

	交通部	國內旅遊契約書範本	國內旅遊契約書公告	1日
	交通部	國內個別旅遊契約書範本		1日
	交通部	國外旅遊契約書範本	國外旅遊契約書公告	1日
	交通部	國外個別旅遊契約書範本		1日
	交通部	觀光旅館業個別旅客直接訂房契約書範本	觀光旅館業個別旅客直接訂房契約書公告	1日
	交通部	旅館業個別旅客直接訂房契約書範本	旅館業個別旅客直接訂房契約書公告	1日
	交通部	民宿個別旅客直接訂房契約書範本	民宿個別旅客直接訂房契約書公告	1日
樂	交通部	海外渡假村會員卡（權）契約書範本		3日
	交通部	國內渡假村會員契約書範本		5日
	交通部	觀光遊樂園（場、區等）遊樂服務契約書範本	觀光遊樂園（場、區等）遊樂服務契約書公告	公告
	通傳會	有線電視、播送系統契約書範本	有線電視、播送系統契約書公告	3日
	文化部	錄影節目帶出租業者與會員間契約書範本		1日
	文化部		電影片映演業禁止攜帶外食定型化契約不得記載事項公告	公告

樂	教育部	健身中心契約書範本	健身中心契約書公告	3日
	教育部	高爾夫球場（公司經營型、會員經營型）招募會員契約書範本		5日
生	衛生署	產後護理機構及坐月子中心契約書範本	產後護理機構及坐月子中心契約書公告	5日
	勞委會	職業介紹服務契約書範本		3日
	經濟部	婚紗攝影（禮服租售及拍照）契約書範本		5日
	內政部	跨國（境）婚姻媒合契約參考範例		5日
老	內政部	安養契約書範本	安養契約書公告	5日
	內政部	養護（長期照護）契約書範本	養護（長期照護）契約書公告	5日
	內政部	身心障礙者托育養護相關契約		5日
	衛生署	一般護理之家（委託型、自用型）契約書範本	一般護理之家契約書公告	5日
病	衛生署	手術同意書範本		逐條說明
	衛生署	麻醉同意書範本		逐條說明
	衛生署	住院須知範本		公告
	衛生署	臍帶血保存契約書範本	臍帶血保存契約書公告	5日

死	內政部	納骨塔位使用權買賣契約書範本	骨灰（骸）存放單位使用權買賣定型化契約應記載及不得記載事項	5日
	內政部	殯葬服務契約書範本	殯葬服務契約書公告	3日
	內政部	生前殯葬服務契約書（自用型、家用型）範本	生前殯葬服務契約書（自用型、家用型）公告	5日
金融	行政院金管會	信用卡契約書範本	信用卡契約書公告	7日猶豫
		活期（儲蓄）存款契約附屬金融卡定型化約款範本	活期（儲蓄）存款契約附屬金融卡定型化約款公告	5日
		電子票證契約書範本	電子票證契約書公告	5日
		保管箱出租契約書範本	保管箱出租契約書公告	5日
		個人網路銀行業務服務契約書範本	個人網路銀行業務服務契約書公告	5日
		個人購車或購屋貸款契約書範本	個人購車或購屋貸款契約書公告	5日
保險		人身保險要保書示範內容		10日猶豫
		人壽保險要保單示範條款		10日猶豫
		住宅火災保險基本條款及要保書		10日猶豫
		自用汽車保險契約書範本	自用汽車保險契約書公告	10日猶豫

		網路保險服務定型化契約書範本		5日
保險		傳統型個人人壽保險定型化契約條款範本（不分紅保單）、（分紅保單）		3日
保全	內政部	系統保全服務契約書範本		7日
	內政部	駐衛保全服務契約書範本		7日

消費贏家

消費者保護法入門（修訂二版）

作者◆黃明陽

發行人◆施嘉明

總編輯◆方鵬程

主編◆葉幗英

責任編輯◆徐平

美術設計◆吳郁婷

出版發行：臺灣商務印書館股份有限公司

編輯部：10046 台北市中正區重慶南路一段三十七號

電話：(02)2371-3712 傳真：(02)2375-2201

營業部：10660 台北市大安區新生南路三段十九巷三號

電話：(02)2368-3616 傳真：(02)2368-3626

讀者服務專線：0800056196

郵撥：0000165-1 E-mail：ecptw@cptw.com.tw

網路書店網址：www.cptw.com.tw

網路書店臉書：facebook.com.tw/ecptwdoing

臉書：facebook.com.tw/ecptw 部落格：blog.yam.com/ecptw

局版北市業字第 993 號

初版一刷：2006 年 03 月

修訂初版一刷：2008 年 09 月

修訂二版一刷：2013 年 09 月

定價：新台幣 450 元

消費者保護法入門 ／ 黃明陽著‧--修訂二版
‧-- 臺北市：臺灣商務，2013.09
　　面 ； 公分

　　ISBN 978-957-05-2858-9 （平裝）

1. 消費者保護法規

548.39023　　　　　　　　　102014261

100台北市重慶南路一段37號

臺灣商務印書館 收

對摺寄回，謝謝！

傳統現代　並翼而翔

Flying with the wings of tradtion and modernity.

讀者回函卡

感謝您對本館的支持，為加強對您的服務，請填妥此卡，免付郵資
寄回，可隨時收到本館最新出版訊息，及享受各種優惠。

■ 姓名：＿＿＿＿＿＿＿＿＿＿＿ 性別：□ 男 □ 女

■ 出生日期：＿＿＿＿年＿＿＿＿月＿＿＿＿日

■ 職業：□學生 □公務(含軍警) □家管 □服務 □金融 □製造
　　　　□資訊 □大眾傳播 □自由業 □農漁牧 □退休 □其他

■ 學歷：□高中以下（含高中）□大專 □研究所（含以上）

■ 地址：＿＿＿＿＿＿＿＿＿＿＿＿＿＿＿＿＿＿＿＿＿＿
　　　　＿＿＿＿＿＿＿＿＿＿＿＿＿＿＿＿＿＿＿＿＿＿

■ 電話：(H)＿＿＿＿＿＿＿＿＿ (O)＿＿＿＿＿＿＿＿＿

■ E-mail：＿＿＿＿＿＿＿＿＿＿＿＿＿＿＿＿＿＿＿＿

■ 購買書名：＿＿＿＿＿＿＿＿＿＿＿＿＿＿＿＿＿＿＿＿

■ 您從何處得知本書？

　　□網路 □DM廣告 □報紙廣告 □報紙專欄 □傳單
　　□書店 □親友介紹 □電視廣播 □雜誌廣告 □其他

■ 您喜歡閱讀哪一類別的書籍？

　　□哲學・宗教 □藝術・心靈 □人文・科普 □商業・投資
　　□社會・文化 □親子・學習 □生活・休閒 □醫學・養生
　　□文學・小說 □歷史・傳記

■ 您對本書的意見？（A/滿意 B/尚可 C/須改進）

　　內容＿＿＿＿＿編輯＿＿＿＿校對＿＿＿＿翻譯＿＿＿＿
　　封面設計＿＿＿＿價格＿＿＿＿其他＿＿＿＿＿＿＿＿

■ 您的建議：＿＿＿＿＿＿＿＿＿＿＿＿＿＿＿＿＿＿＿＿

※ 歡迎您隨時至本館網路書店發表書評及留下任何意見

臺灣商務印書館 **The Commercial Press, Ltd.**

台北市100重慶南路一段三十七號　電話：(02)23115538
讀者服務專線：0800056196　傳真：(02)23710274
郵撥：0000165-1號　E-mail：ecptw@cptw.com.tw
網路書店網址：http://www.cptw.com.tw 部落格：http://blog.yam.com/ecptw
臉書：http://facebook.com/ecptw